RITMO DA ESCRITA

RITMO DA ESCRITA
UMA ORGANIZAÇÃO DO HETEROGÊNEO DA LINGUAGEM

Lourenço Chacon

Tese apresentada ao Curso de Lingüística do Instituto de Estudos da Linguagem da Universidade Estadual de Campinas como requisito parcial para obtenção do título de Doutor em Lingüística

Orientadora: Prof.ª Dr.ª Maria Bernadete Marques Abaurre

Martins Fontes
São Paulo 1998

Copyright © Livraria Martins Fontes Editora Ltda.,
São Paulo, 1998, para a presente edição.

1ª edição
agosto de 1998

Preparação do original
Vadim Valentinovitch Nikitin
Revisão gráfica
Solange Martins
Andréa Stahel M. da Silva
Produção gráfica
Geraldo Alves
Paginação/Fotolitos
Studio 3 Desenvolvimento Editorial (6957-7653)

Dados Internacionais de Catalogação na Publicação (CIP)
(Câmara Brasileira do Livro, SP, Brasil)

Chacon, Lourenço
  Ritmo da escrita : uma organização do heterogêneo da linguagem / Lourenço Chacon. – São Paulo : Martins Fontes, 1998.

  Tese (doutorado) – Universidade Estadual de Campinas, 1996 – orientadora Profª Drª Maria Bernadete Marques Abaurre.
  Bibliografia.
  ISBN 85-336-0887-X

  1. Escrita 2. Língua e linguagem 3. Lingüística I. Abaurre, Maria Bernadete Marques. II. Título. II. Título: Uma organização do heterogêneo da linguagem.

98-2663   CDD-410

Índices para catálogo sistemático:
  1. Escrita : Lingüística 410
  2. Linguagem : Lingüística 410

Todos os direitos para a língua portuguesa reservados à
Livraria Martins Fontes Editora Ltda.
Rua Conselheiro Ramalho, 330/340
01325-000 São Paulo SP Brasil
Tel. (011) 239-3677 Fax (011) 3105-6867
e-mail: info@martinsfontes.com
http://www.martinsfontes.com

Índice

Apresentação **XIII**
Introdução **XV**

Capítulo 1 Bases para uma compreensão do papel do ritmo na linguagem **1**
1. A necessidade de um deslocamento epistemológico **2**
2. O ritmo lingüístico em Benveniste **10**
3. O ritmo e a organização multidimensional da linguagem **12**
4. O ritmo, a organização lingüística e o sentido **17**
5. Algumas palavras a mais sobre ritmo e sentido **23**
6. Ritmo e enunciação **28**
7. Ritmo e tempo **40**
8. Considerações finais **45**

Capítulo 2 Bases para uma compreensão do papel do ritmo na escrita **47**
1. Percepções de Luria **48**
   O ritmo na dimensão simbólica da escrita **51**
   O ritmo na relação entre a escrita e a oralidade **51**
   O ritmo na alternância de estruturas fônicas **55**
   O ritmo na expressividade **57**

        2. Percepções de Holden & MacGinitie **62**
        3. Percepções de Abaurre **64**
           A natureza do ritmo da escrita **66**
           Dimensões lingüísticas do ritmo
             da escrita **71**
           Um método de abordagem para o ritmo
             da escrita **77**
        4. Percepções de Corrêa **80**
        5. Considerações finais **83**

Capítulo 3   Aspectos rítmicos da pontuação **87**
        1. A pontuação e o ritmo da linguagem **91**
           A pontuação e a demarcação de aspectos
             rítmicos da linguagem **92**
           A pontuação e a organização multidimensional
             da linguagem **105**
           A pontuação e o sentido **113**
           A pontuação e a enunciação **122**
           A pontuação e o tempo **151**
        2. Pontuação e percepções sobre o ritmo
            da escrita **158**
           A pontuação e as relações entre a escrita
             e a oralidade **159**
           A pontuação e o caráter simbólico
             da escrita **167**
           A pontuação e as dimensões da linguagem
             na escrita **175**
           A pontuação e a detecção do ritmo
             da escrita **198**
        3. Considerações finais **199**

Capítulo 4   Unidades rítmicas da escrita: constituição
           e movimento **201**
        1. Aspectos enunciativos **203**
        2. A constituição das unidades rítmicas **206**
        3. A alternância entre as unidades rítmicas **221**
           Alternância entre unidades rítmicas
             e elementos da enunciação **223**

Alternância entre unidades rítmicas e elementos
da enunciação via escrita **240**
Alternância entre unidades rítmicas
e relações semânticas **246**
Alternâncias entre unidades rítmicas
e relações de natureza sintática **253**
Alternâncias entre unidades rítmicas
e relações de natureza textual **265**
4. Considerações finais **275**

Observações finais **279**
Bibliografia **289**

Agradecimentos

Pelas diferentes formas de apoio e de participação neste trabalho, agradeço a:

Araceli Chacon
Denise Aparecida Giacheti
Eliana Maria Gradim Fabron
Helena Hathsue Nagamine Brandão
Iria Hiuri Okuda
João Wanderley Geraldi
José Augusto Chaves Guimarães
Larissa Cristina Berti
Luciana Tavares Sebastião
Maria de Lourdes Morales Horigüela
Maria Sílvia Holloway
Olinda Rodrigues
Sírio Possenti
Vânia Cristina Pires Nogueira Valente
Vânia Maria Silveira Reis Fantin
Véronique Dahlet
Viviane Cristina de Castro Marino
Viviane Galvão Villani

Agradecimento especial

À Bernadete,
Pelo incentivo constante e pelo profissionalismo

Apresentação

Este trabalho tem como proposta destacar aspectos rítmicos da escrita. Mais especificamente, busca-se saber como o ritmo opera na produção textual. Discute-se, num primeiro momento, o papel do ritmo na linguagem. Nessa discussão, o ritmo é deslocado de sua atuação restrita à oralidade ou ao verso e relacionado, em qualquer tipo de atividade lingüística, à organização multidimensional da linguagem, à significação lingüística, à enunciação e ao tempo na linguagem. Tendo como pano de fundo esse papel central do ritmo na linguagem, são discutidas, num segundo momento, algumas das particularidades com que o ritmo é percebido pelos autores que primeiramente o observam na escrita. As marcas escolhidas para análise do ritmo da escrita neste trabalho são os sinais de pontuação. Assim, num terceiro momento, checa-se a compatibilidade entre fatos abordados por gramáticos e lingüistas sobre o emprego da pontuação e as principais conclusões extraídas das discussões sobre o papel do ritmo na linguagem e sobre sua ação na escrita. Finalmente, num quarto momento, é demonstrado o papel do ritmo da escrita por meio da análise de um *corpus* de 109 redações do Vestibular UNICAMP. Destaca-se seu papel na constituição de unidades rítmicas da escrita e no jogo entre essas unidades na produção textual, papel que faz mostrar uma organização do heterogêneo da linguagem, por meio da sistematização de fragmentos descontínuos de linguagem na continuidade própria a um fluxo verbal.

Introdução

Com este trabalho, propomo-nos uma primeira caracterização do fenômeno que vem sendo designado, até hoje de modo não-sistemático, como ritmo da escrita. Nosso ponto de partida são idéias que sugerem a existência de tal fenômeno, encontradas em Luria [1929] (1988) e em Holden & MacGinitie (1972), bem como tematizações de sua existência, feitas por Abaurre (1989 e 1991*b*) e por Corrêa (1994*a*).

Como se trata de fenômeno ainda não-descrito, e o que se pode afirmar dele está ou apenas sugerido – como ocorre em Luria e em Holden & MacGinitie – ou desenvolvido no contexto de outras questões – como ocorre em Abaurre e em Corrêa –, é nossa pretensão estabelecer algumas das bases lingüísticas sobre as quais o ritmo da escrita se assenta e focalizar nossa análise sobre uma delas em especial: a da dimensão textual da atividade lingüística. Em outras palavras, a questão que mais diretamente nos propomos responder é a de como, afirmada sua existência, o ritmo da escrita opera na atividade de produção textual.

Na resposta a essa questão, tematizamos, no primeiro capítulo deste trabalho, o papel e a importância do ritmo no contexto geral da linguagem. A necessidade dessa tematização deveu-se ao fato de que não vemos a questão do ritmo da escrita – objeto específico de nossa pesquisa – desvinculada das questões que envolvem o estatuto do ritmo na linguagem em geral. Em outras palavras, os fenômenos relativos à especificidade da manifestação escrita da linguagem, a nosso ver, não devem ser vistos independentemente e fora daqueles outros que se referem ao caráter da linguagem como um todo.

Neste primeiro capítulo, destacamos questões que nos pareceram centrais para uma compreensão do ritmo na linguagem. Nossa atividade foi, então, a de: desenvolver percepções que alguns estudiosos da linguagem têm sobre o ritmo ou sobre fenômenos que interpretamos como sendo de ordem rítmica, procurando formalizá-las e atribuir a elas um caráter teórico; estender à escrita o alcance de questões sobre o ritmo antes circunscritas à oralidade e à poesia; organizar as intuições e as reflexões feitas sobre o ritmo em função de algumas questões que nos parecem, prioritariamente, caracterizar a atividade lingüística em geral.

O produto final dessa atividade foi uma discussão sobre o ritmo da linguagem. Tal discussão parte da necessidade de um deslocamento epistemológico no que se refere à forma como tradicionalmente o ritmo é visto na linguagem e chega, a partir da proposição de um novo *locus* epistemológico, às relações que, na atividade lingüística, se podem verificar entre, de um lado, o ritmo e, de outro, o caráter histórico e a organização multidimensional da linguagem, a significação lingüística, a enunciação e o tempo na linguagem.

A necessidade de um deslocamento epistemológico, conforme proposta em nosso estudo, teve como ponto de partida um trabalho de Moraes (1991), no qual o autor observa a atenção que a lingüística e a música vêm consagrando ao ritmo. No que se refere à lingüística (nosso foco de interesse), esse autor observa uma mudança progressiva de atitude em face do ritmo que é tomada por vários estudiosos, dentro e fora do Brasil, e que ele interpreta como um verdadeiro deslocamento epistemológico nos estudos lingüísticos. De modo geral, segundo análise do autor, essa mudança de atitude pode ser caracterizada como um deslocamento de foco do ritmo, que, tradicionalmente vinculado à superfície lingüística, passa gradativamente a ser visto em relação a aspectos mais centrais da linguagem.

Pudemos constatar, em nossas consultas bibliográficas, tratamentos dados ao ritmo que possibilitam ilustrar essa mudança de atitude observada por Moraes. Tradicionalmente vinculado a unidades lingüísticas como a sílaba, num contexto em que a ênfase na linguagem é dada ao que se pode classificar como seu caráter segmental, o ritmo passa a ser vinculado, de modo mais amplo, a categorias sintáticas e unidades de significação, em contextos que, muitas vezes, privilegiam da linguagem aquilo que nela pode ser considerado como da ordem de sua continuidade.

A título de exemplificação, Donegan & Stampe (1983), em trabalho sobre a organização holística da linguagem, postulam que o plano interno subjacente a essa organização, bem como à estrutura e evolução da linguagem, é o padrão rítmico de *frases* e de *palavras*. Por sua vez, Cagliari (1981), em estudo dedicado aos mais diversos aspectos da fonética do português brasileiro, caracteriza como unidades rítmicas da fala, além da sílaba (unidade, como já dissemos, tradicionalmente privilegiada na análise rítmica), unidades como pés e grupos tonais, entre variadas outras. Por outro lado, ao tratar dos grupos tonais, o autor faz uma correlação entre os matizes entonacionais e os matizes significativos com os quais esses grupos dispõem-se na atividade lingüística. Também na esfera dos estudos sobre o português brasileiro, Abaurre (1991*a*) propõe-se a analisar o comportamento de ênclises e próclises em função de unidades rítmicas como *pés*, trabalhando, portanto, na interface entre fonologia e sintaxe. Além do trabalho nessa interface, há que se destacar a percepção que a autora tem do fenômeno do ritmo lingüístico, remetendo-o, de um lado, ao fluxo da linguagem e, de outro, ao esquema regulador que contém esse fluxo, atribuindo-lhe, por meio dessa contenção, firmeza e limites.

Mas a proposta de um (necessário) deslocamento epistemológico no que se refere ao papel que o ritmo desempenha na linguagem nos veio também, além do trabalho de Moraes, a partir de discussões que Benveniste (1976*b*) faz acerca da natureza do ritmo da linguagem e, de modo especial, a partir da crítica do ritmo que é feita por Meschonnic em trabalho centrado nas formas com as quais esse fenômeno é concebido no âmbito dos estudos sobre a poesia. Numa obra em que discute exaustivamente, ao longo de setecentas páginas, as conseqüências da concepção tradicional do ritmo no tratamento à poesia, Meschonnic (1982) manifesta a necessidade de se compreender que o ritmo é, acima de tudo, um fato de linguagem e não, como preza a concepção tradicional, um fato restrito ao verso; ou, em outros termos, que o ritmo é da ordem do verso por ser, antes de mais nada, da ordem da linguagem.

A percepção do autor de que os fatos rítmicos envolvem toda a linguagem acaba por conduzi-lo a uma crítica ao ritmo, ou, mais especificamente, a uma crítica à concepção segundo a qual tradicionalmente o ritmo é percebido e referido aos fatos de linguagem. Tal crítica é feita, como já mencionamos, no âmbito dos estudos sobre a atividade poética, mas o seu alcance permitiu-nos dar conta de questões com as quais nos vínhamos defrontando em nossa tentativa de conceber o ritmo da escrita no contexto mais amplo de uma teoria geral sobre o ritmo da linguagem.

Com efeito, por um lado, o modo como o ritmo é tematizado nos estudos lingüísticos nos privava de caracterizá-lo na expressão escrita da linguagem, já que as questões rítmicas que parecem prioritariamente interessar ao lingüista são, sobretudo, aquelas que se referem à oralidade. Por outro lado, e semelhantemente, pouco nos podia oferecer a tradição literária, já que as questões rítmicas que interessam a essa tradição dizem respeito à estrutura do verso, e o ritmo da prosa (literária), quando tematizado, o é nos moldes do ritmo da poesia. O que nos restava, senão um deslocamento epistemológico que nos possibilitasse tematizar as questões que mais de perto nos interessavam?

Assim, a partir da percepção de Moraes e da crítica de Meschonnic, as quais, a nosso ver, apontam para a retirada do ritmo de um *locus* restrito na linguagem (a fala, em Moraes, e o verso, em Meschonnic), é que assumimos o deslocamento epistemológico que víamos como necessário fazer para que os fatos rítmicos da escrita pudessem ser tratados como tais. Em outras palavras, pudemos construir uma concepção de ritmo lingüístico que possibilitasse o tratamento a qualquer fato da linguagem de caráter rítmico, incluindo-se aí, obviamente, aqueles relativos à produção gráfica.

Tendo como pano de fundo seu papel fortemente estruturador e organizador da linguagem, introduzimos, no segundo capítulo, algumas das características com as quais o ritmo da linguagem se dá a conhecer quando se trata da manifestação lingüística através da expressão escrita. Nesse capítulo, nosso interesse principal foi discutir algumas das intuições com as quais o ritmo da escrita é percebido por aqueles que, de algum modo, sugerem ou tematizam sua existência, interesse que, a nosso ver, se justificou pelo fato de que foi a partir dessas sugestões e tematizações que descrevemos o fenômeno que motivou o desenvolvimento de nossa pesquisa. Ressaltemos que se trata de fenômeno ainda não descrito, o que torna ainda mais urgente e necessária a recuperação das intuições com as quais ele foi percebido.

O primeiro autor que destacamos em nosso estudo foi Luria. O fenômeno do ritmo da escrita é intuído por esse autor ao tratar dos primeiros indícios de uso funcional de linhas e rabiscos na atividade que ele denomina como pré-escrita infantil.

Com a utilização da expressão "ritmo do signo gráfico", Luria refere-se ao fenômeno que nos ocupa num contexto em que trata das tendências e fatores que facilitam a diferenciação do signo gráfico com o propósito de fazê-lo expressar um conteúdo específico. Desse modo, o ritmo passa a ser uma característica da atividade gráfica justamente quando ela começa a adquirir valor simbólico, ou seja, as tentativas de diferenciação do signo gráfico tematizadas por esse autor nos permitiram compreender a maneira singular como o ritmo opera ao atribuir à escrita um valor simbólico.

Outra intuição da existência desse fenômeno aparece em Holden & MacGinitie. O contexto no qual o ritmo é tematizado por esses autores é o da correspondência que crianças em início de escolarização e observadas por eles em situação experimental tentam fazer entre limites de palavra na modalidade falada e na modalidade escrita da linguagem. Segundo Holden &

MacGinitie, dentre os aspectos que orientam as tentativas de delimitação de frases em palavras na oralidade, as crianças revelam grande sensibilidade ao aspecto do ritmo.

Sensíveis ao ritmo da oralidade, as crianças fazem corresponder as delimitações rítmicas de sentenças em palavras nessa modalidade de linguagem às delimitações que fazem de palavras escritas. Assim, de acordo com as experiências de Holden & MacGinitie, é possível afirmar que o registro impresso de palavras baseia-se, para crianças em início de escolarização, na apreensão do ritmo com o qual as palavras são emitidas na oralidade. Em síntese, na base da escrita, orientando seu processo, o ritmo.

Luria, de um lado, e Holden & MacGinitie, de outro, intuem, a partir de experiências diferentes, a importância do ritmo na constituição do processo de escrita. No entanto, mais do que a intuição de um fenômeno, Abaurre, por sua vez, afirma sua existência e o tematiza em dois de seus trabalhos (mencionados no início desta introdução – 1989 e 1991*b*).

O ritmo da escrita é tematizado por Abaurre em reflexões que a autora faz sobre a natureza das relações entre a oralidade e a escrita. Segundo a autora, um dos elementos do desempenho lingüístico que possibilitaria explicar as diferenças entre essas duas modalidades de expressão da linguagem seria uma característica pouco conhecida da escrita: seu ritmo. Diferentemente do ritmo da oralidade, temporalmente delimitado, o ritmo da escrita se caracterizaria, de acordo com a autora, por ser espacialmente delimitado (e apreensível).

A organização que fizemos do contexto em que o ritmo da escrita é tematizado por Abaurre contempla: *a*) seu papel na definição da escrita enquanto sistema semiótico; *b*) as dimensões lingüísticas mais sensíveis a sua ação na escrita; e *c*) a sugestão de abordagem desse fenômeno em exemplares textuais escritos.

Além de Abaurre, também Corrêa tematiza o ritmo da escrita. Diferentemente de Abaurre, porém, Corrêa o faz ao abordar não a produção escrita inicial da criança mas a produção escrita em situação de vestibular. O contexto em que o ritmo da escrita surge nas discussões do autor é o da segmentação da cadeia verbal por meio dos sinais de pontuação.

Nesse contexto, o autor destaca a natureza essencialmente gráfica desses sinais e os caracteriza, com base em Abaurre, como marcas rítmicas da escrita. Centrando-se no emprego de vírgulas na delimitação do que assume como unidades incluídas, o autor destaca que, ao delimitarem unidades lingüísticas, as vírgulas possibilitam a integração de tais unidades umas com as outras ou com a totalidade do texto.

A análise do emprego dessas marcas de pontuação possibilita, pois, segundo Corrêa, o acesso ao movimento característico do texto; logo, a seu ritmo. Os sinais de pontuação, portanto, ligados à dimensão textual da linguagem, constituem-se, com base nas idéias do autor, em marcas privilegiadas de observação do ritmo da escrita.

São essas as marcas que, a partir das considerações de Corrêa, escolhemos para apreender (e, logo, descrever e explicar) o ritmo da escrita. A idéia básica que sustenta nossa escolha é a de que o ritmo da escrita seria reconstituído através da recuperação do modo pelo qual "um texto particular 'respira', depois que o gesto rítmico com o qual foi produzido se 'congela' em signos gráficos sobre uma página em branco" (Abaurre, 1991*b*).

Desse modo, no terceiro capítulo de nosso trabalho, procuramos, num primeiro momento, checar a compatibilidade entre o emprego da pontuação e as principais conclusões a que chegamos em nossa discussão sobre o ritmo da linguagem em geral. Discutimos, então, as compatibilidades entre o emprego da pontuação e: *a*) a demarcação de aspectos rítmicos da linguagem; *b*) a organização multidimensional da linguagem; *c*) a constituição rítmica do sentido; *d*) o caráter rítmico da atividade enunciativa; e *e*) a presença do ritmo na constituição do caráter temporal da linguagem.

Num segundo momento, checamos a compatibilidade entre o emprego da pontuação e as conclusões a que chegamos ao observarmos as intuições a partir das quais Luria, Holden & MacGinitie, Abaurre e Corrêa percebem o fenômeno de que nos ocupamos. Enfocamos, então, as compatibilidades que vemos entre a utilização dos sinais de pontuação e: *a*) os vínculos entre escrita e oralidade; *b*) a construção do estatuto simbólico da escrita; *c*) a inter-relação, na escrita, entre várias dimensões da linguagem para a construção de seu caráter semiótico; e *d*) a recuperação do ritmo da escrita através de marcas específicas da atividade gráfica.

Discutidas todas essas compatibilidades, dedicamo-nos, no quarto capítulo deste trabalho, à análise de como a pontuação indicia a presença do ritmo da escrita. Mais especificamente, observamos a indiciação que a pontuação faz da constituição e da alternância de unidades rítmicas da escrita. Constatamos que, nessa indiciação, a pontuação pode revelar de que modo o ritmo mostra uma organização do heterogêneo da linguagem, por meio da sistematização de fragmentos descontínuos de linguagem na continuidade própria a um fluxo verbal. Em outras palavras, ao observarmos, no texto, o movimento decorrente do jogo e da alternância entre os fragmentos verbais que o compõem, encontramos o seu ritmo e, conseqüentemente, um dos fatores que permitem detectar certa especificidade da escrita e distingui-la da oralidade.

Foram selecionados cento e nove textos, que compuseram nosso material de análise. Em cada um desses textos, realizamos um trabalho de segmentação do material lingüístico em grupos tonais (vistos de modo não-isomórfico em relação a seus correspondentes orais). O objetivo de tal seleção foi verificar a compatibilidade entre a utilização dos sinais de pontuação (as marcas gráficas que privilegiamos) e a preferência pela delimitação desse tipo de unidade rítmica na escrita. Constatou-se que os sinais de pontuação desempenham importante papel na delimitação dessas unidades na escrita na medida em que evidenciam o caráter ao mesmo tempo prosódico, gramatical e semântico com que elas se alternam na produção escrita da linguagem.

Finalmente, exporemos num quinto capítulo as conclusões a que estamos chegando com o desenvolvimento de nosso trabalho. Tematizaremos, então, o que acreditamos ser suas principais contribuições: *a*) fazer uma primeira caracterização do fenômeno do ritmo da escrita; *b*) abrir novas perspectivas para o trabalho que se pode desenvolver com a prática da escrita; e *c*) fornecer mais subsídios ao estudo das relações entre a produção escrita e a oralidade.

Ressalte-se que tais contribuições ficam circunscritas ao que estão permitindo certos recortes teórico-metodológicos e certa delimitação do *corpus* que nos estamos impondo durante a execução de nossa pesquisa.

Estamos trabalhando fundamentalmente no campo das relações entre a escrita e a oralidade, buscando o modo pelo qual o ritmo da escrita se "congela" através de marcas gráficas.

Tais marcas, como se sabe, são de múltiplas espécies. Abrangem desde aquelas que, à primeira vista, passariam por estritamente gráficas – caso dos sinais de pontuação e dos espaços em branco separando palavras escritas – até aquelas cujas características gráficas melhor se explicariam, para muitos, como transcrições visuais do que imaginam ser unidades da cadeia da fala – caso das sílabas, das palavras ou das frases, por exemplo. Como verificar o funcionamento de todos esses tipos de marcas ultrapassaria em muito as pretensões deste trabalho, novo recorte se impôs, e privilegiamos a observação dos sinais de pontuação.

Por fim, quanto ao *corpus*, mais um recorte. Qualquer exemplar de linguagem manifestado através de sinais gráficos poderia, em princípio, figurar como nosso objeto de análise. Optamos, então, pela análise de uma produção de escrita que nos parece característica: a produção textual de vestibulandos (da UNICAMP) em momento de vestibular. A singularidade que imputamos a esse tipo de produção deve-se ao que nela é possível observar das relações entre a escrita e a oralidade, principalmente a natureza gradual dessas relações. Dificilmente teríamos acesso a esse fato, a não ser pela análise longitudinal das produções de diferentes sujeitos ao longo de seu processo de aquisição da escrita ou – como preferimos fazer – pela análise de uma amostra que reúne um número significativamente grande de textos produzidos num mesmo momento por sujeitos que se encontram em diferentes etapas de seu domínio da escrita.

Capítulo 1 **Bases para uma compreensão do papel do ritmo na linguagem**

Conforme anunciamos na introdução deste trabalho, neste capítulo teremos como preocupação principal enfocar o estatuto da categoria lingüística do ritmo e o reconhecimento de sua importância na organização e no funcionamento da linguagem. Essa preocupação se justifica na medida em que nosso objeto específico de interesse – o ritmo da escrita – será (posteriormente) abordado no quadro mais amplo de uma discussão sobre o ritmo da linguagem em geral, contexto no qual vemos situada a especificidade da manifestação escrita da linguagem.

Neste passo de nosso trabalho, o leitor poderá se ressentir da ausência de dados comprobatórios das postulações teóricas que faremos. É intencional. Na construção do estatuto teórico da categoria lingüística do ritmo, nossa preferência é por "deixarmos falar" aqueles autores em que, de modo especial, nos basearemos para desenvolver nossas idéias: Benveniste (1976*b*), Moraes (1991) e Meschonnic (1982). Os elementos que evidenciam o papel do ritmo na estruturação de qualquer fato de ordem lingüística serão, como se poderá verificar ao longo de nosso trabalho, mais de uma vez retomados, seja durante as discussões sobre as marcas com base nas quais analisaremos o ritmo da escrita, seja durante a análise do material que compõe o nosso *corpus*. Nesses momentos, a força com que operam será demonstrada, no primeiro caso, especialmente por meio de considerações que gramáticos e lingüistas fazem sobre o caráter geral dos sinais de pontuação e sobre suas condições de emprego e, no segundo caso, por meio de dados extraídos de nosso próprio material de análise.

Ainda na construção do estatuto teórico da categoria lingüística do ritmo da linguagem, o leitor perceberá o destaque a vozes nas quais Moraes e Meschonnic se baseiam para construírem (no contexto em que se situam) sua percepção do ritmo. Mais uma vez, nossa atitude é intencional. Faremos esses destaques na medida em que tais vozes lancem alguma luz sobre nossa própria percepção de como o ritmo opera na construção dos fatos lingüísticos. Que não se estranhe, pois, um certo abuso de remissões de segunda ordem.

1. A necessidade de um deslocamento epistemológico

Em estudo especialmente consagrado à atenção que a lingüística (e a música) vem dedicando ao ritmo, e relativamente à época em que concluiu o seu trabalho, Moraes (1991) constata:

> Em pouco mais de duas décadas, o ritmo deixa de ser uma preocupação quase que paralingüística... para se fazer presente – inclusive em posições-chave – nos mais diversos campos de interesse da ciência lingüística (p. 64).

A constatação de Moraes é baseada na observação da atitude em face do ritmo que foram progressivamente sendo tomadas por estudiosos como Allen, Liberman & Price, Martin, Donegan & Stampe, Scollon, Hulst & Smith, David Gil, Benguerel & D'Arcy e, no Brasil, Abaurre, Cagliari e Albano. De modo geral, o que Moraes destaca da atitude desses estudiosos é o progressivo deslocamento que o ritmo vai sofrendo de seu vínculo histórico com a superfície lingüística para lugares mais ao centro da linguagem. De Scollon, por exemplo, Moraes destaca a preocupação com a necessidade de o ritmo obter interesse mais central; de Hulst & Smith, a percepção de que algo de natureza rítmica precederia (ou seria o suporte para) as especificações de traços segmentais; de Martin, a proposta, já em 1972, de uma interação entre ritmo, morfologia e sintaxe; de Benguerel & D'Arcy, a observação de que uma explicação detalhada da linguagem requer um conhecimento muito maior sobre o ritmo[1].

A preocupação de Moraes é semelhante, em muitos aspectos, à dos autores a que faz referência. Com efeito, o autor procura enfaticamente, ao longo de seu trabalho, manter-se distante da idéia de que o ritmo "possa ser algo intrínseco a quaisquer unidades do tipo segmento"; muito ao contrário, assume a posição de que o ritmo é "de alguma forma intrínseco à linguagem" (p. 58), preocupação que se revela, também, no comentário que faz ao artigo "Linguistic rhythm", de Liberman & Price, de 1977:

> O próprio título do artigo (...) e sua forte repercussão marcam uma mudança de atitude, *i.e.*, indicam uma decisão de encarar frontalmente a questão de a linguagem – e tudo que a ela seja pertinente – ter (ou ser) estrutura (p. 40).

Mas, a nosso ver, e no que mais de perto nos interessa, o mérito principal das discussões de Moraes é trazer à luz o fato de que, sob o deslocamento que os diversos autores fazem do ritmo – levando-o de regiões mais periféricas, por assim dizer, da linguagem para regiões mais centrais e que envolveriam seu próprio caráter estrutural, organizado –, um fenômeno mais profundo pode ser verificado: trata-se de algo que o autor identifica como um verdadeiro "deslocamento epistemológico" (p. 118) nos estudos lingüísticos.

Um deslocamento que pode estar se dando não apenas em função do que Moraes detecta na trajetória recente da Lingüística mas também a partir de questionamentos ao modo como se analisa o ritmo na poesia feitos por Meschonnic em sua *Critique du rythme*, obra publicada em 1982.

---

1. O percurso detalhado da mudança de atitude notada por Moraes pode ser acompanhado especialmente nos capítulos II e V de seu trabalho.

Para esse autor, "as relações entre o ritmo e os métodos para defini-lo expõem de modo privilegiado aquilo que está em jogo na epistemologia das ciências humanas"[2] (*op. cit.*, p. 16). Sua crítica ao que tradicionalmente se concebe como ritmo é feita, então, no sentido de deslocá-lo de sua circunscrição à poesia para inseri-lo na linguagem como um todo, tornando-o parte, portanto, da teoria da linguagem, "*e* uma parte que é talvez a mais importante" (*id.*, p. 13).

Esse deslocamento impõe, além dessa inserção, segundo Meschonnic, a revisão do conceito de ritmo, já que, sob a ótica tradicional, ordens distintas como a do cósmico-biológico e a do histórico estão unificadas sob a rubrica única do conceito de ritmo. O resultado da mistura entre essas duas ordens é freqüentemente "confusão" ou "inversões de planos", verificáveis, por exemplo, em abordagens que "partem do particular antropológico", ou seja, de uma singularidade histórica, "para colocar em extensão ou metáfora o cósmico, o biológico" ou, inversamente, em abordagens que "partem do geral para irem ao particular" (p. 172).

Paul Fraisse (*apud* Meschonnic, p. 146) desvenda com clareza o sincretismo contido no conceito de ritmo. Com efeito, de acordo com Fraisse, o termo *ritmo* não tem o mesmo sentido em *ritmo cardíaco* e *ritmo iâmbico*: no primeiro caso, a expressão estaria caracterizando a periodicidade de um fenômeno ao passo que, no segundo caso, estaria designando a estrutura de uma seqüência de estimulações, a saber, uma breve seguida de uma longa. Desse modo, contra uma síntese conceptual que não leva em conta essa diferença de sentido e assume o sincretismo que a caracteriza, síntese na qual o ritmo é situado antes e para fora da linguagem como "uma categoria abstrata, universal, uma forma *a priori* da sensibilidade" (p. 21), Meschonnic propõe tomá-lo "na e pela linguagem" e a linguagem "no e pelo ritmo" (p. 21). Ou ainda, libertar radicalmente a teoria do ritmo de seu sincretismo, reconhecendo e rejeitando os elementos que a tornam incapaz de teorizar o ritmo na linguagem, "e

---

2. A tradução das citações em língua estrangeira é nossa.

que a limitam ao versificado, deixando o resto fora do teorizável" (p. 139).

O que se pode verificar, tanto a partir de Moraes quanto a partir de Meschonnic, é que os deslocamentos epistemológicos que ambos tematizam apontam para a retirada do ritmo de um *locus* restrito na linguagem (a fala, em Moraes; a poesia, em Meschonnic) e sua transferência para todo o "continente" da linguagem.

O deslocamento epistemológico que propõe Meschonnic, e que constitui a base de sua crítica, significa, no entanto, muito mais do que uma mudança de *locus*; é a própria tradução de seu descontentamento em relação a uma concepção de ritmo que tem na ordem seu princípio máximo. A crítica do ritmo nesse autor tem, pois, direção certa: a recusa ao primado da métrica no ritmo, ou, em outros termos, o "combate" (como prefere o autor) a uma concepção métrica do ritmo.

Tal como criticada por Meschonnic, uma concepção de ritmo em que a ordem ou a regularidade ocupem a posição principal produz nos estudos da linguagem o que poderíamos definir como, no mínimo, três grandes incompatibilidades.

Com efeito, pensar o ritmo através de uma "visão sintética de grande amplitude" (p. 23), abrangendo desde fenômenos culturais até fenômenos cósmico-biológicos, significa, em última instância, des-historicizá-lo, na medida em que uma tal generalização parece ser possível unicamente com base na crença de que os fenômenos mais "mundanos", por assim dizer, não passariam de manifestações específicas de princípios mais cosmológicos – portanto, mais gerais e supostamente mais essenciais. Ultrapassando os limites do histórico, o ritmo seria, pois, um fato prévio aos fenômenos (que não fariam senão manifestá-lo), tendendo ao quase "sistema de símbolos matemáticos" ou ao quase "domínio autônomo e fechado" da métrica preexistente ao fato histórico do poema.

Mais ainda, a própria noção de ritmo acaba por sucumbir à noção de metro, ou seja, o ritmo passa a ser entendido como a manifestação de um princípio métrico, de tal forma que essa inversão "coloca sempre em primeiro plano a permanência da ordem, da qual o ritmo é concebido como uma variação" (p. 184). Expliquemo-nos. Como se sabe, o metro é um padrão, é uma estrutura ou modelo de composição. Desse modo, a relação entre o metro e o poema acaba se caracterizando como uma oposição "entre o metro como norma, isto é, virtualidade visada, ideal, e o ritmo como realidade lingüística, isto é, realização no discurso" (p. 187). Nesse contexto, não é o ritmo em sua concretização que é buscado no poema, ou, em outros termos, não é ao poema que se visa, mas a uma regularidade/periodicidade – o metro como norma – que exclui o fato histórico da linguagem. Em suma, na visão tradicional criticada, uma primeira grande *incompatibilidade*: aquela entre *ritmo* e *história*.

Decorrente desta, uma segunda incompatibilidade. De acordo com Meschonnic, os sistemas de versificação são concebidos pela teoria tradicional do ritmo como normas que organizam unidades não-significantes. Isso quer dizer que tais unidades "só afetam uma substância sonora, não o sentido" (p. 525). Assim, a métrica trabalharia sobre um suposto "ritmo puro", que, de fato, nada mais é do que o metro entendido como o próprio ritmo.

Essa operação de conservar o ritmo "puro", abstrato, separando o sentido da substância fônica, incluiria ainda, segundo Meschonnic, a redução do ritmo a um fenômeno acústico, dado que, num tal quadro, "as vogais e consoantes são (...) separadas do sentido das palavras e da significação da frase" (p. 621).

Vê-se, assim, que, numa tal concepção, a linguagem – entendida como aquele aspecto da "realidade palpável" que manifestaria o princípio do metro/norma, por sua vez entendido como o próprio ritmo – não passaria de um material concreto, um suporte para a realização desse princípio essencial. E – fato mais grave, a nosso ver – suporte no qual o sentido não tem vez, já que, nesse enfoque tradicional (em que *forma* e *conteúdo* têm existência autônoma, ou ainda em que o som não passa de veículo de idéias preexistentes à própria linguagem), o princípio métrico só se aplicaria à substância mais sensível desse material: a parte fônica.

Como vimos, a redução do ritmo ao metro num processo em que se dá a sua cosmologização incompatibiliza, no quadro tradicional, ritmo com história. Apenas essa incompatibilidade – a se manter o quadro tradicional – bastaria para produzir ainda outra, aquela entre *ritmo* e *sentido*, já que muitos dos desdobramentos da ciência lingüística têm como princípio inquestionável a historicidade do sentido. Haveria, pois, uma transitividade de uma para outra incompatibilidade: se o ritmo é incompatível com a história, e se o sentido é histórico, logo o ritmo é incompatível com o sentido.

Uma outra demonstração, contudo, poderia também elucidar a incompatibilidade de que estamos tratando. O ritmo entendido como ordem, regularidade, não permite dizer nada sobre o sentido porque a métrica, tal como criticada por Meschonnic, não é semântica, "o metro não tem sentido" (p. 525). E não poderia ser diferente, já que, no mesmo quadro em que o ritmo se reduz à métrica, o sentido preexiste à linguagem e o ritmo é um princípio formal, regular, cuja aplicabilidade só é verificável na matéria fônica da linguagem. A exclusão do sentido, num quadro como esse, explica, pois, por que a organização dos elementos da poesia não seria a organização de seu sentido, numa acepção ampla desse termo, mas apenas a de sua forma, entendida, obviamente, como desvinculada da significação.

A propósito, uma afirmação de Matila Ghyka (*apud* Meschonnic), de que dois versos de Racine teriam o mesmo "ritmo", recebeu de Meschonnic o seguinte comentário:

> Como os limites de palavras e de grupos são outros, a organização, outra, as relações prosódicas[3], outras, esses dois versos não são semelhantes quanto ao ritmo, assim como nenhum verso é semelhante a nenhum outro. Não existem dois versos semelhantes quanto ao ritmo. Apenas os acentos de intensidade estão nos mesmos lugares. Eles não são todo o ritmo (p. 571).

Pode-se observar, a partir desse comentário de Meschonnic, que apenas uma concepção métrica do ritmo como um princípio: *a*) que preexiste ao uso da linguagem; *b*) que se aplica apenas à substância fônica da linguagem (os acentos de intensida-

---

3. Meschonnic entende a prosódia como a "organização vocálica, consonântica" (p. 217).

de, segundo Meschonnic); e *c*) que é incompatível com o sentido; poderia permitir a Ghyka fazer a afirmação que fez, de que dois versos de Racine teriam *o mesmo* ritmo.

É possível, pois, situar sem dificuldades o lugar de tal afirmação. Além disso, tradicionalmente a poesia é definida pelo verso – assim como o ritmo é definido pelo metro. Para muitos, ainda, o verso foi, e permanece sendo – lembra Meschonnic – não apenas "uma codificação métrica do ritmo, mas a condição do ritmo" (p. 398).

Mas definir a poesia pelo verso e o ritmo pelo metro "faz com que a prosa seja o resto" (p. 395), na medida em que, ao se tomarem tais definições como adequadas, a prosa, em conseqüência, só poderá ser definida negativamente – por sua forma não-versificada e pela "ausência de ordem, de ritmo" (p. 403). Assim, não haveria ritmo na prosa pois o ritmo, nessa concepção, é sinônimo de metro, e este, por sua vez, só se define em função do verso. E estamos, assim, às voltas com o que esse autor nos possibilita classificar como uma terceira incompatibilidade na teoria tradicional: aquela entre o *ritmo* e a *prosa*.

A idéia de que a prosa não tem ritmo é bastante forte entre muitos daqueles que, principalmente a partir da tradição literária, refletiram sobre a linguagem. A título de exemplo, observemos, com Meschonnic, o que dizem Todorov e Valéry a respeito das relações entre ritmo e prosa.

Todorov não hesita em distinguir verso e prosa com base no critério da presença/ausência de ritmo. Com efeito, para esse autor, o verso opõe-se à prosa pelo fato de que, nesta última, "não existe esquema algum" (*apud* Meschonnic, p. 412). O monopólio do ritmo pela poesia explica-se, assim, por um princípio que define o ritmo em função de um "esquema", de um princípio de ordem, de regularidade. Nesse contexto, a teoria tradicional do ritmo não faz senão criar uma total incompatibilidade entre ritmo e prosa.

A ausência de quaisquer condições pré-fixadas "e não-ligadas entre si por meio de repetições ou reforços ou equivalências de tempo" é também o que permite a Valéry (*apud* Meschonnic, p. 430) caracterizar a prosa (e distingui-la da poesia).

Em outras palavras, a prosa não se caracterizaria por ter um ritmo diferente daquele da poesia, mas por não apresentar ritmo, já que, como vimos, o ritmo, para Valéry, é definido como "repetições ou reforços ou equivalências de tempo". De novo, a concepção métrica do ritmo impossibilitando relacionar ritmo e prosa.

Embora não explorada por Meschonnic, podemos dizer que não é só a concepção que tradicionalmente se tem do ritmo que impede sua relação com a prosa. Também uma concepção tradicional de prosa impede sua relação com o ritmo. Representativo de tal concepção é o pensamento de Alain, que entende por prosa "relações abstratas e explicativas como de causa a efeito, de meio a fim, de substância a acidente, relações que a lógica apresenta em sistema como conseqüência da gramática universal" (*apud* Meschonnic, p. 440).

A incompatibilidade entre ritmo e prosa se mostra, desta vez, por uma outra faceta dos estudos tradicionais da linguagem, qual seja, uma concepção de prosa que a circunscreve a relações lógicas do pensamento – que os elementos lingüísticos não fariam senão traduzir. Circunscrita apenas ao que se poderia entender como o sentido, e de acordo com a teoria tradicional do ritmo, a prosa não poderia, portanto, ser provida de ritmo já que, como vimos, segundo aquela teoria, ritmo e sentido seriam incompatíveis, assim como *forma* e *conteúdo* seriam desvinculados. Eis, pois, duplamente impossibilitadas as relações entre o ritmo e a prosa: de um lado, por uma concepção métrica do ritmo que o dissocia do *conteúdo*, vinculando-o apenas à *forma*; de outro lado, por uma concepção de prosa que a limita ao *conteúdo* e cuja relação com a *forma* seria unicamente a de tradução.

Se temos como tarefa específica, neste trabalho, abordar o *ritmo da escrita*, não serão, como vimos, as concepções tradicionais de ritmo e de prosa que nos possibilitarão cumpri-la. Em primeiro lugar, dada a historicidade de qualquer fato de linguagem; em segundo lugar, de acordo com Moraes, dada a não-circunscrição do ritmo à oralidade e, como veremos a seguir, de acordo com Meschonnic, dada a não-circunscrição do ritmo à poesia; em terceiro lugar – mas sem que se veja nesta sucessão de justificativas uma hierarquia – porque, a permanecermos no quadro tradicional, nem sequer poderíamos postular a existência de um quadro mais amplo – o ritmo na linguagem em geral – no interior do qual pudéssemos situar nosso objeto de estudo. Por todas essas razões, interessam-nos particularmente, além das considerações de Moraes, os deslocamentos epistemológicos que Meschonnic propõe a respeito das relações entre ritmo e linguagem, e que têm em sua base o artigo "A noção de 'ritmo' na sua expressão lingüística", de Émile Benveniste.

2. O ritmo lingüístico em Benveniste

Neste artigo, contestando a informação freqüente em dicionários de que o sentido da palavra grega que designa o ritmo tenha sido tomado aos movimentos regulares das ondas, Benveniste (1976b) tem como preocupação central buscar no vocabulário da antiga filosofia jônia o valor específico dessa palavra: ρυθμος, que é o abstrato de ρειν.

A partir de Leucipo e sobretudo de Demócrito, através de citações deste último feitas por Aristóteles, Benveniste constata não haver "nenhuma ambigüidade na significação que Demócrito atribui a ρυθμος e que é sempre 'forma', entendendo por aí a forma distintiva, o arranjo característico das partes num todo" (*op. cit.*, p. 364).

Buscando os poetas líricos, Benveniste confirma que, já desde o século VII, ρυθμος é tomado para definir a forma individual e distintiva do caráter humano, sentido que persiste, segundo Benveniste, na prosa ática do século V. Xenofonte, por exemplo, "faz do ρυθμος (...) qualidade de uma bela couraça, que qualifica como (...) 'de bela forma'"; em Platão o mesmo termo é usado com o sentido de "'disposição proporcionada' entre a opulência e a privação" (p. 366).

Com base nesse levantamento, Benveniste conclui que o termo ρυθμος nunca se aplica ao movimento regular das ondas e que seu sentido constante é "forma distintiva, figura proporcionada, disposição" (p. 366), em suas mais variadas condições de emprego.

Estabelecido esse sentido geral para o termo ρυθμος, o autor passa, então, a precisá-lo. Observa que, nos contextos em que aparece, designa "a forma no instante em que é assumida por aquilo que é movediço, móvel, fluido, a forma daquilo que não tem consistência orgânica". Em suma, designa "a forma improvisada, momentânea, modificável" (p. 367).

Destaca também Benveniste que, significando uma maneira particular de fluir, esse termo é próprio para descrever as "configurações particulares do movediço" (p. 368) próprias às fluições.

O deslocamento de sentido que se opera em ρυθμος ocorre com Platão, que emprega esse termo retendo dele a idéia de forma, de configuração, mas associando-a à idéia de número, de harmonia. Segundo Benveniste, a noção de forma passa a ser, "determinada por uma 'medida' e sujeita a uma ordem" (p. 369), cristalizando-se a noção de *ritmo*, a partir de então, como "configuração dos movimentos ordenados na duração" (p. 370).

O que se pode ver, com base em Benveniste, é que a noção de ritmo tal como tradicionalmente foi (e continua ainda a ser) difundida é produto de uma especificação do sentido do termo grego ρυθμος, do qual deriva a palavra ritmo. O que era antes entendido, em sentido geral, como forma, configuração particular daquilo que é fluido, que se movimenta, passa a designar apenas o movimento cadenciado, ou seja, passa a designar, de modo específico, uma forma ou configuração mensurável daquilo que se movimenta.

E é essa especificação de sentido que será rejeitada por Meschonnic em sua crítica do ritmo. Desprezando a redução do ritmo à harmonia ou aos números, esse autor vai resgatar em ρυθμος sentidos mais gerais com os quais esse termo foi empregado até Platão, tais como aqueles destacados por Benveniste (p. 368) de disposições ou configurações "sem fixidez nem necessidade natural, resultantes de um arranjo sempre sujeito à mudança".

3. O ritmo e a organização multidimensional da linguagem

O resgate desses sentidos vai permitir a Meschonnic não apenas elaborar uma nova teoria do ritmo, mas, como já dissemos, promover um deslocamento epistemológico no que se refere às questões envolvendo ritmo e linguagem. A idéia de configurações particulares daquilo que flui parece ter sido assimilada pelo autor para caracterizar o ritmo lingüístico como a organização de um fenômeno específico (a linguagem) que se desenvolve em fluxo contínuo (o discurso[4]). A particularização, bastante cara a Meschonnic, é destacada, já que, segundo o autor, não há *o* ritmo, há ritmos. Com essa especificação, a idéia de um ritmo universalizante que seria prévio a qualquer atividade humana (não apenas à linguagem) fica, já de início, descartada.

Cauteloso com relação a se priorizar desse fluxo organizado apenas o que se refere a um escoamento (*écoulement*), Meschonnic esclarece que, se o ritmo é um fluxo, "é também a estruturação em sistema do que não é ainda sistema" (p. 225). Sem pretendermos dar conta de todo o alcance possível dessa formulação do autor, poderíamos selecionar a idéia de que o ritmo se caracteriza por uma propriedade antitética, a continuidade/descontinuidade, e essa propriedade estaria subjacente à organização de qualquer atividade lingüística.

Por um lado, a organização em sistema de um ato lingüístico seria correlativa a torná-lo descontínuo, já que, mesmo definidos em função de uma relação, os elementos que compõem esse ato poderiam ser, por assim dizer, individuados. Portanto, o resultado da organização em sistema de qualquer fato de linguagem é a apreensão de sua descontinuidade, ou seja, do processo de individuação dos elementos que o compõem.

Por outro lado, se a atividade verbal, como vimos, caracteriza-se pela organização dos elementos que nela funcionam

---

4. Meschonnic inspira-se em Benveniste também ao falar em *discurso*.

como unidades[5] (organização que a torna descontínua, porque denuncia seu caráter fragmentário), é num processo que Meschonnic descreve como "inacabado em curso" (p. 225) que se constrói a organização dessa atividade. É em seu próprio fluxo, portanto, que o discurso adquire sua forma, através das relações que, no fluxo discursivo – em sua continuidade –, serão construídas entre os elementos que possibilitam sua existência.

Desse modo, caracterizado por Benveniste (e assumido por Meschonnic) como disposição, configurações particulares do movimento, arranjo característico das partes em um todo, forma do movimento, o ritmo abandona, segundo Meschonnic, uma definição congelada que o mantém preso à medida. Não sendo mais uma subcategoria da forma, ele pode ser visto, então, como "uma organização (disposição, configuração) de um conjunto". Não mais restrito ao verso, não mais visto como metro, o ritmo está em toda a linguagem, na "organização (disposição, configuração) do discurso" (p. 70). Em outros termos, em Meschonnic, ritmo é visto simultaneamente como sistema e como discurso, sem que (de acordo com sentidos resgatados de ρυθμος, de fluxo organizado) discurso e sistema sejam fatos que se excluam.

Observa-se, então, que a continuidade/descontinuidade parece passar para qualquer produto final da linguagem, na medida em que, se não há dúvidas de que um texto oral ou escrito reflete na sua organização em sistema a descontinuidade, reflete também, na disposição linear de seus elementos organizados, a continuidade.

Desse modo, nem sequer se cogita em Meschonnic a idéia da precedência de um elemento sobre o outro. Não há uma organização lingüística acabada sempre pronta a ser colocada em uso e própria a qualquer uso. Assim como também não se concebe a precedência de um tempo no qual elementos lingüísticos (já prontos e acabados) "escoassem", de tal modo que estivessem *no* tempo. Para esse autor, o ritmo é, então, "uma racio-

---

5. Essa organização do fragmentário parece ser captada tanto pela Análise da Conversação quanto pela Lingüística Textual: a primeira, a propósito da descrição das regras que presidem, por exemplo, a interação face a face; a segunda, a propósito dos mecanismos de elaboração do texto oral e escrito.

nalidade transcronológica, translinear. É uma narrativa própria que cria e recria um fazer" (p. 225). O ritmo não é, isoladamente, nem sistema nem tempo. É o que Groethuysen (*apud* Meschonnic, p. 225) define como "o movimento ou os movimentos do tempo", e que entendemos como o movimento de unidades que poderiam ser definidas temporalmente como durações e que – no campo da linguagem – se organizam formando sistemas como aqueles, mais conhecidos, de moras e de pés[6], mas também sistemas como o dos segmentos, o dos padrões silábicos, o de grupos como os rítmicos e tonais, o das palavras, e os de unidades mais complexas como as orações ou partes de orações[7].

Essa concepção do ritmo como organização, em sistema, da descontinuidade ultrapassa, portanto, a divisão estanque dos níveis de análise lingüística. Presa ao estudo da sistematização das unidades em *langue*, a divisão em níveis não dá conta da necessária redefinição das unidades em seu uso. Esse que, para Benveniste, seria o nível mais alto da pirâmide é, segundo o que pensamos, o lugar da sistematização da descontinuidade, processo que se dá não pelo significado que uma unidade lingüística adquiriria num *nível* superior, mas por uma interferência simultânea entre diferentes dimensões da linguagem: desde as restrições tidas como propriamente semânticas até a organização tida como mais formal da morfossintaxe de uma língua, passando por sua dimensão fonológica, em que se marcam as inflexões pragmáticas do dizer. É nesse sentido que, com base em Meschonnic, entendemos o ritmo como um recurso organizador da linguagem. É por meio do ritmo que podemos, pois, pensar numa integralização de pontos de vista na enunciação, numa organização multidimensional da linguagem.

Nessa organização, nem unicamente sistema, nem unicamente tempo, mas como configuração em sistema da descon-

---

6. Evidentemente, moras e pés não devem aqui ser tomados em seu vínculo com uma teoria métrica do ritmo, mas por aquilo que têm de *unidades organizadas, cuja definição se pode observar em uma seqüência que se caracteriza pela regularidade*, o que é bastante diferente de se pensar que somente as seqüências regulares é que são ritmadas e que somente unidades como moras e pés constroem o ritmo.

7. Evitamos antecipar aqui o papel desses sistemas na construção de unidades textuais (também elas sistemas), de que trataremos mais adiante.

tinuidade num fluxo verbal, o ritmo é, ainda, o que Bachelard (*apud* Moraes, *op. cit.*, p. 165) define, a partir do campo musical, como "sistemas de instantes" criados sob uma base temporal (contínua) não-uniforme, entendendo que, assim como as durações sozinhas não constituem o ritmo, "a continuidade tida como imediata é tão efêmera que não se pode fazer dela a trama sobre a qual se constituiriam as noções", ou seja, as durações. Essa concepção de ritmo é justificada em Bachelard pelo fato de que, "se a música fosse uma contabilidade de durações diversas (...), encontraríamos uma nova melodia ao percorrer em sentido inverso esse conjunto de fragmentos temporais sabiamente divididos" (*apud* Moraes, pp. 165-6). Analogamente, traduzindo para o campo lingüístico, poderíamos dizer que não é possível definir a atividade lingüística (tanto a oral quanto a escrita) em função da continuidade de suas "durações", ou seja, em função da seqüência contínua dos elementos que nela operam como unidades. O que é preciso fazer é buscar o modo singular como esses fragmentos descontínuos se organizam na continuidade linear dessa atividade, o que, em outras palavras, nada mais significa que buscar o seu *ritmo*.

Insistindo no caráter contínuo/descontínuo do ritmo, voltemos a Meschonnic e à ligação que esse autor faz entre o que estamos definindo como uma propriedade antitética do ritmo e as duas esferas distintas, "cada uma das quais (...) geradora de certa ordem de valores", através das quais Saussure (1974, pp. 142 ss.) concebe a associação e a concatenação das unidades lingüísticas. Para Meschonnic, "o ritmo é feito de paradigmas, e ele é a sintagmatização desses paradigmas. Isso significa dizer que a oposição entre o contínuo e o descontínuo se neutraliza nele" (p. 226).

Com efeito, o jogo entre o contínuo e o descontínuo, operado pelo ritmo, vai ocorrer na medida em que a descontinuidade dos elementos paradigmáticos for acobertada pela disposição, em forma contínua, que esses elementos vão receber em sua sintagmatização. Assim, unidades independentes e sem extensão precisa – já que nem sempre coincidem com os limites com os quais as unidades lingüísticas são tradicionalmente concebidas[8] – dispõem-se linearmente "por massas organizadas, que são elas próprias signos", de tal modo que esse mecanismo, "que consiste num jogo de termos sucessivos, se assemelha ao funcionamento de uma máquina cujas peças tenham todas uma ação recíproca, se bem que estejam dispostas numa só dimensão" (Saussure, *op. cit.*, p. 149). Eis, pois, o ritmo, transposto para o próprio modo como Saussure concebe a organização e o funcionamento da linguagem.

Concebido dessa maneira, o ritmo não se reduz, segundo Meschonnic (p. 411), "unicamente à quantidade de sílabas de um grupo rítmico", tal como o verso – codificação métrica do ritmo que, como vimos, tradicionalmente se confunde com a própria condição do ritmo. Ele diz respeito a quaisquer tipos de unidades lingüísticas em função das quais se organizam as mais variadas formas de atividade da linguagem, orais ou escritas, metrificadas ou não-metrificadas. É sempre uma organização, que pode incluir, "entre todas as suas figuras de disposição, regularidades, mas sem o privilégio da regularidade" (p. 514). O ritmo constrói, então, a própria atividade lingüística, através da relação que estabelece entre suas unidades fragmentadas, descontínuas, isto é, através de uma disposição singular dessas "peças" da linguagem. Mas, vistas no contínuo do produto lingüístico, as figurações rítmicas só podem ser concebidas como tais justamente pela forma, pelos limites e pelas posições que assumem no fluxo sintagmático, já que, nas palavras de Martin (*apud* Moraes, *op. cit.*, p. 149), "o *locus* de cada (...) elemento ao longo da dimensão temporal é determinado relativamente ao *locus* de todos os outros elementos na seqüência, adjacentes ou não-adjacentes". O que significa dizer, segundo o que pensamos, que os elementos lingüísticos se definem pela configuração particular que adquirem no contínuo da atividade lingüística.

Assim, o ritmo não é o que, na lingüística estrutural, se poderia conceber como um "nível" da linguagem, um setor da

---

8. A propósito, Saussure fala em "equivalentes de frases tais como sim, não, obrigado etc." (*op. cit.*, p. 149), o que coloca em relação associativa uma palavra e um grupo de palavras.

linguagem, entre outros. De modo mais poderoso, o ritmo pode ser tomado como uma organização multidimensional da linguagem, ou, de acordo com Meschonnic, como a "estruturação de conjunto" (p. 363) de tudo o que se pode entender como "nível" da linguagem (e não apenas o fônico, o único privilegiado pela teoria tradicional do ritmo), dada a natureza ao mesmo tempo descontínua e contínua que lhe é própria.

É o que permite a Moraes, por exemplo, não só afirmar que "o ritmo (...) não é algo que incidentalmente adere ao *output* terminal de uma estrutura lingüística" (*op. cit.*, p. 49), como também fazer referência a Martin, que, em 1972, propunha o ritmo "em interação com a morfologia e sintaxe" (*apud* Moraes, p. 52). É, ainda, o que faz Allen (*apud* Moraes, p. 49) pensar "numa espécie única de ritmo cognitivo (...) subjacente a todos os tipos de atividade (...) na linguagem", ou buscar uma compatibilização entre a idéia de temporalidade, implícita no conceito de ritmo, e a noção de estrutura, implicada no conceito de competência lingüística (de Chomsky).

Meschonnic e Moraes manifestam, portanto, em formulações diferentes, a idéia básica de que o ritmo está no cerne de todos os "níveis" da linguagem. Existência fundamentalmente necessária à linguagem – o ritmo –, nele estaria, nas palavras de Moraes, "a mais elementar discretude" (p. 63).

4. O ritmo, a organização lingüística e o sentido

Até o momento, com base nas idéias de Benveniste e de Meschonnic, em especial, dedicamo-nos a buscar uma caracterização central do ritmo. Cremos tê-la encontrado: o ritmo é a organização singular dos elementos de qualquer atividade lingüística, oral ou escrita.

Essa organização, como vimos, mostra-se como a disposição de elementos descontínuos, fragmentários, num contínuo, num fluxo. Desse modo, o ritmo fica liberto de uma concepção métrica redutora que o restringe, tradicionalmente, a um simples jogo acentual, quantitativo, cuja convenção é radicalmente alheia à atividade lingüística e à própria linguagem; ou seja, o ritmo se liberta das restrições puramente acentuais, que se concebem como estranhas "às palavras, (...) sua extensão, sua posição, sem falar dos grupos e das frases" (Meschonnic, *op. cit.*, p. 547). O ritmo, portanto, não é apenas o jogo métrico dos acentos. Donegan & Stampe (*apud* Moraes, *op. cit.*, p. 85), em direção que converge com a concepção de ritmo que defendemos, vêem-no como "a distinção primária dos traços prosódicos", entendidos como todos aqueles traços que compõem a "música" da fala. Assim, ainda na esfera fônica da linguagem, podem-se observar, por exemplo, o jogo dos timbres, o jogo das pausas, das rupturas e das continuidades. Também o da entonação, que, conforme Mauss (*apud* Meschonnic, p. 294), pode ter, na magia, "mais importância do que a palavra". Assim sendo, a entonação (como os demais aspectos que compõem a prosódia) revela-se como organizada – é rítmica –, na medida em que seu jogo funciona como suporte indispensável para a compreensão do que é construído por meio das palavras. Assim como, num fluxo contínuo, alternam-se acentos, timbres, pausas, assim também alternam-se, pois, os contornos entonacionais das seqüências de palavras. A entonação, como diz Meschonnic, "não é o ritmo mas (...) tem seu próprio ritmo, do qual se dizia 'ser superposto' ao do acento" (p. 221).

A entonação, a propósito, faz entrar em cena, no que se refere ao ritmo, uma nova ordem de fatos da linguagem. Jakobson (1975) relata a experiência de um ator do Teatro Stanislávski de Moscou, que, a pedido desse diretor, deveria tirar "quarenta diferentes mensagens da frase (...) 'esta noite', com variar-lhe a nuança expressiva" (p. 125). Segundo Jakobson, o recurso utilizado pelo ator foi elaborar uma lista de cerca de quarenta situações emocionais e, então, pronunciar a frase dada adaptando sua entonação a cada uma dessas situações. O que se pode perceber, a partir desse relato, é que os contornos entonacionais relacionam-se diretamente com o sentido com o qual se desenvolve uma atividade lingüística. Mais do que "nuanças expressivas", o que, de fato, está em jogo na experiência relatada é o vínculo que, na atividade da linguagem, é estabelecido entre a propriedade fônica da entonação e o sentido; ou um "sentido de entonação", como o define Meschonnic (p. 221) ao comentar esse mesmo relato de Jakobson.

Assim, ritmo é algo que se diz também a respeito da significação lingüística – e o que estamos entendendo aqui por significação lingüística refere-se, como posteriormente demonstraremos, especialmente aos efeitos de sentido produzidos pela alternância entre as unidades rítmicas na organização do processo e do produto discursivo. Concebemos, portanto, o sentido como da ordem da linguagem em uso, motivo pelo qual abdicamos de localizá-lo no sujeito, como sua fonte, ou na língua, como seu ponto de repouso.

Mesmo o acento, na concepção de ritmo que nos orienta, deve ser visto em outros termos: também (e sempre) relacionado ao sentido. Para Garde (*apud* Meschonnic, *op. cit.*, p. 418), "todo grupo de palavras estreitamente ligadas pelo sentido e não separadas por uma pausa é suscetível de ser tratado como uma unidade acentual única, e conseqüentemente, dotado de um único acento, qualquer que seja sua composição gramatical". Ainda para Garde, esses grupos acentuais são tão mais longos quanto a maneira como são falados seja mais rápida e menos cuidadosa. O que explica, para esse autor, "a elasticidade da unidade acentual", contrária à rigidez com que essas unidades são vistas na teoria tradicional do ritmo. Assim, o ritmo parece ser, realmente, como quer Meschonnic, uma noção mais vulnerável do que a do metro, "porque (...) pertence ao semântico" (p. 598).

Conseqüentemente, como o ritmo, conforme o vimos categorizando, não mais se restringe ao jogo de acentos e como a organização que ele preside é a de todo o discurso, de toda a linguagem, sua definição não pode mais ser unicamente fonética – menos ainda métrica. O ritmo está presente na estruturação de conjunto de toda a linguagem, o que inclui, logicamente, "*a própria organização do sentido no discurso*" (*op. cit.*, p. 217).

O ritmo, na atividade lingüística, é o próprio modo de significar dessa atividade. É a instância de conjunto "de todos os elementos que contribuem para o discurso, organização de todas as unidades pequenas e grandes, (...) com todas as suas figuras" (p. 216). Essas unidades variáveis e descontínuas – desde as menores até as maiores, que incluem e ultrapassam a frase, "até as da narrativa" –, ao se organizarem no fluxo da atividade lingüística, em sua continuidade, tornam-se formalmente reconhecíveis e significativas. Os fragmentos rítmicos se caracterizam, assim, por serem "não apenas de sons mas também de sentido" (David Gil, *apud* Moraes, *op. cit.*, p. 65), já que o ritmo na linguagem não é uma entidade que se pode conceber, de modo abstrato, separada da matéria e da significação lingüística. A delimitação de tais fragmentos se dá, ao mesmo tempo, por "uma parada da voz e uma parada do sentido" (Gustave Kahn, a propósito do verso, *apud* Meschonnic, p. 603), ou seja, tomados em seu aspecto descontínuo, pode-se constatar a ligação intrínseca que se verifica, nesses fragmentos, entre a sonoridade e a significação[9]. A sonoridade não apenas traz consigo – no fluxo do discurso – a significação; ela é, em cada fragmento rítmico, "matéria do próprio sentido, e alvo do sentido" (Meschonnic, *op. cit.*, p. 660).

A condição necessária de uma unidade rítmica, portanto, é a de ser construída simultaneamente como som e como sentido. E de ser apreensível em um fluxo lingüístico. Além disso, sua delimitação não precisa coincidir, necessariamente, com a das unidades lingüísticas tradicionais, já que, a partir de Saussure, as unidades definem-se, conjuntamente, por suas relações sintagmáticas e paradigmáticas, primado que "inscreve na própria língua uma relação entre língua e discurso" (Meschonnic, *op. cit.*, p. 110). Pode-se, então, depreender, com base em Saussure e em Meschonnic, que as unidades rítmicas características do discurso se definem não pelo fato de se delimitarem sintática, léxica ou morfologicamente, mas por serem *sintagmas* – seqüências de ex-

---

9. Se, da constatação dessa "parada da voz", alguns autores, como O. Reboul (*Langage et idéologie*. Paris, PUF, 1980), concluem que "o silêncio significa", é porque, embora o fragmento rítmico possa ser visto em sua descontinuidade, o ritmo não cessa por ocasião de tais "paradas", e persiste, associado ao sentido, na continuidade do fluxo do discurso.

tensão e natureza não descrita em termos formais *stricto sensu* –, cuja propriedade fundamental é a de figurarem em discursos e de se constituírem num *continuum* lingüístico.

Como a linguagem é, segundo Meschonnic (p. 215), "uma sintagmática e uma paradigmática juntas, em todos os níveis lingüísticos", o sentido não se divide "segundo as subdivisões tradicionais criticadas por Saussure". Ele está em toda a linguagem, em todo o discurso. E já que tudo se apresenta como sentido na linguagem, no discurso, "o sentido é gerador de ritmo, assim como o ritmo é gerador de sentido, os dois inseparáveis", uma vez que toda unidade rítmica é, ao mesmo tempo, um grupo sonoro e um grupo de sentido.

O ritmo na linguagem pode, pois, nas palavras de Meschonnic, ser definido como

> a organização das marcas pelas quais os significantes, lingüísticos e extralingüísticos (no caso da comunicação oral, sobretudo), produzem uma semântica específica, distinta do sentido lexical (...). Essas marcas podem se situar em todos os 'níveis' da linguagem: acentuais, prosódicos, lexicais, sintáticos. Elas constituem em conjunto uma paradigmática e uma sintagmática que neutralizam justamente a noção de nível (p. 217).

Vê-se que a significação, no discurso, é produzida por uma organização rítmica de todas as marcas que o compõem, quaisquer que sejam suas naturezas específicas. Isso faz com que o sentido não se restrinja às palavras, nem a qualquer outra unidade lexical que se possa propor. As unidades lingüísticas que contrastam entre si, que se alternam, numa sintagmática, só o fazem porque, de algum modo, o jogo que estabelecem é provido de sentido. E esse jogo se dá conjuntamente entre unidades afetadas pelas diferentes dimensões lingüísticas, dando-se tanto entre elementos do que se tem concebido como um mesmo nível quanto entre elementos de níveis diferentes. O ritmo, na sua sintagmática, além de fônico, é morfológico, lexical, sintático, semântico. Os elementos desses níveis (e de outros, como o textual) "são inseparáveis", e formam "necessariamente uma conjunção de ritmos" (p. 220). Em seu funcionamento, o ritmo é "inseparavelmente efeito de gramática e efeito de sentido" (p. 349).

Por outro lado, o aspecto particular de uma unidade rítmica não significa nada em si mesmo. Apenas quando vista relacionalmente, em alternâncias simétricas ou dissimétricas, é que cada unidade rítmica adquire tal estatuto. Em outras palavras, as unidades rítmicas podem ser definidas como tais "apenas se o sentido as torna valores do discurso" (p. 513). É o ritmo, pois, que, ao organizar o discurso, delimita seus elementos e os faz "existirem", atribuindo-lhes sentido.

Assim, a cadeia verbal, quando vista apenas seqüencialmente, em sua linearidade, nada permite dizer sobre a natureza dos elementos que a compõem. Dumesnil (*apud* Moraes, *op. cit.*, p. 81) parece ter-se dado conta da dificuldade de se identificarem os elementos de uma sucessão sonora, ao destacar o papel central do ritmo na organização dos diversos elementos do fenômeno musical:

> A sucessão dos sons sem o ritmo é um caos ruidoso. O ritmo aparece, e, como o *fiat lux*, engendra a clareza. Sob sua influência, tudo se ordena e se combina.

Ainda do campo musical vem-nos, através de Moraes (p. 71), mais uma referência – desta vez, de Stravinski – sobre o ritmo no seu papel de "engendrar a clareza", propiciando o próprio nascimento das unidades que se tornarão significativas numa composição. Ao ser perguntado sobre quando reconhecia realmente uma idéia musical, o compositor responde que isso se dava no momento em que sentia satisfação ante uma *forma* auditiva. Mas, "muito antes de nascerem as idéias", acrescenta Stravinski, "eu começo a estabelecer relações rítmicas".

Pelo que vimos desenvolvendo, é possível estabelecer, desde já, uma relação entre ritmo, organização lingüística e sentido. Com efeito, ao organizar a atividade lingüística, o ritmo atribuirá significação àqueles fatos de sua matéria que ele identificará como suas unidades constitutivas. Atribuindo-lhes sentido, ele as fará existirem, promovendo a alternância entre elas no curso dessa atividade – o que faz com que esse curso seja, ele também, provido de sentido. Na sua continuidade, portanto, a atividade lingüística integra as descontinuidades em seu movimento, e essa integração revela que se trata de uma ação rítmico-semântica, na medida em que o jogo rítmico não se efetua sem que simultaneamente ele atribua sentido às "peças" que se movimentam e ao próprio movimento dessas peças.

5. Algumas palavras a mais sobre ritmo e sentido

Falar do ritmo, como vimos, é falar também do sentido. Acreditamos, porém, que mais alguns esclarecimentos devem ser feitos a propósito de como se dão as relações entre ritmo e sentido. A necessidade de tais esclarecimentos, ainda uma vez, prende-se à maneira como, na teoria tradicional, freqüentemente se cruzam os caminhos do ritmo (= metro) e da significação.

Dois procedimentos se verificam nesse cruzamento: *a*) o da incompatibilização entre ritmo e sentido; e *b*) o da tentativa de compatibilização entre eles.

Já fizemos algumas observações a respeito da incompatibilização entre ritmo e sentido. Como vimos, o ritmo, na teoria tradicional, é visto como virtualidade. Além disso, sua ação é restrita aos fatos fônicos (mais especificamente aos do acento, conforme dissemos há pouco). Por sua vez, os fatos fônicos são concebidos como separados daqueles de ordem semântica. Ora, sob o prisma de um tal encadeamento conceitual, só restaria constatar a incompatibilidade entre ritmo e sentido.

Ainda segundo a concepção tradicional, o ritmo é apenas da ordem dos fatos mensuráveis. Esse rigor métrico acaba por aproximá-lo, pela via da demonstração quantitativa, à racionalidade, já que, para essa concepção, o jogo dos acentos é preestabelecido e o verso (o único lugar então possível para o ritmo na linguagem) deve obedecer aos princípios da quantificação. Por outro lado, o sentido parece estar, ainda nessa concepção tradicional, vinculado sempre ao emocional (uma vez que são sempre os sentimentos do poeta que se "expressam" no verso), fato que, por essa via da vinculação à expressividade, acaba por aproximar sentido e irracionalidade. O sentido não deve, portanto, nessa concepção de ritmo, ser considerado para fins de quantificação, já que ele conduziria o ritmo à irracionalidade, criando obstáculos à metrificação, ou seja, à racionalidade. Constrói-se, pois, um fosso intransponível entre ritmo e sentido. Projetados como fatos excludentes, ficam circunscritos, cada um deles, a esferas específicas e vistas como incompatíveis entre si: o ritmo, à do racional; o sentido, à do irracional.

Mas a ausência de medida não justifica, de modo algum, a idéia de ausência de racionalidade ou de ausência de ritmo. Não se joga com uma oposição entre o racional e o irracional quando se trata do ritmo. Este, segundo Meschonnic (*op. cit.*, p. 143), "pertence a uma outra racionalidade. Ele não é o desenfreado armado contra o rigor. Ele é um outro rigor, o do sentido, que não se mede".

Além disso, é sabido que o jogo entre sílabas mais e menos acentuadas em dois versos pode ser o mesmo e os ritmos (e aqui se fala numa acepção não-métrica) serem totalmente distintos – já que, segundo Harding (*apud* Meschonnic, p. 147), a acentuação depende do contexto, da interpretação, do discurso. A não-coincidência de ritmo entre dois versos isométricos (e, portanto, isoacentuais) acontece, como sabemos, porque o sentido vai agrupar diferentemente os elementos dos versos, produzindo, conseqüentemente, pontos de pausa diferentes. Assim, nas palavras de Harding, "a forma de organização rítmica em um verso depende das relações entre as subunidades do ritmo do discurso".

Não surpreende, pois, que até mesmo um único verso possa variar quanto ao ritmo: o mesmo verso de um poema terá ritmos diferentes conforme seja enunciado num ato de linguagem ou em outro. Logo, como diz Meschonnic (p. 147), "o sentido pode fazer com que o mesmo não seja mais o mesmo". Desse modo, a exclusão do sentido pela métrica não se justifica. Tudo quanto a métrica exclui – desde as outras características fônicas da linguagem (que não o acento) até os fatos da significação – é, pois, de natureza rítmica, e é justamente o sentido a fonte do que Ossip Brik (*apud* Meschonnic, p. 147) chama de "impulsão rítmica".

Falamos do primeiro procedimento que se verifica na teoria tradicional quando os fatos rítmicos se cruzam com os da significação. Como acabamos de ver, esse procedimento é o da incompatibilização entre ritmo e sentido.

Um outro procedimento, ainda na concepção tradicional, pode ocorrer nesse cruzamento entre fatos rítmicos e fatos da significação. Conforme antecipamos, trata-se da tentativa de compatibilização entre ritmo e sentido, mecanismo exemplarmente ilustrado pela seguinte passagem de Bergson (*apud* Meschonnic, p. 177):

> De onde vem o charme da poesia? O poeta é aquele em quem os sentimentos se desenvolvem em imagens, e as próprias imagens em palavras, dóceis ao ritmo, para traduzi-las.

É possível verificar nessa passagem, mais uma vez, a separação entre os domínios fônico e semântico da linguagem: o ritmo circunscreve-se ao primeiro domínio, e seu papel é auxiliar a "tradução do sentido", circunscrito, por sua vez, ao segundo domínio. Numa tal concepção, o ritmo é visto quase como uma outra linguagem, com poder de transcodificar a "linguagem dos sentimentos", o sentido.

A idéia de "tradução" parece, ainda, remeter àquela de que o ritmo não passaria de cópia do sentido – o que lhe atribuiria caráter suplementar em relação a este último. O ritmo seria, então, uma espécie de redundância com respeito à significação, que, sob forma de "sentimentos", é colocada como primeira e prévia ao ritmo.

Contrapondo-nos a essa concepção, o que podemos observar é que o ritmo não "traduz" idéias prévias, de que se impregnariam as palavras numa produção verbal. Ao contrário, ele define o valor semântico das palavras, justamente pelas posições que os fatos do sentido (inseparavelmente ligados à matéria fônica das palavras) assumem ao se relacionarem entre si.

Desse modo, o ritmo não pode ser visto como uma forma ao lado do sentido, algo que o "traduz" ou o copia. Não pode, tampouco, ser considerado como redundância com respeito à significação. Se falar do ritmo, como já dissemos, é falar do sentido, isso ocorre não porque o ritmo seja o sentido, mas porque o sentido se estabelece em função do ritmo, o sentido é rítmico.

Os dois procedimentos que apontamos na teoria tradicional, quando ritmo e significação se cruzam, refletem uma origem comum: a recusa, implícita, de que os fatos do ritmo e os fatos do sentido são fatos de linguagem, dada a assunção, esta sim explícita, de que ambos preexistem a ela.

O ritmo/metro, como vimos, transcende a linguagem, já que sua inscrição no verso independe das estruturas lingüísticas que o compõem. Da ordem da razão, é tomado como prévio à própria produção lingüística em versos – a única, no quadro tradicional, a ser merecedora do estatuto de produção rítmica. Mesmo assim, tal estatuto é adquirido unicamente com a condição de que os elementos do verso se adaptem ao metro.

Por outro lado, também a significação é vista, sob a ótica tradicional, como prévia à linguagem. Diferentemente, contudo, do metro, é concebida como pertencente à ordem da emoção ou à ordem das idéias – ordens relacionadas com as palavras se, nessa relação, estas últimas nada mais façam do que "traduzir" aquelas.

De um lado ou de outro, como se pode observar, tanto o ritmo quanto a significação se constroem, na teoria tradicional, como anteriores à linguagem. Como em nenhum dos dois procedimentos ritmo e sentido são vistos como intrínsecos à linguagem, o que resta a esta última é apenas exteriorizá-los, manifestá-los. A única possibilidade de relação que é colocada entre o ritmo e o sentido, como vimos, é aquela exemplificada por Bergson. Mesmo nessa possibilidade, contudo, ambos se relacionariam apenas porque tanto um quanto o outro têm nas palavras um lugar de trânsito (portanto não de constituição) que lhes permite, em algumas ocasiões, cruzarem-se de passagem.

Além de ilustrarem, na teoria tradicional, a anterioridade do ritmo e do sentido em relação à linguagem, os dois procedimentos que estamos criticando ilustram também, como já tivemos oportunidade de realçar, a ausência de vínculo que se nota – na teoria tradicional, que eles representam – entre a dimensão fônica (e mesmo a gramatical) das palavras e a sua dimensão semântica. Com efeito, em nenhum dos dois procedimentos, o campo sonoro e o gramatical teriam algo diretamente a ver com o da significação. Mesmo em Bergson, a relação que se estabelece entre esses campos não passa, conforme dissemos, de uma tentativa de compatibilização, na medida em que o campo sonoro e gramatical, no quadro restrito da atividade poética, pode espelhar – e não mais do que isso – o campo da significação.

Mas separar, em vez de relacionar, a dimensão fônica e gramatical das palavras e sua dimensão semântica significa justamente não perceber o papel do ritmo na linguagem – pelo menos na concepção que estamos defendendo. Vem de Ossip Brik (*apud* Meschonnic, *op. cit.*, p. 259), no próprio campo da poesia, o campo por excelência dos fatos do ritmo na teoria tradicional, o destaque ao que poderíamos chamar de uma integração entre os aspectos fônico, gramatical e semântico das palavras. De acordo com esse autor, ocorre no verso a coincidência entre os acentos, os limites de palavras e a estrutura sintática, coincidência possível, segundo o que pensamos, somente porque essa organização lingüística é, de algum modo, significativa. A essa coincidência, o autor denomina "figura rítmico-sintática", introduzindo, pois, o ritmo nessa integração entre diferentes dimensões da linguagem na poesia.

Na mesma direção, Meschonnic (p. 266) tematiza a relação que, no discurso, os diversos tipos de marcas lingüísticas estabelecem entre si. Tal relação, segundo o autor, é rítmica e produz uma semântica que ele acredita generalizada. O ritmo, conseqüentemente, "requer tudo quanto pode conceptualizar o fazer sentido" (p. 650), ao tornar integrados diferentes elementos lingüísticos no discurso.

Vemos, pois, que as relações entre ritmo e sentido se colocam a partir do não-isolamento entre, de um lado, as dimensões fônica e gramatical da linguagem e, de outro, a dimensão semântica. O não-isolamento parece, assim, ser a condição básica para o estabelecimento de relações entre ritmo e sentido. De outro lado, a impulsão rítmica na linguagem, como quer Ossip Brik já para o verso, é de ordem semântica, na medida em que é o fazer sentido que se impõe à organização dos elementos lingüísticos no discurso. A busca da significação, portanto, preside o ritmo. Mas, inversamente, os fatos do sentido só se apreendem como tais por serem ritmicamente construídos. Ritmo e sentido, retomando Meschonnic (p. 147), são, pois, "consubstanciais um ao outro".

6. Ritmo e enunciação

Como já vimos, o ritmo, segundo a concepção que estamos assumindo, pode ser entendido como uma organização singular das unidades (descontínuas) da linguagem num fluxo (contínuo) de discurso. Acabamos de ver, porém, que organizar a descontinuidade lingüística na continuidade discursiva implica não isolar a dimensão fônica da dimensão semântica da linguagem. O não-isolamento, conseqüentemente, define as unidades rítmicas como sendo, ao mesmo tempo, delimitadas fônica e semanticamente.

Na concepção de ritmo que defendemos, vimos, ainda, que ritmo e sentido não se concebem como anteriores (ou prévios) à linguagem. A não-anterioridade significa, por um lado, que o ritmo não é uma categoria universal que, de antemão, se inscreveria nas palavras, e, por outro, que o sentido não são idéias ou sentimentos que, existentes isoladamente da linguagem, viriam, através desta, se manifestar. Em nossa concepção, portanto, ritmo e sentido (bem como sua relação) são fatos que existem e se instituem *na* linguagem, em sua atividade.

Temos, a propósito, afirmado repetidas vezes que é na atividade lingüística que se estabelece a organização rítmica. Com essa afirmação, estamos sistematicamente retomando Meschonnic, para quem o ritmo se estabelece empiricamente, mostrando-se através da organização das unidades lingüísticas no episódio concreto de um discurso – processo que, a nosso ver, permite explicar por que elementos fragmentários podem ser vistos como integrados se se mostram dispostos em fluxo.

Por sua vez, o episódio empírico do discurso, de acordo com Benveniste, é, como se sabe, da ordem do sujeito, em seu trabalho de organizar a atividade lingüística como uma inserção histórica, ou, nas palavras do autor, como a colocação da "língua em funcionamento por meio de um ato individual de utilização" (1989, p. 82). Portanto, se o ritmo se estabelece na atividade empírica do discurso, e se essa atividade é da ordem do sujeito, o ritmo opera na construção da subjetividade, já que o discurso, segundo o mesmo autor (1976a, p. 289), provoca a emergência da subjetividade pelo fato de consistir de instâncias discretas atualizadas, a cada vez, por um locutor.

Destaca-se, assim, mais um elemento a ser levado em consideração para se compreender o ritmo na linguagem: trata-se do sujeito. É na conversão da língua em discurso que essa figura vai emergir, ao mesmo tempo como produtora e como produto da organização rítmica da linguagem, apreensível através de sua conversão subjetiva em discurso.

Neste ponto, cabe uma ressalva. Embora o ponto de partida de nossas considerações localize-se em Benveniste – dada a importância de sua percepção de uma construção lingüística da subjetividade e dado o papel central dessa percepção nas relações que Meschonnic estabelece entre ritmo e subjetividade –, nossa reflexão sobre o papel do ritmo na construção da subjetividade tem em sua base, como demonstraremos mais adiante, uma concepção não-subjetiva do sujeito. Ainda nesta parte de nossas discussões sobre o papel do ritmo na organização da linguagem, vamos esboçar o que assumiremos como uma construção rítmica e não-subjetiva da subjetividade, tematizada a partir do que Meschonnic define como o "deslizamento do eu", mas baseada especialmente em considerações que Authier-Revuz (1990) faz sobre o que define como "heterogeneidade(s) enunciativas(s)". Também na análise do material que constitui o nosso *corpus*, voltaremos à questão – que consideramos central em nosso estudo – de uma construção rítmica e não-subjetiva do sujeito, efeito de um entrelaçamento de dizeres que, *mostrados*, conforme veremos, sob forma de unidades rítmicas, remetem tanto à concepção de que o discurso sofre determinações de seu exterior, de sua rede interdiscursiva, quanto à concepção de que o sujeito é cindido, resultado de uma estrutura complexa, efeito de linguagem. Trata-se, pois, nas palavras de Authier-Revuz, de um "sujeito descentrado", que, em sua ilusão subjetiva, ao mesmo tempo em que se delimita na pluralidade dos outros, afirma a figura de um enunciador mostrado como exterior ao seu discurso.

Voltemos a nossas discussões. Elemento indispensável do estabelecimento do ritmo na linguagem, o sujeito adquire tal importância visto que, "antes da enunciação, a língua não é senão possibilidade da língua" (Benveniste, 1989, p. 83). Em outras palavras, é apenas na atividade concreta do discurso que a linguagem se colocará à mostra, através do trabalho rítmico-semântico que o sujeito faz de selecionar e combinar unidades lingüísticas num processo de sintagmatização da linguagem.

A ação rítmica do sujeito, em sua atividade enunciativa, se mostra, além disso, pela relação que se pode estabelecer, de um lado, entre essa figura discursiva e a produção de sentido, e, de outro, como já dissemos, entre a produção de sentido e o ritmo, relações que se estabelecem, ambas, discursivamente. A produção de sentidos, portanto, faz com que, num mesmo processo, ritmo, sentido e sujeito constituam-se simultaneamente e de modo inter-relacionado. É Meschonnic (*op. cit.*, p. 45) que nos desperta para essa constituição simultânea e inter-relacionada dessas três condições necessárias da linguagem:

> É simbólico (...) que Benveniste, através de sua crítica à etimologia da palavra ritmo, tenha tornado possível uma relação nova entre o sentido e o sujeito, que ele elaborava (...) sob o sistema da enunciação.

Relação que tem como ponto de partida a compreensão do ritmo como a organização dos elementos da linguagem num fluxo contínuo. Possibilidade de compreensão aberta por Benveniste, esse autor permitiu, acima de tudo, que o ritmo fosse concebido como categoria intrínseca à linguagem, já que a organização que ele preside se estabelece como fruto da atividade discursiva. Como também é nessa atividade que se desenvolve a produção do sentido e que se dá a emergência da subjetividade, sentido e subjetividade se tornam inconcebíveis fora da linguagem. E fora do ritmo.

Frutos da enunciação, portanto, as relações entre ritmo, sentido e subjetividade não podem mais, a partir de Benveniste, ser vistas como ocorrendo entre elementos de planos diferentes. Um mesmo acontecimento histórico os congrega: a enunciação – e já falamos do papel integrador da linguagem a propósito das relações entre ritmo e sentido. Também integrados na e pela linguagem, o ritmo e a subjetividade se ligam não por uma imitação que o primeiro faz, na linguagem, da expressão dos sentimentos e emoções de um indivíduo, como fazia crer a teoria tradicional. O ritmo é subjetivo não no sentido de que ele reflete tais sentimentos e emoções, mas no sentido de que ele lhes *dá forma*.

Ainda na e pela linguagem, o ritmo é subjetivo, também, no sentido de que ele não apenas é fruto da atividade lingüística como dá forma a essa própria atividade, estabelecendo os modos específicos pelos quais subjetividade e sentido se relacionam com a enunciação.

Nas palavras de Meschonnic,

> o ritmo como organização do discurso, portanto do sentido, remete ao primeiro plano a evidência empírica de que só há sentido por e para sujeitos. Que o sentido está no discurso (*op. cit.*, p. 71).

A atividade lingüística deixa, pois, de ser entendida como o mero emprego de palavras com o intuito de "traduzir" emoções – ou como um mero emprego de signos para a expressão do pensamento – para ser vista como um processo individual de apropriação da linguagem por um locutor, processo no qual o indivíduo se constitui em sujeito. O sentido, por sua vez, deixa o plano das idéias e dos sentimentos e vem se alojar no plano histórico do discurso, sendo possível sua localização no próprio fluxo enunciativo. O ritmo, por fim, abandona o terreno do cosmológico e se funda na linguagem, onde exerce seu papel de organizar o fluxo enunciativo, de modo a se entrecruzarem na enunciação ritmo, sentido e subjetividade.

A relação necessária entre ritmo, sentido e subjetividade na enunciação libera, pois, o ritmo do domínio da métrica. O verso não é mais o terreno único da linguagem onde se buscam os fatos do ritmo, como fazia crer a teoria tradicional. O ritmo está em todo fato de linguagem, já que ele se encontra presente no discurso (em qualquer discurso), independentemente de seu gênero.

Além disso, o ritmo está na base da "configuração da enunciação, assim como do enunciado". Em outras palavras, o ritmo, ao possibilitar a organização subjetiva da linguagem em processo, em curso, mostra-se não apenas na organização da atividade discursiva como também no próprio produto dessa atividade: o enunciado (segundo Meschonnic) ou o texto (conforme preferimos – entendendo-o, portanto, como o produto lingüístico de qualquer atividade discursiva). Liberto do jogo métrico, que é não-processual e restrito ao verso (uma parte do produto final de um único tipo de atividade lingüística: a chamada atividade poética), o ritmo mostra-se em toda produção lingüística e em toda a sua extensão, marcando-se nela desde o seu desenvolvimento até seu produto final – o próprio texto.

Ritmo, sentido e subjetividade são, pois, indissoluvelmente ligados entre si em toda a produção verbal – desde o seu fluxo até o seu produto final, que é o texto –, de tal modo que Meschonnic (p. 78) não hesita em afirmar que "trabalhar sobre um é trabalhá-los em conjunto".

Assim, se a produção do sentido – que, pelo menos em parte, cabe ao sujeito – pode-se vincular à atividade enunciativa e se o ritmo organiza o sentido nessa atividade, "o ritmo é necessariamente uma organização ou configuração do sujeito em seu discurso". Conseqüentemente, uma teoria do ritmo no discurso é "uma teoria do sujeito na linguagem" (p. 71).

Por outro lado, se o ritmo, na linguagem, organiza a produção de sentidos na atividade discursiva do sujeito, atribui também uma dimensão não-universalizante (a um só tempo individual e social) ao sujeito e ao sentido, pois o terreno em que a subjetividade se instaura e em que os efeitos de sentido se constituem é o terreno da linguagem em uso.

Mas não é apenas por se constituírem no terreno da linguagem que o sujeito e o sentido (e o próprio ritmo) adquirem uma dimensão que os afasta de qualquer categoria universalizante. Não se pode esquecer que o caráter empírico da atividade enunciativa denuncia a inscrição histórica do sujeito na linguagem e, como conseqüência, o caráter histórico do sentido. O ritmo, nesse processo, perde a previsibilidade que o cósmico lhe conferia (nos estudos tradicionais), e o sujeito, construído na e pela linguagem, mostra-se como não-homogêneo, em virtude da multiplicidade de fatos que caracterizam o histórico (logo, a linguagem) e atravessam o sujeito. Não-unitário, não-totalizável, "sua única unidade possível não é mais a sua: é o discurso" (p. 85). Quanto ao ritmo, despido da anterioridade e da previsibilidade com que o jogo métrico o vestia, e construindo, na história, a subjetividade, delimita e acompanha "o deslizamento do eu" na atividade enunciativa. Sendo "um presente do passado, do presente, do futuro" (p. 87), estando e não estando, pois, no presente, o ritmo, na linguagem, torna possível a realização daquilo que, de caráter imprevisível, "depois de feito, será denominado 'necessidade interior'" (p. 85) do sujeito.

Benveniste já havia possibilitado compreender a existência dialética do sujeito, ou o que Meschonnic (*op. cit.*, p. 72) entende como a dimensão relacional do sujeito da enunciação e que define como "uma dialética do único e do social". Como se sabe, para Benveniste (1989, p. 84), no momento em que o indivíduo se declara locutor, assumindo a linguagem, "ele implanta o outro diante de si, qualquer que seja o grau de presença que ele atribua a este outro". Desse modo, ainda segundo o autor, toda enunciação será, explícita ou implicitamente, uma alocução, visto que ela postula um alocutário.

A condição indispensável da enunciação é, pois, de acordo com Benveniste, que, nesse processo de apropriação individual da linguagem, o locutor acentue uma relação discursiva com o parceiro, seja este real ou imaginado, individual ou coletivo. Mesmo o monólogo, diz o autor, procede claramente da enunciação. Apesar de sua aparência, deve ser classificado "como uma variedade do diálogo, estrutura fundamental", na medida em que se trata de "um diálogo interiorizado, formulado em 'linguagem interior', entre um eu locutor e um eu ouvinte" (p. 87). Prova dessa divisão do eu no monólogo, ainda segundo o autor, são as figurações ou as transposições psicodramáticas, como os conflitos do "eu profundo" e da "consciência" ou mesmo os desdobramentos provocados pela "inspiração".

Mesmo que o locutor – e continuamos seguindo com Benveniste – seja o único a se manifestar pela linguagem, a presença do *outro* é necessária "e suficiente para tornar significante a enunciação do eu locutor" (p. 88). Logo, a enunciação, nas palavras do mesmo autor (1976*a*, p. 284), é a "linguagem posta em ação e necessariamente entre parceiros". Ou ainda, é a linguagem assumida pelo locutor "sob a condição de intersubjetividade, única que torna possível a comunicação humana" (*id.*, p. 293).

Dada a intersubjetividade constitutiva da enunciação, pode-se, então, dizer que o sujeito, nesse processo, é uma flutuação – assim como o sentido, também constituído nesse processo intersubjetivo. Na base dessa flutuação, delimitando e acompanhando o que Meschonnic (p. 87) denomina "deslizamento do eu", o ritmo cumpre seu papel, não como uma forma pronta, acabada, mas como uma forma em curso, em fluxo, configurando, desse modo, a flutuação do sujeito e, como conseqüência, atribuindo sentido a todo o processo enunciativo.

O ritmo está, portanto, na base da constituição do sujeito, que se dá na linguagem, a matéria (social, histórica) de sua existência. Em seu trabalho de atribuir forma ao processo de individuação do sujeito, o ritmo "faz com que o social se torne o individual, e que o indivíduo possa, fragmentariamente, indefinidamente, aceder ao estatuto de sujeito, que só pode ser histórico, e social" (Meschonnic, *op. cit.*, p. 95). Assim, ao organizar a linguagem no fluxo do discurso, o ritmo parece representar o que se poderia compreender como um elemento da história individual do sujeito da enunciação, compreensão que nos vem a propósito da seguinte indagação de Meschonnic (p. 100):

> Se há uma história do ritmo num discurso, uma história particular que se acrescenta à historicidade geral do discurso, essa história não é também a história de um indivíduo, seu tornar-se sujeito?

Evidentemente, o papel do ritmo, ao construir o "tornar-se sujeito", não é da ordem da transparência – o que coloca em cena, como corolário, também a não-transparência do sentido. Para Meschonnic, o ritmo pode passar tão despercebido quanto o inconsciente e, "como ele, mostrar na linguagem os estados do sujeito" (*id.*, *ibid.*). Apoiando-se em Lacan, para discutir a constituição da subjetividade na atividade lingüística, Meschonnic destaca que o sujeito é aquele que "desliza numa cadeia de significantes – tenha ele, ou não, consciência de qual significante ele é o efeito" (*id.*, p. 102). Ao constituir, pois, a subjetividade através das *marcas* do deslizamento do indivíduo em um fluxo verbal, o ritmo organiza também a produção do sentido, não importando que seus efeitos sejam, ou não, da ordem da consciência. Assim, o ritmo é "organização de um sentido, do sentido de um sujeito e de um inconsciente num discurso" (*id.*, p. 100).

As marcas da organização (operada pelo ritmo) de "um inconsciente no discurso" trazem à cena, na constituição da subjetividade que enuncia, aquilo que Authier-Revuz (*op. cit.*) denomina "heterogeneidade(s) enunciativa(s)" – conceito que, a nosso ver, permite explicar melhor o "deslizamento do eu" na organização de seu discurso.

Nesse seu trabalho, ao questionar teorias lingüísticas da enunciação que, de modo não-crítico, refletiriam "a ilusão necessária constitutiva do sujeito", Authier-Revuz alerta para o risco que essas teorias correm de se contentarem em "reproduzir, no nível teórico, esta ilusão do sujeito enunciador capaz de escolhas, intenções e decisões" (*id.*, p. 28). Apóia-se, nesse questionamento, de um lado, em trabalhos de orientação discursiva baseados em reflexões de Foucault e de Althusser, e, de outro, em correntes da psicanálise baseadas na leitura lacaniana de Freud e nos preceitos lingüísticos de Saussure.

Das reflexões de Foucault e de Althusser, a autora destaca as determinações que o discurso, em sua produção, sofre de seu exterior, do interdiscurso, "maquinaria estrutural ignorada pelo sujeito que, na ilusão, se crê fonte deste seu discurso, quando ele nada mais é do que o suporte e o efeito" (*id.*, p. 27). Por sua vez, da perspectiva psicanalítica, a autora recupera, na produção do discurso, "a dupla concepção de uma fala fundamentalmente heterogênea e de um sujeito dividido" (*id.*, p. 28).

As determinações que o discurso sofre em sua produção caracterizam-se, portanto, pela multiplicidade. Mas não é só em sua constituição, conforme Authier-Revuz, que o discurso caracteriza-se pela heterogeneidade; no nível da cadeia verbal do discurso, o sujeito mostra a heterogeneidade na representação formal que faz dos processos de constituição desse discurso. Mas, alerta a autora, o relacionamento entre essas duas ordens da heterogeneidade do discurso, a "constitutiva" e a "mostrada", não é nem de projeção de um no outro nem de tradução, já que uma relação de correspondência direta entre essas duas ordens faria supor uma transparência do dizer em suas condições reais ou não respeitaria a "irredutibilidade manifesta das duas heterogeneidades" (*id.*, p. 32).

De modo não-automático, a relação entre essas duas ordens do múltiplo no discurso caracteriza-se, segundo Authier-Revuz, por uma oposição entre: *a*) uma heterogeneidade radical, exterioridade interna ao sujeito e ao discurso, não diretamente localizável e representável no discurso. Trata-se da exterioridade do *Outro do discurso*, em que estão em jogo o interdiscurso e o inconsciente; e *b*) a representação, no discurso, das "diferenciações, disjunções, fronteiras interior/exterior pelas quais o um – sujeito, discurso – se delimita na pluralidade dos outros, e ao mesmo tempo afirma a figura dum enunciador exterior ao seu discurso" (*id., ibid.*).

Dedicando-se, nesse seu trabalho, a observar as formas lingüísticas de inscrição do *outro* na seqüência do discurso, a autora destaca que essas formas lingüísticas de heterogeneidade mostrada alteram a unicidade aparente da cadeia discursiva na medida em que, nessa cadeia, elas inscrevem o outro, com ou sem marcas unívocas de ancoragem. Essa inscrição, segundo a autora, pode se dar com ruptura sintática (caso do discurso direto, por exemplo) ou sem ruptura sintática, mas mantendo-se, em ambos os casos, a unicidade aparente da cadeia discursiva. Especialmente no caso da ausência de quebras no fluxo do discurso, nas palavras de Authier-Revuz, o fragmento designado como do *outro,* "de estatuto complexo, ... é inscrito na continuidade sintática do discurso ao mesmo tempo que, pelas marcas, que neste caso não são redundantes, é remetido ao exterior do discurso" (*id.*, pp. 29-30).

Desse modo, segundo a autora, as formas de heterogeneidade mostrada designam, ao mesmo tempo, um *lugar* para um fragmento de estatuto diferente na linearidade da cadeia discursiva e uma *alteridade* a que o fragmento remete.

Quando, no nível da cadeia do discurso, um ponto de heterogeneidade é localizado, ele é, pois, de acordo com Authier-Revuz, de algum modo circunscrito e oposto, por diferença, à homogeneidade ou à unicidade da língua, do discurso, do sentido, etc.: "corpo estranho delimitado, o fragmento marcado recebe nitidamente ... um caráter de particularidade acidental, de defeito local" (*id.*, p. 31). Assim, as distinções produzidas pela circunscrição do diferente marcam, no fio do discurso, sua pluralidade, ou, nas palavras da autora, a relação "de um ao outro, inscrita no comparável, no comensurável" (*id.*, *ibid.*). Mas, ao mesmo tempo em que se dá a delimitação do que soa como diferente, estranho (isto é, quando a descontinuidade da linguagem expõe o que ela tem de fragmentário), uma operação de constituição de identidade para o discurso (na continuidade de seu fluxo) vai-se produzindo, através do jogo entre as marcas de distanciamento do sujeito/do discurso em relação a seus "outros". O papel indispensável do *eu* nessa divisão do sujeito, portanto, é, nas palavras da autora, "aquele de uma instância que, no imaginário, se ocupa de reconstruir a imagem de um sujeito autônomo, anulando, no desconhecimento, o descentramento real" que lhe é próprio (*id.*, p. 33).

No que se refere ao relacionamento entre as formas de heterogeneidade mostrada e heterogeneidade constitutiva do discurso, segundo Authier-Revuz, trata-se de uma negociação entre as primeiras e o caráter centrífugo e desagregador da segunda. Mas essa negociação é necessária, ainda segundo a autora, para que as formas da heterogeneidade mostrada, em seu desconhecimento da heterogeneidade constitutiva, construam uma representação ilusória da enunciação que funcione como uma proteção à manutenção do discurso.

Assim, conforme Authier-Revuz, dada sua necessidade, também a representação da enunciação é constitutiva do discurso; só que noutro plano. Como se sabe já desde Benveniste, a apropriação da linguagem no discurso só é possível pela inscrição do "eu" em sua fala, representando-se como sujeito de seu discurso. Mas, além dessa representação ilusória, para Authier-Revuz, "as formas marcadas de heterogeneidade marcada reforçam, confirmam, asseguram esse 'eu' por uma especificação de identidade, dando corpo ao discurso – pela forma, pelo contorno, pelas bordas, pelos limites que elas traçam – e dando forma ao sujeito enunciador" (*id.*, *ibid.*).

Constitutiva, pois, do discurso, a representação da enunciação faz emergir a subjetividade no fluxo discursivo exatamente naqueles momentos em que a presença do outro ameaça a especificação da identidade que o sujeito enunciador se atribui. Colocando em risco a homogeneidade, a continuidade discursiva, essa presença, conforme Authier-Revuz, faz com que o sujeito converta a ameaça do outro reforçando a autonomia do discurso e o domínio de sua própria subjetividade. Ilusão do sujeito em sua fala, pois as formas da heterogeneidade mostrada vão evidenciar justamente as brechas do discurso por onde o outro se insere, mesmo com as tentativas do sujeito de colmatá-las. Logo, a ilusão subjetiva que se manifesta no discurso não consegue apagar, enfim, "radicalmente o que ela tenta reprimir" (*id.*, p. 36).

Como se vê pelo exposto, a discussão sobre o tema da(s) heterogeneidade(s) enunciativa(s) tem muito a ver com as marcas da organização do que Meschonnic chama de "um inconsciente no discurso". Vejamos, pois, neste ponto, de que maneira a discussão que fazíamos sobre as relações entre ritmo e enunciação se aplicam também ao problema da(s) heterogeneidade(s).

As formas de delimitação do sujeito no discurso em relação aos "outros" que operam na constituição de sua subjetividade é o que, de modo mais específico, nos levou ao trabalho de Authier-Revuz, num contexto em que afirmávamos insistentemente que a constituição da subjetividade se dá na linguagem e sob a ação do ritmo. Através das contribuições da autora, cremos poder afirmar que as diferentes formas pelas quais o um se delimita na pluralidade dos outros – e que constituem a heterogeneidade mostrada no discurso – evidenciam, uma vez mais, a ação do ritmo na linguagem, em sua função de atribuir forma ao sujeito enunciador, logo, à própria enunciação. Em outras palavras – e conforme veremos em nossa análise –, a constituição e a alternância entre unidades rítmicas na atividade discursiva *mostram*, na organização e no produto final do discurso, diferentes maneiras pelas quais o sujeito, em sua ilusão subjetiva, delimita-se em relação aos "outros" que constituem o seu dizer.

Evidentemente – e aqui retomamos a crítica à teoria tradicional do ritmo feita por Meschonnic – uma concepção métrica do ritmo não poderia dar conta de seu papel estruturador do sujeito na enunciação, já que, de acordo com esse autor, no discurso as unidades rítmicas não são harmônicas. Em outras palavras, no fluxo discursivo as unidades que se apreendem ritmicamente correspondem às formas pelas quais o sujeito constitui sua subjetividade em relação aos "outros", os quais, na enunciação, determinam a constituição do sujeito. A emergência do outro, como vimos em Authier-Revuz, é da ordem do heterogêneo do discurso; logo, dado seu caráter não diretamente localizável e representável no discurso, ou mesmo dada sua intromissão na ilusão de unidade do sujeito enunciador, o heterogêneo não parece, de forma alguma, primar pela simetria.

Desse modo, se se pode afirmar que o ritmo organiza o heterogêneo do discurso na atividade enunciativa, não é do metro que se está falando. A regularidade métrica não possibilita explicar a alternância rítmica do sujeito na enunciação, já que, produzida pela ameaça e inscrição do outro, essa alternância ocorre entre aquelas estruturas lingüísticas que tentam colmatar a presença do outro em momentos não necessariamente regulares do fluxo do discurso. A não-regularidade da presença do outro produz, portanto, na cadeia discursiva, unidades rítmicas (correlativas às formas de colmatação) de estrutura e extensão variadas e variáveis, diretamente vinculadas à produção do sentido no discurso – aspecto da linguagem que a métrica também exclui.

O ritmo na linguagem, conseqüentemente, "é aquilo que conserva e que mostra o sujeito" (Meschonnic, *op. cit.*, p. 678). Irremediavelmente ligado ao discurso, é solidário à produção de sentidos na enunciação. Solidário, pois, "à individuação, histórico como ela" (p. 522).

7. Ritmo e tempo

Em nossas discussões sobre a relação entre ritmo e atividade enunciativa, destacamos um comentário de Meschonnic no qual o autor afirma que o ritmo é uma configuração da enunciação, assim como do enunciado. De nosso ponto de vista, conforme já dissemos, se o ritmo configura a enunciação e o enunciado, ele se mostra, pois, em toda a extensão da atividade enunciativa, desde a organização subjetiva da linguagem em processo, em curso, até seu produto mais suscetível de observação, que, a nosso ver, é o texto.

Ainda nas discussões sobre ritmo e enunciação, já destacamos outro comentário de Meschonnic, de que o ritmo, ao organizar o "deslizamento do eu" no fluxo do discurso, é um presente do passado, do presente e do futuro, estando e não estando, portanto, no presente. É a temporalidade da linguagem, inscrita no ritmo, mostrando-se na atividade enunciativa. Instalando-se na configuração (rítmica) da enunciação, o tempo marca-se, conseqüentemente, na linguagem, desde o evento histórico do fluxo discursivo até seu produto lingüístico final.

Inscrito, pois, ao mesmo tempo, no processo e no produto lingüístico, o aspecto temporal do ritmo na linguagem, como veremos a seguir, assume tanto a forma de um movimento (da ordem da continuidade) quanto a de uma duração (da ordem da descontinuidade). Mas, ao concebermos de tal modo o aspecto temporal do ritmo na linguagem, mais uma vez estamos assumindo, com Meschonnic, uma postura crítica em relação à teoria tradicional do ritmo, centrada, como várias vezes mencionamos, na métrica.

Tendo como eixo organizador a medida regular, à qual o verso (e, conseqüentemente, a produção poética) deveria se submeter, a teoria tradicional, no que se refere ao aspecto temporal do ritmo, prioriza o tempo-produto, o tempo-duração. Desse modo, na chamada poética, justamente a dimensão de sua produção é esquecida pelo ritmo, em favor da circunscrição dos fatos lingüísticos a um sistema de durações fixas.

Mas não é só a produção poética que, tradicionalmente, é vista sob a ótica do ritmo/duração. Comentando sobre a maneira como, de modo geral, o ritmo é percebido na linguagem (e na música), Moraes (*op. cit.*, p. 125) observa que, "quando olhamos para (objetivamos) o ritmo, o que 'vemos' são frações, porções de tempo, durações". Uma tal visão da linguagem significa, para o autor, que "esse elemento, frações de tempo/durações, está de certa forma entranhado na linguagem (está 'lexicalizado'), e representa, nesse sentido, a nossa maneira de ver o ritmo" (*id.*, p. 126).

Segundo o que pensamos, e de acordo com o que sugere Moraes, esse tipo de percepção do ritmo na linguagem revela um modo de apreendê-la centrado apenas no aspecto descontínuo, fragmentário, que é característico de sua decomposição em partes individuadas. A tradição escolar reforça o que pensamos. Aprendemos que a linguagem é composta de palavras; que estas decompõem-se, morfologicamente, em radicais, prefixos etc.; que, no que poderíamos chamar de campo fonológico, elas se dividem em sílabas ou sons (estes representados ortograficamente – e descontinuamente – por letras); que as palavras, quando combinadas entre si, dão origem a novas *unidades*, desta feita de caráter sintático, tais como sujeito, predicado, objetos, adjuntos etc. Ainda na escola, quando o estudo da poesia é destacado, é a versificação, pensada quantitativamente, que se torna o objeto central de estudo. Se se pudesse, pois, dizer, num contexto como o que acabamos de esboçar, que o ritmo está na base da organização da linguagem, essa organização só poderia ser tomada como aquela mais estritamente estrutural das unidades lingüísticas e, além disso, sob a condição de não se considerar qualquer fato mais característico da utilização da linguagem. Logo, unidades tais como as destacadas aqui só podem ser consideradas como produtos, como "resultados" (segundo Moraes, *id.*, p. 145, retomando Piaget), na medida em que dizem respeito, quase que exclusivamente, à esfera do produto lingüístico e não à dos processos de utilização da linguagem.

De modo geral, na teoria tradicional, o ritmo/duração está diretamente associado à idéia de produto, e sempre desvinculado da esfera de sua produção. A propósito, Bergson (*apud* Meschonnic, *op. cit.*, p. 178), legítimo representante (no que se refere ao aspecto temporal do ritmo) do pensamento tradicional, define a duração como invenção, criação de formas – num campo de reflexão mais amplo sobre a natureza do tempo em que, segundo crítica que lhe faz Meschonnic, ele "remete ao fixo seu pensamento do movimento", ou coloca-se numa posição em que "o ritmo se opõe ao escoamento, ao curso".

Observa-se, pois, que, no quadro tradicional, a percepção do ritmo como duração desvincula-o do terreno do tempo/movimento, quase como se a duração pudesse ser estabelecida completamente fora e de modo independente do fluxo temporal. Mas tanto as pequenas como as grandes unidades que se relacionam entre si num texto, longe de suprimirem o tempo, constituem, nas palavras de Meschonnic (*id.*, p. 207), "a temporalidade própria a cada texto", uma vez que o tempo, no texto, além de se marcar na permanência (na fixidez) das unidades descontínuas que o compõem, marca-se também no ritmo da produção textual, nos movimentos a partir dos quais se definirão as possibilidades de relacionamento entre as unidades rítmicas do texto.

O aspecto temporal do ritmo parece, assim, estar sobreposto àquele outro aspecto do ritmo que, quando tratamos de seu papel na organização multidimensional da linguagem, caracterizamos como antitético. Na base da linguagem, essa propriedade antitética (e, podemos agora dizer, temporal) do ritmo preside a organização lingüística, de tal modo que, como dissemos, ela pode ser vista (com o apoio de Meschonnic), simultaneamente, como sistema e como discurso. Nessa organização, esses fatos não devem, então, ser vistos como excludentes, mas como fatos que remetem a diferentes enfoques a partir dos quais se podem explicar as diferentes dimensões da linguagem. Visão que nos remete àquela de Abaurre, para quem, "se de um ponto de vista fonético pode-se afirmar que o ritmo das línguas naturais é percebido como fluxo, fluência, movimento, do ponto de vista fonológico é mais adequado caracterizar o ritmo lingüístico como sendo exatamente o esquema regulador que contém esse fluxo fônico, a ele impondo firmeza e limites" (1991*a*, pp. 1-2).

Desse modo, ao inscrever-se na linguagem através do ritmo, o tempo mostra-se como "resultado", ou duração, na organização em sistema da descontinuidade lingüística, ao mesmo tempo em que se revela como escoamento, ou movimento, na continuidade lingüística própria à enunciação. A relação entre essas duas ordens da temporalidade no ritmo, como já dissemos a propósito do que chamamos propriedade antitética do ritmo, ocorrerá, portanto, sem que haja precedência de uma sobre a outra. Assim, a duração não poderá se colocar como prévia à atividade lingüística – como postulava a teoria tradicional, ao circunscrever a atividade poética à medida –, uma vez que a organização dos produtos da linguagem só faz sentido ao ser inserida no fluxo de cada nova produção lingüística; assim também, o movimento temporal não é algo prévio e desvinculado da linguagem, de modo a receber em um fluxo que lhe seria próprio e independente da linguagem produtos já prontos e organizados. Em resumo, a duração é produto do movimento, que, por sua vez, se estabece pelo jogo que as durações criam ao se organizarem na atividade lingüística. As duas ordens temporais do ritmo na linguagem são, pois, inseparáveis.

Inseparáveis porque "são o tempo do sentido, o tempo dos sujeitos" (Meschonnic, *op. cit.*, p. 521), na historicidade da linguagem. A teoria tradicional separou essas duas ordens temporais do ritmo porque desvinculou a matéria mais especificamente formal da linguagem de seu aspecto semântico. Centrada exclusivamente na dimensão fônica do verso, vinculou, de certo modo, as durações lingüísticas à física, desconsiderando o valor subjetivo que a duração adquire na atividade lingüística, fato observado e criticado por Meillet (*apud* Meschonnic, *id.*, p. 529):

> Há sílaba longa onde o sujeito falante sente uma longa, e breve onde ele sente uma breve. Não se trata aqui de física, mas de uma ação a ser exercida sobre os ouvintes.

A dimensão temporal do ritmo, portanto, tem sua base na atividade lingüística. Seja como duração, seja como movimento, o tempo marca-se ritmicamente na linguagem através da enunciação. É um tempo lingüístico, histórico como a linguagem, histórico como o ritmo da linguagem. A temporalidade/movimento, efetivamente presente na enunciação, ao se inscrever como temporalidade/duração no produto lingüístico, sistematiza os fatos de linguagem. Através da enunciação, a linguagem não apenas se efetiva como também desenvolve (e, de certo modo, estabiliza) suas próprias condições de efetivação, pela criação de produtos lingüísticos que, codificados "pela prática da fala em todos os indivíduos pertencentes à mesma comunidade", como já defendia Saussure (*op. cit.*, p. 21), tornarão possíveis a ação discursiva e, logo, a própria subjetividade dos indivíduos que compõem essa "comunidade".

O tempo na linguagem, portanto, como diz Moraes (*id.*, p. 120), não é "o tempo como história das coisas constituídas, mas como história 'nas coisas'; tempo como constitutivo das coisas". Se se evitar o erro de se estabelecer uma dicotomia entre o processo e o produto lingüístico, erro que, comumente, termina por privilegiar este último, ou, inversamente, se se evitar o erro de se enfocarem, de modo restrito, fatos relacionados à produção lingüística, erro que, por sua vez, termina por minimizar a importância do produto enunciado nos fatos da enunciação, o tempo lingüístico se mostrará como um sistema em curso: como estrutura e ação. Ou, para cedermos ao trocadilho, como estruturação.

8. Considerações finais

Com o término dessas discussões sobre a dimensão temporal do ritmo, vão-se fechando nossas reflexões sobre a ação rítmica na linguagem.

Tivemos como ponto de partida o destaque a um deslocamento epistemológico nos estudos que envolvem a relação entre o ritmo e a linguagem. Tal deslocamento é observado por Moraes em um conjunto de trabalhos em Lingüística, nos quais o ritmo, sistematicamente, vai abandonando aquelas regiões consideradas como mais periféricas da linguagem e se instalando em regiões consideradas como mais centrais e que envolvem o próprio caráter organizado da linguagem. Paralelamente, no campo dos estudos sobre o ritmo na poesia, localizamos novamente esse deslocamento epistemológico, desta feita em Meschonnic, de modo especial na crítica que esse autor faz de uma concepção métrica do ritmo na linguagem.

Nossas reflexões orientaram-se, fundamentalmente, pelos questionamentos à teoria tradicional do ritmo feitos por esse autor. Conforme expusemos, centrada na concepção de um ritmo/medida, ritmo/regularidade, a teoria tradicional, ao mesmo tempo em que exclui o ritmo da linguagem, já que o considera como fenômeno não-histórico, prevê a aplicação de seu princípio métrico apenas a um tipo de produção lingüística: a produção em versos. Essa aplicação restrita mostra-se ainda como mais redutora quando se observa que os fatos do verso que devem sofrer a ação do metro são exclusivamente aqueles de ordem fônica. A concepção tradicional, postulando um ritmo cosmológico, regular e restrito à dimensão sonora do verso, não se presta, portanto, a explicar a complexidade que vemos nas relações entre o ritmo e a linguagem, cujos fatos, a nosso ver, são de ordem histórica, não necessariamente mensuráveis, não desvinculados do sentido e não restritos à produção em versos.

O deslocamento teórico feito por Meschonnic foi-nos fundamental para a compreensão das complexas relações que envolvem o ritmo e a linguagem. Para esse autor, como vimos, o ritmo organiza a linguagem a partir de seu fluxo discursivo – e seja dado um crédito a Benveniste, que, ao recuperar, em textos clássicos, os empregos da palavra grega da qual deriva "ritmo", resgatou nela o sentido de "configurações particulares daquilo que flui". Portanto, é na enunciação que o ritmo opera, configurando a organização multidimensional da linguagem.

Presidindo os fatos da enunciação, o ritmo encontra-se na base da fragmentação lingüística e, ao mesmo tempo, na base de sua integração. Marcando-se em toda a linguagem, configura desde a continuidade do fato histórico da enunciação até a descontinuidade do produto enunciado, que, em sua disposição seqüencial, ostenta a sua divisão em elementos individuados. O ritmo instala, desse modo, o tempo na linguagem, no fluxo (movimento) característico do processo discursivo e na permanência (duração) da organização lingüística sob a forma de sistema; ou, em outras palavras, o ritmo faz da linguagem também uma estrutura em curso, ao instalar, nela, o tempo. Tempo lingüístico, e não a linguagem num tempo que lhe seria exterior. Ação rítmica, a inscrição da temporalidade na linguagem, através da enunciação, não faz, pois, senão revelar a historicidade do ritmo (e da linguagem).

Por sua vez, como produtor e produto da enunciação, o sujeito marca-se – na organização que faz da(s) heterogeneidade(s) enunciativa(s) – através do ritmo, e essas suas divisas demonstrarão tanto a dimensão subjetiva do ritmo quanto a dimensão rítmica da subjetividade. Constituindo-se na e pela enunciação, o sujeito marca-se – também, e portanto – por sua historicidade; assim como o sentido, que não está no sujeito, mas cuja busca orienta a ação do sujeito no fluxo do discurso. Na base da enunciação, enfim, o ritmo, em seu trabalho de organizar o sentido e a própria busca do sentido por parte do sujeito.

Capítulo 2   **Bases para uma compreensão do papel do ritmo na escrita**

Neste capítulo discutiremos algumas das intuições com as quais o fenômeno de que nos ocupamos foi percebido por aqueles que sugeriram ou tematizaram sua existência. Discutiremos, portanto, conforme anunciamos na introdução deste trabalho, idéias de Luria, Holden & MacGinitie, Abaurre e Corrêa.

Trata-se efetivamente da discussão de *idéias* e não de fatos lingüísticos, como o leitor perceberá, uma vez que esses autores, em seus trabalhos, não têm como preocupação enfocar o que estamos designando como "ritmo da escrita". Preocupam-se com outras questões, nem sempre voltadas diretamente à Lingüística – caso de Luria, especialmente, mas também de Holden & MacGinitie. No entanto, é nas considerações que fazem sobre essas suas questões que fica sugerido ou tematizado o que mais de perto nos interessa. Ressalte-se, ainda, que, na grande maioria das vezes, as considerações que nos interessam, além de serem feitas a propósito de questões diferentes daquela que nos ocupa, não passam de manifestações de percepções – no sentido de que não há, por parte dos autores, a preocupação de demonstração ou de exemplificação do que percebem.

Dadas essas condições, nosso trabalho principal será, portanto, fundamentalmente detectar essas percepções e, a partir de como são manifestadas pelos autores, estabelecer bases para uma organização inicial, a fim de que possam funcionar como um primeiro modo de compreensão de nosso fenômeno. Essas bases, articuladas às conclusões a que chegamos em nossas discussões sobre o papel do ritmo na linguagem (cf. capítulo anterior), serão retomadas e desdobradas no terceiro e quarto capítulos de nosso trabalho. Só então serão submetidas à comprovação empírica, a partir de considerações dos estudiosos da pontuação e de dados de nosso *corpus*. A nosso ver, essas considerações e esses dados permitirão mostrar a eficácia das bases teóricas estabelecidas no que se refere à percepção da constituição e da ação do ritmo da escrita.

1. Percepções de Luria

As idéias de Luria que passaremos a discutir são depreendidas de suas considerações a respeito do que se poderia interpretar como a emergência do ritmo na atividade gráfica da criança. Após uma breve exposição do contexto em que o ritmo é destacado pelo autor, organizaremos suas idéias em função de quatro questões para as quais elas nos conduzem: 1) a da dimensão simbólica da escrita; 2) a da relação entre a escrita e a oralidade; 3) a da alternância de estruturas fônicas; e 4) a da expressividade. A organização que estamos propondo está de acordo com o que nos parecem ser as principais contribuições do autor para uma caracterização do ritmo da escrita, pelo menos no que se refere à escrita infantil.

Em artigo dado a público em 1929, Luria (1988) estuda "o desenvolvimento dos primeiros sinais do aparecimento de uma relação funcional das linhas e rabiscos na criança, o primeiro uso que ela faz de tais linhas (...) para expressar significados" (p. 146), descrevendo o que define como "a transformação de um rabisco não-diferenciado para um signo diferenciado" (p. 161).

Para observar tal transformação, em atividade experimental, Luria pedia a uma criança ainda não-alfabetizada que memorizasse palavras e sentenças que lhe eram ditadas. Como a quantidade de tais palavras e sentenças em geral ultrapassasse a capacidade de memória da criança, o pesquisador propunha-lhe – assim que ela compreendia sua dificuldade de memorização – que "escrevesse" aquilo que tinha ouvido. Ao receber da criança a resposta de que não sabia escrever, Luria argumentava que os adultos usam a escrita quando querem se lembrar de algo e, apoiando-se no que define como uma tendência natural da criança à imitação puramente externa, sugeria-lhe que inventasse algo para escrever o que lhe seria ditado.

O produto gráfico inicial da criança nas atividades experimentais de Luria constitui o que ele classifica como "rabiscos não-diferenciados" (p. 161), típicos da "fase pré-instrumental" ou da "pré-escrita" infantil (p. 154). Nessa fase, os rabiscos ainda não desempenham o papel fundamental que o autor atribui aos sinais gráficos: o de funcionarem, por meio de sua diferenciação, como instrumento auxiliar da memória. Uma vez que os rabiscos não desempenham tal papel, os vínculos entre a escrita e aquilo a que ela se refere ainda não estão construídos nessa fase pré-instrumental; em outros termos, o escrever não mantém nenhuma relação com as idéias expressas pelas palavras e sentenças a serem escritas, não está instrumental ou funcionalmente relacionado com o conteúdo do que deve ser escrito. A atividade gráfica da criança resume-se, então, nessa fase, à imitação exterior da escrita adulta, à imitação da parte estritamente mecânica da atividade de escrever.

A transformação de um rabisco não-diferenciado para um signo diferenciado não vai ocorrer sem que a criança tenha ligado, pela primeira vez, o objeto a ser registrado com algum signo não-diferenciado; ou seja, sem que a escrita tenha se tornado, para a criança, um "auxílio técnico não-diferenciado da memória" (p. 158). O passo seguinte, de acordo com Luria, é "diferenciar este signo e fazê-lo expressar realmente um conteúdo específico (...) criar os rudimentos da capacidade de escrever, no sentido mais exato da palavra" (p. 161).

É na exposição das tendências e fatores que facilitam esse processo para a criança que Luria faz referência ao que chama "ritmo do signo gráfico":

Os primeiros sinais de diferenciação que pudemos observar na criança pequena ocorreram após várias repetições de nosso experimento. Por volta da terceira ou quarta sessão, uma criança de quatro ou cinco anos começava a ligar a palavra (ou frase) dada e a natureza da marca pela qual ela distinguia a palavra. Isto significa que ela não marcava todas as palavras da mesma maneira: a primeira diferenciação, na medida em que podemos julgar, envolvia um reflexo do ritmo da frase pronunciada no ritmo do signo gráfico (p. 162).

Segundo o relato das experiências do autor, o ritmo do signo gráfico surge, então, no momento em que "a produção gráfica da criança deixou de ser simples acompanhamento de uma sugestão" (simples imitação exterior da atividade mecânica de escrever) "e tornou-se seu reflexo – embora de forma muito primitiva". Luria comprova empiricamente que o ritmo do signo gráfico reflete o ritmo da sugestão oral apresentada pelo fato de que, nas manifestações gráficas das crianças que observou, "palavras simples começaram a ser escritas como simples linhas, e as sentenças eram expressas por longos e complicados rabiscos" (pp. 162-3).

Nessa atividade gráfica reprodutiva sugere o autor que estejam em ação "alguns mecanismos mais primitivos, e não um expediente organizado e consciente" (p. 162), uma vez que suas observações comprovam que a diferenciação rítmica dessa escrita não é, de forma alguma, estável. Essa não-estabilidade gráfica pode ser atribuída – parafraseando o autor – ao fato de que a primeira diferenciação rítmica na escrita da criança se dá pelo efeito que o ritmo do estímulo oral (palavras e sentenças ditadas) produz sobre o sujeito. A variabilidade rítmica da escrita no início do processo de diferenciação do signo gráfico fica, assim, justificada, já que, segundo o autor, as palavras e sentenças ditadas que o sujeito percebe têm seu próprio ritmo e esse ritmo exercerá um certo efeito sobre a atividade gráfica do sujeito, que tentará refleti-lo e registrá-lo em sua escrita.

O ritmo na dimensão simbólica da escrita

Com base no relato dos experimentos de Luria, é possível observar que o ritmo passa a ser uma das propriedades da atividade gráfica justamente quando ela deixa de ter caráter estritamente lúdico e começa a adquirir valor simbólico, começa a se transformar em verdadeira escrita; o que nos permite concluir que o ritmo está na base da própria definição do que vem a ser a escrita, possibilitando sua constituição e funcionando, conseqüentemente, como um de seus mecanismos mais elementares.

A nosso ver, ao destacar a conexão que se estabelece entre a atividade gráfica e algo que lhe é exterior e que passa a lhe servir como estímulo – palavras e sentenças ditadas –, o que Luria de fato está-nos possibilitando explicar é a maneira singular pela qual o ritmo opera ao atribuir à escrita sua dimensão simbólica. O autor nos faz ver que, uma vez estabelecida tal conexão, a atividade gráfica deixa de ser um "processo autocontido, que envolve a imitação de uma atividade do adulto, mas que não possui, em si mesmo, significado funcional" (p. 181); na medida do que podemos deduzir de suas palavras, a conexão – instalada pelo ritmo – entre elementos de naturezas diferentes (a visual e a auditiva) vai trazer para a produção gráfica o princípio de sua natureza simbólica e de seu caráter funcional.

O rabisco "indistinto, casual e associado de forma puramente externa com a atividade de escrever" (p. 154) cede lugar, então, a rabiscos ritmicamente diferenciados (ou seja, linhas e rabiscos que, de modo particularizado, tentam reproduzir o ritmo de palavras e sentenças ditadas), passando tais rabiscos a serem usados "como um estratagema, um meio para o registro" (p. 174).

O ritmo na relação entre a escrita e a oralidade

Ao enfocar a dimensão rítmica da escrita, Luria não apenas nos permite lançar luz sobre um elemento que nos parece ser inerente a sua natureza simbólica – o ritmo –, como ainda contribui para que se possa explicar a maneira pela qual se estabelece, em sua gênese, a relação entre a escrita e a oralidade. Identificaremos essa relação como a de reprodução, a partir do resultado de experiências do autor que demonstram que o vínculo entre as marcas gráficas e a oralidade traduz uma tentativa de se refletirem na escrita propriedades fônicas dos estímulos orais (palavras, frases) a ela associados.

O que, a nosso ver, se torna digno de nota no enfoque de Luria é que o autor, ao propor uma relação reprodutiva entre escrita e oralidade, destaca como propriedades fônicas a serem refletidas na escrita apenas aquelas que julga ser de ordem rítmica, de tal modo que a atividade gráfica que ocorre no estabelecimento desse vínculo representativo é definida pelo autor como "escrita ritmicamente reprodutiva" (p. 162).

Para ilustrar a importância que a representação das propriedades rítmicas da oralidade parece assumir na atividade gráfica, transcreveremos, a seguir, parte do relato de uma das experiências de Luria. O que gostaríamos de destacar, com base nesse relato, é que o ritmo das palavras das sentenças ditadas por ele reflete-se no próprio traçado do registro gráfico feito pela criança:

> Quando Brina tinha dificuldades para expressar uma formulação complexa, anotava semimecanicamente a sentença ditada, decompondo-a ritmicamente em palavras, representando cada uma delas por uma linha (macaco-comprido-rabo, inverno-frio) (pp. 171-3).

Como se pode observar, uma vez que à emissão de cada palavra corresponde uma linha, o que funciona, nesse caso, para que a escrita cumpra o papel de auxílio mnemônico que Luria lhe consagra é o próprio ritmo do estímulo. Dado que o gesto gráfico ritmado reflete pura e simplesmente o ritmo das palavras, é digno de destaque que a criança procura registrá-las exclusivamente a partir dessa sua propriedade fônica. Em síntese, das propriedades da matéria fônica que poderiam estar orientando o registro gráfico, o ritmo é a que se mostra como a mais elementar na gênese da escrita.

E não só na gênese, poderíamos acrescentar. A mesma transposição, para a escrita, de características rítmicas da oralidade pode ser observada na produção gráfica de crianças que freqüentam as séries iniciais do primeiro grau, sobretudo quando hipo ou hipersegmentam seqüências de palavras (cf., a propósito, Silva, 1991). É possível, então, afirmar que, em seus primeiros contatos com a escrita, a criança estabelece uma relação quase que mimética entre o ritmo daquilo que ouve com o ritmo daquilo que *traça*, desde a fase dos rabiscos diferenciados até a verdadeira escrita alfabética.

Mesmo porque, pelo menos durante a etapa do processo de diferenciação dos signos gráficos que corresponde à escrita ritmicamente reprodutiva descrita por Luria, "embora uma criança possa ser capaz de refletir o ritmo de uma sentença, ainda não está apta a marcar o conteúdo[10] de um termo" (p. 163); fato que nos demonstra não apenas que o registro diferenciado apóia-se, antes de mais nada, na parte mais imediatamente sensível do que deve ser registrado – a matéria fônica –, mas também que, das propriedades fônicas que possibilitariam a diferenciação, o ritmo deve ser uma das mais primárias, mais intuitivas, mais perceptíveis do estímulo a ser registrada (de forma reprodutiva) pela escrita.

Considerando-se, pois, que, na "escrita ritmicamente reprodutiva" o conteúdo ainda não está refletido, a reprodução, na atividade gráfica, do ritmo do estímulo ou ainda do "ritmo externo das palavras apresentadas" (p. 163), tal como descrita por Luria, diz respeito, então, apenas ao reflexo daquilo que corresponderia, nos signos lingüísticos, ao seu plano de expressão (Hjelmslev, 1975), mais especificamente à parte desse plano que se refere a sua substância. Como o signo (no sentido lingüístico do termo) ainda não está presente na escrita rítmica, nem sequer a representação tem a ver com aspectos segmentais do significante do signo, a criança estaria, portanto, refletindo em sua "escrita ritmicamente reprodutiva" propriedades da

---

10. O processo de registro do conteúdo de palavras e sentenças ditadas, de acordo com as experiências de Luria, só ocorre em fase posterior à da "escrita ritmicamente reprodutiva".

substância da expressão que lhe começam a ser significativas e que serão incorporadas a sua produção gráfica noutro domínio que não o da dimensão segmental da escrita alfabética. Assim, poderíamos definir melhor a atividade de refletir o "o ritmo da frase pronunciada no ritmo do signo gráfico" como sendo a tentativa da criança de refletir, em seus rabiscos reflexivos, tãosomente algumas propriedades da configuração fônica das palavras e sentenças que ouve, ou seja, tão-somente propriedades da substância do plano de expressão da linguagem características do meio (*medium*, no sentido de Abercrombie, 1967) pelo qual tais palavras e sentenças são expressas: o som vocal.

Por ser ainda muito pouco arbitrário o vínculo que se estabelece entre as marcas gráficas e as expressões orais que lhe servem como estímulo – já que esse vínculo opera sobre o princípio da representação reprodutiva –, o reflexo do ritmo das expressões é "ainda muito fraco e pobre" (p. 163). Mas essa quase ausência de arbitrariedade está nos revelando, de fato, que o ritmo é elemento fundamental tanto na simbolização da escrita quanto nas relações que ela mantém com a oralidade. A entrada para a cultura que a escrita vai permitir tem, pois, o ritmo como passaporte obrigatório.

Interpretando as intuições de Luria acerca da diferenciação rítmica do signo gráfico, podemos afirmar que o ritmo está na própria gênese das relações entre a escrita e a oralidade. Ao estabelecer tal relação, além de atribuir à escrita sua natureza simbólica, o ritmo passa, por isso mesmo, a ser uma propriedade nuclear em sua definição.

Desse modo, se a escrita se caracteriza por ser rítmica, é porque, em sua gênese, está "um reflexo do ritmo da frase pronunciada no ritmo do signo gráfico". Dito de outra maneira, se podemos afirmar que a escrita tem um ritmo é porque aquilo que lhe serve inicialmente como referência e a que ela se vincula em sua gênese – a oralidade – tem um ritmo.

O ritmo na alternância de estruturas fônicas

Como procuramos destacar, por ser reflexo das características *rítmicas* da oralidade, a atividade gráfica torna-se também – e conseqüentemente – rítmica.

Não fica claro, porém, o sentido com que Luria emprega a expressão "ritmo da frase pronunciada". O próprio autor, aliás, reconhece os limites que circunscrevem sua análise das relações rítmicas entre a escrita e a oralidade ao restringi-la à esfera "do que podemos julgar" (p. 162).

No entanto, dois de seus relatos fornecem-nos verdadeiras pistas do que estaria possibilitando a conexão rítmica entre a escrita e a oralidade. Rastreando-as, retomemos o relato de sua atividade experimental com Brina, que teve como base de registro as frases "O macaco tem um rabo comprido" e "É frio no inverno" (p. 169):

> Quando Brina tinha dificuldades para expressar uma formulação complexa, anotava semimecanicamente a sentença ditada, decompondo-a ritmicamente em palavras, representando cada uma delas por uma linha (macaco-comprido-rabo, inverno-frio) (pp. 171-3).

Nossa atenção se voltará aqui para o registro de que a criança decompunha ritmicamente a sentença em palavras, representando cada uma delas por uma linha.

Relacionemos a este um segundo relato:

> Demos a Lyuse, quatro anos e oito meses de idade, um certo número de palavras: mamãe, gato, cachorro, boneca. Ela anotou todas com os mesmos rabiscos, que não diferiam uns dos outros. A situação mudou consideravelmente, todavia, quando lhe demos também longas sentenças [junto][11] com palavras individuais: 1) Menina; 2) Gato; 3) Zhorzhik está patinando; 4) Dois cachorros estão caçando o gato; 5) Há muitos livros na sala, e a lâmpada está queimada; 6) Garrafa; 7) Bola; 8) O gato está dormindo; 9) Nós brincamos o dia inteiro, depois jantamos e, em seguida, voltamos a brincar outra vez.

---

11. A palavra "junto" não consta da versão em português. Tomamos, no entanto, a liberdade de incluí-la dado que, na versão em inglês, a frase correspondente é "The situation changed considerably, however, when we also gave her long sentences along with individual words" (1978, p. 85).

> Na escrita que a criança produziu então, as palavras individuais foram representadas por pequenas linhas, mas as sentenças longas foram "escritas" como voltas complicadas; e quanto maior a sentença, mais longa a volta escrita para expressá-la (p. 162).

Desse outro relato, destacaremos o registro do autor de que as palavras simples foram representadas por linhas pequenas ao passo que as sentenças foram marcadas por "voltas complicadas", de tal modo que a extensão das marcas acompanhava a extensão da sentença dada.

A nosso ver, a segmentação que a primeira criança faz revela que, ao isolar palavras das sentenças-estímulo, ela transformou o que foneticamente teriam sido duas emissões contínuas em fragmentos fônicos de cada emissão, separados entre si por pausas. A segunda criança, por outro lado, parece ter-se fixado mais às diferenças de duração da emissão fônica.

Apesar das diferenças que se podem notar, os dois casos levam-nos, contudo, a postularmos uma semelhança de procedimento. Ao representarem a oralidade, as duas crianças parecem tê-lo feito com base na *alternância* de propriedades fônicas do estímulo; o contraste resultante dessa alternância possibilitou-lhes a estruturação da matéria fônica recebida.

Como, no primeiro caso, talvez a emissão pura e simples da frase não tivesse propiciado à criança as condições de que ela necessitaria para diferenciá-la graficamente, acreditamos que seus registros foram feitos não a partir da maneira como as sentenças lhe teriam sido ditadas mas a partir da maneira como ela as teria reconfigurado, diferenciando o registro gráfico através da diferenciação que estabeleceu para os dados recebidos da oralidade. Explicaríamos a solução que ela parece ter encontrado como sendo a de intervir no aspecto da *continuidade* da emissão, segmentando-a e, ao introduzir-lhe pausas, fazendo com que nela se alternassem momentos de som e de silêncio.

A alternância que motivou a diferenciação gráfica no segundo caso foi de outra ordem. Como vimos, a criança representou diferentemente as palavras e sentenças emitidas conforme a emissão se mostrasse como mais ou menos duradoura. A criança parece, portanto, ter sido mais sensível ao aspecto da *duração* das emissões, já que, de acordo com o relato de Luria, ela só fez diferenciações gráficas após o pesquisador ter alternado em sua emissão palavras e sentenças de duração variável. Assim, na base da "escrita ritmicamente reprodutiva", encontramos um jogo de estruturas fônicas em alternância. Tais estruturas, levando-se em conta as experiências descritas por Luria, podem ser tanto aquelas que, em sua essência, se depreendem do jogo simples entre o som e o silêncio como aquelas que resultam da maior ou menor duração do som no tempo[12]. Quaisquer que sejam, porém, os elementos fônicos que se alternem, o efeito que a alternância vai produzir, a nosso ver, é o estabelecimento de um contraste necessário para que as marcas gráficas, ao se ritmarem, se diferenciem. Definiríamos, conseqüentemente, o "ritmo do signo gráfico" como a tentativa de, ao se representarem na escrita propriedades sensíveis do plano de expressão da linguagem, reproduzirem-se mais exatamente aquelas diferenças fônicas desse plano que se podem apreender, através de sua alternância, na oralidade.

O ritmo na expressividade

A apreensão de um contraste estabelecido pela alternância de propriedades fônicas da oralidade revela, a nosso ver, não apenas a importância que o ritmo adquire ao possibilitar a diferenciação gráfica mas também a sua relação com aspectos expressivos dessa diferenciação.

Os relatos de Luria nos mostram que a apreensão rítmica da oralidade, na base da alternância de suas propriedades fônicas, faz com que a criança tente expressá-la conferindo um ritmo também àquilo por meio do qual ela manifesta sua percepção: a escrita. Como essa manifestação se dá por uma tentativa de

---

12. Trabalhos como os de Abaurre (1989 e 1991*b*) e o de Silva já mencionado (1991) demonstram que a criança é sensível à alternância de variados tipos de propriedades fônicas da oralidade (especialmente os grupos rítmicos) e que procura registrá-las ritmicamente sob a forma da escrita alfabética.

reprodução, a escrita passa a comportar, desde a sua gênese, um ritmo que é, por definição, *expressivo*, já que reflete não apenas o efeito que o "estímulo apresentado exerce sobre a atividade do sujeito" (p. 163) – tal como Luria entende esse reflexo, ao relatar a atividade gráfica de Lyuse –, mas também o que estamos entendendo como um modo particular de estruturação da matéria fônica – como descrevemos há pouco ao interpretarmos o relato de Luria sobre a atividade gráfica de Brina. Em outras palavras, estamos querendo dizer que a expressividade da "escrita ritmicamente reprodutiva" decorre não só, como nos parece sugerir Luria, de determinações do estímulo sobre o sujeito, de sua adaptação a propriedades que reconhece no estímulo a partir da forma como este lhe foi apresentado, mas também da ação do sujeito sobre o estímulo, através de sua reconfiguração.

Assim, a "escrita ritmicamente reprodutiva", que, como vimos, já é, em princípio, simbólica por se vincular mesmo que toscamente a algo que lhe é exterior e de outra natureza, é também expressiva, pela tentativa de refletir a percepção que seu autor tem daquilo que, do exterior, está vinculado a sua produção. O caráter representativo da "escrita ritmicamente reprodutiva" é, portanto, na verdade, expressivo, uma vez que, na sua origem, encontra-se descrita uma sensação – de adaptação, talvez, quando se trata do registro de determinações do estímulo; de recriação, quem sabe, quando se trata do registro de interferências no estímulo.

Daí Luria destacar a não-estabilidade desse tipo de escrita. Por se relacionar "em estado bruto" com a oralidade e por não estar ainda sujeita à mediação institucional – fato que lhe atribuiria certa regularidade –, essa escrita reflete de seu autor apenas "alguns mecanismos mais primitivos, e não um expediente organizado e consciente" (p. 162); o que, a nosso ver, explica por que justamente as propriedades mais sensíveis do plano de expressão da linguagem sejam aquelas que orientam a atividade gráfica da criança.

O caráter espontâneo e fortemente intuitivo da "escrita ritmicamente reprodutiva" opõe-se, pois, ao caráter institucional que a escrita introduzida de maneira organizada no indivíduo vai adquirir. Em sua gênese, a escrita é, nos termos de Luria, "expressividade materializada em uma forma fixa" (p. 163). O ritmo refletido no signo gráfico nada mais seria, portanto, do que a expressão de uma apreensão diferenciada das propriedades mais sensíveis da matéria fônica da oralidade.

* * *

Retornemos, à luz do que vimos desenvolvendo, ao contexto em função do qual Luria faz referência ao papel do ritmo na atividade gráfica da criança: a relação reprodutiva que se estabelece entre o ritmo de uma frase pronunciada e o "ritmo do signo gráfico" que a registra.

Nessa relação, como vimos, o "ritmo do signo gráfico" opera como um dos requisitos através dos quais a produção gráfica da criança começa a sofrer uma diferenciação no sentido de cumprir com o que o autor entende como o papel fundamental da escrita: tornar-se um instrumento auxiliar da memória.

É um ritmo reprodutivo – insistamos –, na medida em que apenas tenta transpor para a escrita o ritmo daquilo que lhe serve inicialmente como referência: a oralidade. Mas nessa passagem aparentemente simples, nessa "escrita ritmicamente reprodutiva", ao tentar refletir um estímulo, a criança acaba fazendo com que sua atividade inicialmente autocontida, lúdica, de imitar os gestos manuais da escrita comece a adquirir funcionalidade. Sua escrita engatinha, assim, na direção de se transformar em um instrumento.

Desse modo, Luria nos faz ver que a imitação primitiva do que é mais exterior da escrita – a atividade puramente mecânica do processo de escrever – cede lugar a outro tipo de imitação qualitativamente superior, e a produção gráfica começa a se caracterizar como sendo da ordem da representação. Com esse salto qualitativo, os gestos gráficos passam, então, a reproduzir características fônicas do dizer, com o qual a escrita mantém sua ligação mais "genética".

Como esses gestos gráficos não possuem caráter estável – já que, de acordo com o pesquisador, na produção gráfica reprodutiva estariam em ação mecanismos mais primitivos e não procedimentos organizados e conscientes –, a nosso ver, eles deveriam ser vistos preferencialmente como descrições de uma apreensão subjetiva (por reconhecimento ou por reconfiguração) do plano de expressão da linguagem. Em outros termos, eles são expressivos no sentido de que buscam registrar de algum modo o produto de uma percepção.

Na medida do que alcançamos interpretar das considerações de Luria, o sentido da expressão "ritmo do signo gráfico" poderia ser traduzido como a tentativa do sujeito de transpor para sua escrita o efeito de sua percepção rítmica de propriedades da oralidade. Trata-se, pois, do produto de uma relação quase que orgânica, muito primitiva ainda, do sujeito que escreve com aquilo que sensivelmente o motiva a escrever. Na gênese da escrita está a sensação.

Rediscutidas as idéias de Luria sobre o papel do ritmo na atividade gráfica, retomemos a organização que delas fizemos em função das quatro questões para as quais elas nos conduziram: a da dimensão simbólica da escrita, a da relação entre a escrita e a oralidade, a da alternância de estruturas e a da expressividade. Como dissemos no início de nossa exposição, a organização que fizemos está de acordo com o que nos parecem ser as principais contribuições do pesquisador para uma caracterização do fenômeno que é objeto deste trabalho: o ritmo da escrita.

No que se refere à primeira questão, ao se estabelecer o vínculo, descrito pelo autor, entre a atividade gráfica e algo que lhe é externo, o ritmo emerge e altera sua natureza, transformando-a em rudimentos de escrita. A escrita nasce, então, do ritmo, já que, antes de seu aparecimento, a atividade gráfica não vale senão por si mesma e para si mesma, ou seja, ainda não adquiriu o caráter instrumental que assume ao se tornar rítmica. Desde sua gênese, a escrita se identifica como tal por ser rítmica; é, pois, no ritmo que reside o princípio de sua dimensão simbólica, de sua definição como código de expressão lingüística.

No que se refere à segunda questão, ao adquirir sua dimensão simbólica, a escrita parece vincular-se indissoluvelmente à oralidade, que é a sua referência primitiva. Esse vínculo se estabelece sob a forma da reprodução, uma vez que, na gênese da escrita, o ritmo que se pode atribuir ao signo gráfico não passa de reflexo de propriedades rítmicas da oralidade. A nosso ver, porém, o "ritmo do signo gráfico", embora reprodutivo em seu princípio, não deve ser visto como a simples tentativa de decalcar a oralidade; deve, ao contrário, ser visto como transcodificação rítmica, já que, mesmo reprodutiva, a atividade gráfica, ao se tornar rítmica, transforma-se numa possibilidade de expressão verbal diferente daquela fornecida pela oralidade. A relação entre a escrita e a oralidade revela, pois, ao mesmo tempo, o vínculo indissolúvel que as une e a natureza semiótica que as distingue.

No que se refere à terceira questão, com base no relato das experiências de Luria, o que pudemos inferir é que a atividade gráfica, ao reproduzir a oralidade, está trazendo à luz a alternância de suas propriedades fônicas. Entendemos que o ritmo que se depreende dessa alternância é apreensível porque o contraste que ela estabelece entre as propriedades da substância de expressão lingüística possibilita a organização da oralidade sob forma de estruturas sonoras bastante rudimentares, como aquelas construídas seja sobre a base da presença ou ausência de som, seja sobre a base de sua maior ou menor duração. Poderíamos, desse modo, afirmar que o "ritmo do signo gráfico" reflete o ritmo produzido por uma alternância de estruturas, primitivas ainda, mas capazes já de orientarem um registro gráfico ritmicamente diferenciado.

Finalmente, no que se refere à quarta questão, destacaríamos que a alternância rítmica da oralidade reproduzida nos gestos gráficos expressa, na verdade, uma apreensão subjetiva da emissão oral. Conforme expusemos, essa apreensão é produto de determinações da oralidade sobre a ação do sujeito ou da interação que ele estabelece com a oralidade. Portanto, o momento em que a atividade gráfica adquire sua dimensão simbólica – vinculando-se diretamente a algo que lhe é externo – é também o momento em que o sujeito a transforma em um canal de expressão.

Em síntese, interpretando as idéias de Luria de modo a contribuírem para a caracterização de nosso fenômeno, destaquemos que:

1) o ritmo da escrita é uma das propriedades que a definem como tal, como código de expressão lingüística. Trata-se, pois, de um ritmo que lhe é próprio e que lhe atribui a dimensão simbólica;

2) o ritmo da escrita tem na sua base uma tentativa de representação gráfica da oralidade. Essa tentativa, no entanto, dado o caráter simbólico da escrita como código semiótico, ficará circunscrita aos limites que a matéria desse código – as marcas gráficas – impõem à representação;

3) o ritmo da escrita se depreende através das tentativas de registro da alternância de estruturas fônicas da oralidade – pelo menos na gênese da escrita. As diferenças no registro gráfico correspondem, portanto, às tentativas de reprodução de contrastes que se podem verificar naquilo que funciona como matéria referencial da escrita;

4) o ritmo da escrita é produto de relações que se estabelecem entre o sujeito e aquilo que ele vai registrar graficamente. Esse registro pode refletir tanto as determinações que a matéria a ser registrada impõe ao sujeito como a maneira pela qual ele vai intervir nessa matéria.

2. Percepções de Holden & MacGinitie

O ritmo é destacado por Holden & MacGinitie em considerações que fazem sobre a segmentação de sentenças em palavras. Tais considerações constam de um estudo, publicado em 1972, no qual os autores se propõem investigar "as concepções das crianças sobre os limites de palavra na fala, e a correspondência entre suas concepções de limites de palavra na fala e na representação impressa" (*op. cit.*, p. 551).

Os resultados a que chegam Holden & MacGinitie revelam que "muitas das crianças foram evidentemente capazes de basear suas respostas numa correspondência entre suas próprias segmentações da sentença e a representação visual dessas sentenças" (p. 556). Revelam também, por outro lado, que as crianças "tenderam a dividir sentenças em unidades que não correspondem ao modo como tradicionalmente as palavras são impressas" (*id.*, *ibid.*). Longe, porém, de indicar o produto de uma segmentação casual, arbitrária, a habilidade das crianças para abstrair unidades da língua de contextos auditivos mostra, segundo os autores, que "a concepção 'de limites de palavra' freqüentemente reflete definições lingüísticas ao invés de definições tradicionais de palavras" (*id.*, *ibid.*).

Dentre os aspectos lingüísticos que orientam as tentativas de segmentação de sentenças em palavras, Holden & MacGinitie fazem referência ao ritmo. Com efeito, para os autores, "pode-se supor que a sensibilidade da criança aos aspectos rítmicos de uma sentença pode realmente influenciar a maneira pela qual ela a segmenta" (p. 554).

A referência ao ritmo da linguagem, especialmente no contexto em que é feita, faz com que o trabalho de Holden & MacGinitie adquira, para nós, particular importância, uma vez que, como já mencionamos, um de seus objetivos é investigar a correspondência que as crianças fazem entre a concepção que têm dos limites de palavras ouvidas e a concepção que têm dos limites de palavras impressas. A percepção que os autores tiveram de que o ritmo das sentenças, de um lado, influenciaria a maneira como elas poderiam ser segmentadas e, de outro, fundamentaria seu registro impresso, remete-nos a questões com as quais nos defrontamos em nossa abordagem das idéias de Luria. A nosso ver, a investigação dos autores permite-nos trazer mais uma vez à tona o papel que o ritmo adquire não apenas na percepção da oralidade mas principalmente – fato que nos interessa mais de perto – em sua representação gráfica.

O ponto em comum que vemos entre o resultado das investigações de Holden & MacGinitie e as considerações de Luria sobre a diferenciação rítmica do signo gráfico se localiza, então, justamente no que interpretamos, em Luria, como sendo o papel do ritmo no estabelecimento de relações entre a escrita e a oralidade. Do que podemos deduzir dos resultados a que chegam Holden & MacGinitie, um dos elementos que estariam estabelecendo correspondências entre o que chamam de contexto auditivo e representação impressa seria precisamente o ritmo, operando também, de acordo com o que postulamos para Luria, de modo reprodutivo.

Desse modo, confirmando interpretações que fizemos de idéias de Luria, a principal contribuição que extraímos do estudo de Holden & MacGinitie para a caracterização do fenômeno do ritmo da escrita é a de que, pelo menos no que se refere à produção gráfica inicial da criança, na medida em que o critério – destacado por Holden & MacGinitie – que orienta as segmentações de palavras impressas é o ritmo de como essas palavras são faladas, o ritmo da escrita se define principalmente pelo vínculo que mantém com o ritmo da oralidade, ao qual se relaciona de modo reprodutivo.

3. Percepções de Abaurre

Intuída, como vimos, por Luria e por Holden & MacGinitie, a existência de um ritmo da escrita é afirmada e tematizada por Abaurre em dois de seus trabalhos (1989 e 1991*b*).

Como já fizemos a propósito de Luria, exporemos o contexto no qual as idéias da autora acerca do ritmo da escrita são desenvolvidas para, em seguida, reuni-las em função de três diferentes questões para as quais elas nos parecem apontar: 1) a da natureza do ritmo da escrita; 2) a das dimensões lingüísticas do ritmo da escrita; e 3) a da sugestão de um método de abordagem do ritmo da escrita. Assim como ocorreu em nosso exame das idéias de Luria, a organização que estamos propondo obedece ao que nos parecem ser as principais contribuições da autora para a caracterização do fenômeno de que estamos nos ocupando.

Em seus trabalhos, Abaurre reflete sobre a natureza das relações entre textos orais e textos escritos. Ao deslocar o lugar dessas relações do produto final para os processos subjacentes à elaboração do discurso oral e escrito, a autora chama a atenção para um dos elementos do desempenho lingüístico que poderia explicar não apenas as escolhas específicas que organizariam cada um desses discursos mas também a autonomia que a escrita, enquanto sistema, tem em relação à oralidade, à qual historicamente ela se vincula:

> Uma das mais notáveis (embora raramente reconhecida) características da linguagem falada é o seu ritmo (no sentido físico/temporal). Esse ritmo temporalmente delimitado, intrínseca e dinamicamente relacionado ao que pode ser definido como a cadência natural de atos de fala particulares, é funcionalmente relacionado a um ritmo, na escrita, que, uma vez atualizado, torna-se – do ponto de vista do leitor silencioso – predominantemente delimitado por restrições gráfico/espacial/visuais (1989, p. 1).

Para Abaurre, como a escrita alfabética permite a transcrição, palavra por palavra, da produção oral, as crianças, sobretudo, procuram transpor para a sua produção escrita as características que percebem da oralidade, inclusive seu ritmo. No entanto – alerta a autora –, "os dois sistemas, embora sejam coligados e reciprocamente traduzíveis, são relativamente autônomos de um ponto de vista semiótico, sendo organizados por regras e princípios diferentes" (1991*b*, p. 2). Assim, no que se refere à aquisição das regras e princípios que norteiam a escrita, um dos aspectos mais importantes desse processo seria, segundo a autora, a diferenciação de um ritmo mais *elaborado* e característico da escrita daquele mais *natural* e característico da língua falada.

Após a análise de textos de crianças, nos quais pode ser observada a transferência de padrões rítmicos do português falado para a produção gráfica, Abaurre chega, no que se refere ao fenômeno do ritmo da escrita, às seguintes conclusões:

> – crianças mais novas produzem textos "escritos" que são muito mais próximos da linguagem oral, em termos de estruturação sintática e ritmo, como conseqüência do fato de que elas não elaboraram a sintaxe escrita e seu "ritmo" escrito derivado, ainda (1989, p. 24);

– ritmo e sintaxe são intimamente associados. No processo de aquisição de escrita, a criança progressivamente aprenderá que o "ritmo da escrita" particular é predominantemente determinado pela coordenação e subordinação de estruturas sintáticas elaboradas que prescindem de restrições temporais e contam fortemente com referências visual/espaciais (*id., ibid.*);

– das tentativas iniciais de interpretação do escrito, fortemente caracterizadas pelo esforço de transferir para os signos escritos a prosódia da linguagem falada, a criança chega a diferenciar as duas atividades, reconhecendo a autonomia da linguagem oral e da linguagem escrita como sistemas semióticos. Ao longo desse itinerário, a criança perceberá que cada sistema tem sua própria estrutura lingüística, organiza o significado de maneira diferente, conta, de modo diverso, com elementos lexicais e/ou prosódicos como índices de categorias sintáticas e de unidade do discurso. Perceberá, pois, que as escolhas e as possibilidades oferecidas pela escrita definem um tipo diferente de ritmo, regulado preferencialmente por vínculos espaciais e lingüísticos, muito diferentes dos vínculos dialógicos e temporais que regulam o ritmo do oral. Seguindo este itinerário, a criança se "encontrará distanciada" da linguagem e começará a usá-la não só como sistema preferencialmente "icônico" mas, antes, e fundamentalmente, como sistema simbólico formal (1991, p. 14).

Na seqüência de nossa exposição, destacaremos vários pontos presentes nessas conclusões. Passemos agora ao primeiro dos três tópicos, os quais, segundo o que pudemos apreender, permitem reunir as idéias da autora sobre o ritmo da escrita.

A natureza do ritmo da escrita

Como vimos, para Abaurre o ritmo desempenha papel central na definição da escrita enquanto sistema semiótico. Tal importância se justifica, para a autora, na medida em que, através de uma organização rítmica particular, a escrita se definiria como código específico no interior de um campo semiótico mais amplo, que seria o da própria expressão verbal. Um ritmo específico tornaria, assim, a expressão escrita um conjunto significante dotado de uma organização particular, de uma articulação interna autônoma em relação à expressão oral – que lhe serve como referência inicial.

A partir de Abaurre, poderíamos afirmar que o ritmo constitui a base privilegiada sobre a qual se elaboram procedimentos de construção de diferentes sistemas de produção de sentidos e de expressão lingüística. A assimilação entre a expressão oral e a expressão escrita – fato corriqueiro observável em textos infantis – estaria assim revelando a não-percepção do caráter semiótico da escrita. É o que nos faz ver a autora, ao explicar por que os textos iniciais das crianças, mesmo sendo compostos de palavras e frases, não podem ser definidos como verdadeira escrita. Em suas palavras, "os primeiros textos escritos das crianças não são exemplos verdadeiros e próprios de língua escrita; eles podem ser definidos como escrita apenas no sentido de que foram realizados no espaço gráfico de uma página em branco. Sua estrutura preferencial é, todavia, a da linguagem falada" (1991*b*, pp. 11-2). Pode-se, pois, dizer que falta a esses textos um ritmo específico para que possam ser interpretados como exemplares de uma verdadeira escrita; a não-configuração desse ritmo mostra que seus produtores ainda carecem da compreensão de que a escrita não é uma "fotografia", um ícone (nos termos da autora) da oralidade, mas um diferente código de expressão verbal.

O fato de a escrita ser um sistema semiótico diferente do da oralidade nos leva a supor que o ritmo da escrita terá, conseqüentemente, propriedades diferentes daquelas que caracterizam o ritmo da expressão oral. Enquanto sistema, a oralidade constrói sua coerência na relação imediata entre as palavras e as frases, os participantes do discurso e a situação em que se desenvolve, ou seja, na relação entre o verbal e o não-verbal. Relativamente à escrita, a oralidade possui, no espectro da "tipologia semiótica" dado por Greimas e Courtés, um caráter mais "sincrético", já que constitui "seu plano de expressão com elementos ligados a várias semióticas heterogêneas" (Greimas e Courtés, s/d, p. 414), como a gestual, a da expressão facial, a da disposição dos elementos contextuais "extradiscursivos", entre outras.

Por outro lado, as restrições articulatórias do aparelho fonador fazem com que a expressão oral se desenvolva fundamentalmente no tempo, no sentido físico dessa palavra. Saussure já manifesta a percepção dessa característica da linguagem verbal ao observar que "no discurso, os termos estabelecem entre si, em virtude de seu encadeamento, relações baseadas no caráter linear da língua, que exclui a possibilidade de pronunciar dois elementos ao mesmo tempo (...). Estes se alinham um após outro na cadeia da fala. Tais combinações (...) se apóiam na extensão" (1974, p. 142). O resultado de tal percepção é que Saussure inscreve no próprio significante lingüístico a dimensão temporal da linguagem verbal, dada a natureza acústica do significante e o fato de que "seus elementos se apresentam um após outro; formam uma cadeia" (*op. cit.*, p. 84). Acrescendo-se a essa determinação orgânica a natureza essencialmente dialógica da comunicação oral – também ela "temporalmente" determinada –, não é difícil reconhecer que o ritmo da oralidade é fundamentalmente "definido pelo tempo e dinamicamente coligado à 'cadência natural' dos atos lingüísticos particulares" (Abaurre, 1991*b*, p. 1).

As bases da escrita são outras. Apesar de funcionalmente relacionada à oralidade, o canal físico (Jakobson, 1975, p. 123) em que a escrita se desenvolve é de natureza espacial. Com a mudança de canal, o caráter dialógico próximo da oralidade é substituído por um tipo de conexão à distância na escrita. Além disso, a dimensão física através da qual palavras e frases são produzidas e percebidas difere entre esses dois códigos: "gestos articulatórios dos órgãos vocais" (Abaurre, 1989, p. 25) percebidos por seu efeito acústico são substituídos por gestos gráficos executados pela mão e percebidos pela visão.

Estamos, pois, falando de coisas de natureza diferente quando se trata de ritmo da oralidade e de ritmo da escrita. A dimensão temporal, presente simultaneamente no ponto de partida e no ponto de chegada da expressão oral, está presente apenas no ponto de partida da expressão escrita. No ponto de chegada, ela só poderá ser recuperada em outro momento e a partir da topograficização do aspecto temporal de palavras e frases impressas no papel sob forma de signos gráficos. A recuperação do tempo da produção gráfica se dá, portanto, através do espaço, a dimensão da escrita na qual se fixa a linguagem verbal.

Mas, ao falarmos de temporalidade, estamos falando da mesma coisa quer esse termo se refira à atividade oral, quer se refira à atividade gráfica? A temporalidade da escrita, "real" em sua produção e espacialmente representada em seu produto final, não é a mesma que caracteriza a atividade oral. Trata-se de outra temporalidade, e por duas razões:

1) não se transpõe tal e qual para a escrita o tempo dos "atos lingüísticos particulares". Tal transposição só é tentada naqueles períodos da aquisição da escrita em que essa atividade é sobretudo "icônica", ou, nos termos de Abaurre, "sobretudo quando consideramos a função expressiva da linguagem", em que o ritmo "comunica 'iconicamente' significados, sendo ele, com freqüência, um índice das emoções e das atitudes do sujeito" (1991*b*, p. 13);

2) o tempo transposto para a escrita, além do de sua produção, é aquele inscrito nos próprios signos lingüísticos e não aquele correspondente aos gestos articulatórios que produzem os sons lingüísticos. Trata-se, pois, de um tempo representado, estruturado, resultante da compreensão de que os gestos articulatórios não são portadores de sentido enquanto tais mas "como suportes dos 'sentidos' convencionais derivados da correspondência sistemática som/significado" (*id.*, *ibid.*).

Em outras palavras, a temporalidade da linguagem que se inscreve espacialmente na escrita e que se pode recuperar através da decodificação de suas marcas gráficas não é aquela da expressão oral propriamente dita mas aquela de uma transcodificação semiótica, possível apenas a partir da compreensão da natureza simbólica de cada um desses dois sistemas de expressão bem como da relação não-icônica (mas funcional) que os une.

A transcodificação da oralidade pela escrita fará com que o plano de expressão mais "sincrético" da primeira adquira caráter mais "monolítico" na segunda. Em outros termos, as relações dialógico-temporais estabelecidas entre palavras e frases, participantes do discurso e elementos situacionais constitutivas da oralidade deverão ser construídas exclusivamente através de uma seleção de elementos verbais distribuídos gráfico-espacialmente na escrita.

Nessa operação, de acordo com Abaurre, dois fatos se processam.

O primeiro deles diz respeito à relação ideográfica que os usuários da linguagem passam a estabelecer com a página escrita depois que o uso do sistema alfabético se torna sedimentado. A este fato acrescenta-se um outro, aquele de que "o contexto imediato que acompanha a produção e a interpretação do discurso oral está em princípio ausente no momento de leitura" (1989, p. 22). O resultado da relação ideográfica do usuário da linguagem com a página escrita combinada à ausência do contexto imediato da fala que a caracteriza é que o ritmo específico da escrita deve ser aprendido e, portanto, deve ser visto como um aspecto particular do próprio processo de aquisição da escrita. É nesse processo que se dará a passagem de um ritmo fundamentalmente determinado pelo tempo para um ritmo essencialmente determinado pelo espaço, já que a representação escrita "permite uma 'contemplação' dos objetos lingüísticos visualizados graficamente sob a forma de produtos 'congelados' da escrita" (1991*b*, p. 13).

O caráter *elaborado* atribuído por Abaurre ao ritmo da escrita, em contraste com aquele mais *natural* da linguagem falada, decorre, então, do fato de que o aprendizado da escrita se dá em bases diferentes daquelas sobre as quais se desenvolve o aprendizado da fala. Esta última, enquanto forma de expressão da linguagem, ocorre nos mais variados contextos, o que, além de atribuir a essa prática um caráter quase *natural* quando comparada à prática da escrita, contribui para que seu aprendizado se dê de forma mais espontânea. Por sua vez, a escrita é uma prática de ocorrência mais restrita do que a da oralidade. Além disso, por sua relação funcional com a linguagem falada, seu aprendizado tem justamente nessa relação uma referência constante da qual dificilmente se desvinculará: relação de identificação, nos momentos iniciais; relação de distinção, em seu desenvolvimento. Acrescente-se a estes o fato de que o aprendizado da escrita ocorre fundamentalmente em contextos institucionais e que se baseia sobretudo numa operação de transcodificação semiótica. O caráter espontâneo que melhor define o ritmo da oralidade cederá cada vez mais lugar a um caráter de elaboração, decorrente de um processo mais formal de aprendizagem, que definirá o ritmo da escrita.

Sintetizando, pois, o que acabamos de expor, é possível destacar, com base em Abaurre, duas características principais a partir das quais a natureza do ritmo da escrita poderia ser compreendida. Construindo o caráter semiótico da escrita e, como conseqüência, operando na definição do ritmo que lhe é próprio, a primeira dessas duas características diz respeito à dimensão espacial da escrita, já que é a partir dela que os aspectos temporais da linguagem e da própria produção gráfica – estruturados sob forma de palavras e frases topograficizadas e dispostas numa folha de papel – podem ser percebidos na atividade de leitura. Por sua vez, a segunda característica diz respeito ao caráter não-espontâneo do ritmo da escrita, decorrente do processo de transcodificação semiótica de que se reveste a escrita e de seu aprendizado em contextos preferencialmente institucionais.

Dimensões lingüísticas do ritmo da escrita

Ao deslocar o lugar das relações entre oralidade e escrita do produto final para os processos subjacentes à elaboração de cada uma dessas atividades, Abaurre as caracteriza – como já dissemos – sobretudo em função de uma utilização diferenciada dos variados recursos lingüísticos. É a partir dessa proposta que se podem detectar as dimensões da linguagem que mais diretamente estariam atribuindo, com base na autora, um ritmo próprio à escrita: a fonológica, a sintática e a enunciativa.

A DIMENSÃO FONOLÓGICA do ritmo da escrita parece se evidenciar já nas primeiras produções gráficas das crianças. Como descreve Abaurre, essas produções são singulares pelo fato de que as crianças pensam "poder transpor imediatamente para a escrita todas as características da língua falada, incluindo seu ritmo, vale dizer, as suas unidades, os seus padrões, os seus critérios de escansão" (1991*b*, p. 2). Desse modo, esses registros gráficos refletem especialmente a percepção que seus produtores têm das propriedades fônicas da oralidade.

Além de uma percepção espontânea que as crianças teriam do ritmo das sentenças faladas (no que se refere a suas unidades, padrões, cesuras e escansões), fatos decorrentes do aprendizado da escrita em contextos institucionais poderiam também favorecer uma relação mais imediata da escrita com a oralidade, de acordo com Abaurre. Como exemplo, a autora cita a silabação sistemática – excepcional na atividade lingüística usual de falantes do português – que pode ocorrer em circunstâncias particulares como aquelas provavelmente "relacionadas a momentos em que a atividade lingüística espontânea é suspensa e a linguagem se torna um objeto de análise" (1989, p. 4). Contudo, a autora questiona a eficácia da noção de sílaba fonética enquanto tal para a produção e análise da escrita pela criança. A seu ver, embora em um ato de fonação com ritmo *staccato* verifiquem-se muitas pausas – o que facilitaria a análise do material fonológico em unidades rítmicas menores do que aquelas que resultam de uma segmentação guiada pelos grupos rítmicos mais longos e típicos de um ato de fonação com um ritmo *andante* normal –, nos dados que analisou, a sílaba "não parece ter realidade psicológica para a criança" (*id.*, p. 15). A percepção da existência da sílaba fonética, ainda segundo a autora, parece estar circunscrita a esses momentos especiais da atividade oral em que o ritmo acentual do português é abandonado em decorrência de um falar mais *staccato*, contextos nos quais as crianças podem perceber unidades menores da fala, que, em geral, correspondem ao que se conhece em fonética como sílaba.

Conforme observou em seus dados, um dos principais fatores que determinaram pontos de segmentações virtuais, não apenas em termos de análise da produção oral de sentenças, mas também em termos de análise do material escrito, foi a percepção, por parte das crianças, de unidades fonológicas como os grupos rítmicos, resultantes de saliências produzidas pelo ritmo acentual do português em pronúncia fluente de enunciados. Além desse fator, a autora destaca a percepção de alguns pontos de mudança nos contornos entonacionais de palavras ou de sentenças que parecem ter sido mais salientes para as crianças. Destaca, por fim, a percepção da correspondência entre fatos de natureza fônica, como os grupos tonais, e fatos de natureza semântica – situação que, a seu ver, não pode deixar de ser levada em conta "especialmente (...) quando as crianças identificam grupos tonais como unidades a serem escritas sem segmentação, uma vez que os grupos tonais são portadores de informação semântica por definição" (*id.*, p. 17).

No que se refere, pois, à dimensão fonológica do ritmo da escrita, das propriedades fônicas da linguagem que mais concorreriam, de acordo com Abaurre, para a atribuição de um ritmo próprio à atividade gráfica, no sentido de que seriam representadas e delimitadas através de marcas gráficas, destacaríamos: unidades rítmicas pequenas que correspondem ao que freqüentemente se designa em fonética como *sílaba* – ressalvando-se o fato de que esse tipo de unidade é proveniente de atos lingüísticos particulares nos quais "uma acentuação regular pode ser suspensa para dar ênfase a segmentos lingüísticos particulares" (1991*b*, p. 3); *grupos rítmicos*, resultantes do caráter acentual do português e "típicos de um ato de fonação com um ritmo 'andante' normal" no qual se sucedem "unidades fonológicas mais amplas em que se alternam acentos fortes e acentos fracos" (*id.*, *ibid.*); e *grupos tonais*, unidades rítmico-entonacionais veiculadoras de informações de natureza semântica.

Quanto à DIMENSÃO SINTÁTICA do ritmo da escrita, Abaurre a tematiza principalmente nos momentos em que está em questão a aprendizagem de um ritmo específico e próprio da produção gráfica. Para a autora, ritmo e sintaxe são estreitamente coligados; assim, "no processo de aquisição da escrita, a criança progressivamente aprenderá que o 'ritmo da escrita' particular é predominantemente determinado pela coordenação e subordinação de estruturas sintáticas elaboradas que prescindem de restrições temporais e contam fortemente com referências espaço/visuais" (1989, p. 24).

É em decorrência da falta de uma sintaxe particular que a produção gráfica das crianças freqüentemente não apresenta o caráter de verdadeira escrita. De acordo com Abaurre, "os primeiros textos escritos são muito próximos da linguagem oral, em termos de ritmo e estrutura sintática, em conseqüência do fato de que as crianças não elaboraram ainda uma sintaxe da escrita, com o seu 'ritmo' escrito típico" (1991*b*, p. 13).

Em outros termos, a dimensão sintática do ritmo da escrita se caracteriza sobretudo pelo papel que a sintaxe desempenha de recuperar aqueles elementos que, ausentes na produção gráfica, estão concretamente presentes na atividade de fala, funcionando "como uma fonte contínua de informação para a interpretação do discurso" (1989, p. 22). Na recuperação desses elementos, a sintaxe transformará, então, o tempo real da atividade de fala num tempo representado sob forma lingüística, o que significa dizer que a sintaxe operará uma topograficização da realização temporal de qualquer atividade de fala reconstituindo lingüisticamente os elementos que a acompanham e atribuindo-lhes forma gráfico/visual. É uma utilização característica dos elementos sintáticos, portanto, que transforma a natureza essencialmente temporal da oralidade numa natureza predominantemente espacial na escrita.

Desse modo, a natureza *aprendida* e mais elaborada da escrita se explica em grande parte em função da aprendizagem do papel que a sintaxe desempenha na produção gráfica. Como vimos, aprender tal papel é aprender que a sintaxe reconstituirá na escrita, sob forma de estruturas lingüísticas, aqueles elementos situacionais que, de muito perto, acompanham a produção oral. Nesse sentido, podemos dizer que cabe à sintaxe, especialmente, o trabalho de transcodificação semiótica operado pela escrita em relação à oralidade, o que só vem reforçar os laços entre a dimensão sintática da escrita e a natureza *aprendida* desta última, já que esse trabalho de transcodificação semiótica, de modo geral, só se realiza a partir do aprendizado institucional da escrita.

Mas não é apenas a dimensão sintática da escrita que é aprendida em contextos institucionais. Outra dimensão lingüística que, com base em Abaurre, poderíamos afirmar que caracteriza o ritmo da escrita é a DIMENSÃO ENUNCIATIVA da linguagem, e também ela – sobretudo em função do trabalho escolar – sofre transformações à medida que a produção gráfica vai deixando de manter uma relação icônica com a oralidade na direção de se transformar em um código semiótico autônomo.

De acordo com a autora, na linguagem falada o ritmo desempenha dois papéis. Por um lado, tem uma função expressiva, responsável pela veiculação das emoções e atitudes do sujeito em sua atividade de comunicar significados através da oralidade. Nesse papel, o ritmo tem caráter *icônico*, já que a relação analógica que mantém com os significados é comunicada de maneira não-arbitrária – isto é, as diferenças, por exemplo, de cadência dos atos verbais explicam-se, em grande medida, em função das diferentes emoções e atitudes do sujeito em relação àquilo que fala. Por outro lado, o ritmo tem função de suporte do material fonológico segmental, constituindo um instrumento organizador da linguagem. Nesse papel, o ritmo tem caráter fundamentalmente simbólico, na medida em que promove a convencionalização da linguagem.

A partir da distinção que Abaurre faz das funções expressiva e simbólica do ritmo, as primeiras produções gráficas das crianças podem ser caracterizadas principalmente por sua natureza expressiva. Segundo a autora, tais produções manifestam ausência de distanciamento da oralidade por parte de seus produtores, uma vez que, ao produzirem textos, ou, em outros termos, ao enunciarem por meio da escrita, as crianças o fazem buscando, acima de tudo, refletir, de modo "icônico", a percepção que têm de propriedades da linguagem oral. Em outros termos, a dimensão enunciativa de tais textos assume feição expressiva porque as crianças, imersas na oralidade, não perceberam, até esse momento, que a escrita é um código de expressão verbal distinto da oralidade. Ao enunciarem, pois, com ênfase na expressividade que desejariam comunicar, é um ritmo fortemente "icônico" que manifestarão em sua produção gráfica.

No entanto, o contato visual que as crianças têm com os textos que produzem pode favorecer sua percepção de que a escrita é um código de manifestação verbal diferente da fala. Ou seja, as crianças podem vir a se dar conta do caráter semiótico da escrita em função do distanciamento da linguagem que a contemplação da escrita permite. Em decorrência de sua nova relação com a linguagem, uma nova relação enunciativa aos poucos se desenvolverá, e será ela que, fruto da compreensão do caráter arbitrário e convencional da linguagem, possibilitará às crianças a passagem gradativa de um ritmo *icônico* para um ritmo simbólico em sua escrita, um ritmo que demonstra não mais sua percepção da fala mas, especialmente, a manifestação de como as propriedades fônicas da linguagem são convencionalizadas.

Em síntese, no que se refere às dimensões lingüísticas do ritmo da escrita, é possível afirmar, com base em considerações de Abaurre, que ele pode ser caracterizado especialmente através da atuação específica dos recursos fonológicos, sintáticos e enunciativos da linguagem. Os recursos fonológicos estão presentes desde as primeiras produções gráficas, já que essas produções se destacam pelas tentativas de seus autores de reproduzirem propriedades fônicas da oralidade, sobretudo aquelas de natureza rítmico-entonacional. Com um processo mais institucional de aprendizagem da escrita, será muito mais uma transcodificação dessas propriedades fônicas do que sua transposição imediata que caracterizará a atuação da dimensão fonológica da linguagem na atividade escrita. Também através de um aprendizado institucional, os recursos sintáticos da produção gráfica deixarão de ser aqueles típicos da oralidade e se converterão em estruturas mais complexas, cuja função principal será a de topograficizar, sob forma de marcas lingüísticas de caráter gráfico/visual, elementos não-verbais que acompanham de muito perto a produção e a compreensão da oralidade. Finalmente, no que se refere à dimensão enunciativa da linguagem, o ritmo da escrita vai assumindo forma característica à medida que o produtor de textos vai abandonando sua postura expressiva diante da produção gráfica substituindo-a por uma postura de distanciamento da oralidade, procurando manifestar em sua produção não mais sua percepção subjetiva das propriedades fônicas da fala mas a simbolização dessas propriedades estabelecida pela linguagem.

Um método de abordagem para o ritmo da escrita

Ao tematizar em seus trabalhos o ritmo da escrita, Abaurre sugere, a nosso ver, um método através do qual ele poderia ser abordado:

> O ritmo da escrita (...) define o modo pelo qual um texto particular "respira" depois que o gesto rítmico com o qual ele foi produzido se "congela" em signos gráficos sobre uma página em branco (1991b, p. 1).

Desse modo, os signos gráficos, independentemente de sua natureza, constituem as pistas privilegiadas para a abordagem do ritmo que acompanha a produção gráfica. Segui-las é recuperar o gesto rítmico com o qual foram impressas no papel, ou, em outras palavras, é recuperar o ritmo da escrita.

Explica-se, a nosso ver, o papel que as marcas gráficas desempenham na recuperação do ritmo da escrita pela própria natureza dessa forma de expressão verbal. Como vimos, diferentemente da oralidade, que se desenvolve no tempo e que depende (em sua produção e compreensão) da relação entre o verbal e o não-verbal, a escrita se imprime no espaço e conta apenas com as marcas lingüísticas tanto para sua produção quanto para sua compreensão (que se dá através da leitura).

Assim, o ritmo da transcodificação semiótica que a escrita faz relativamente à oralidade será apreensível sobretudo pela análise das marcas dessa transcodificação. E essas marcas são aqueles signos gráficos que não apenas cumprem uma função referencial (no sentido de que apontam para elementos do contexto ao qual o dizível se refere) mas principalmente especificam um modo característico de se dizer algo: construir toda a atividade enunciativa exclusivamente através de estruturas lingüísticas.

Será a utilização de estruturas características, ou seja, a utilização de signos gráficos específicos, que determinará, portanto, se uma produção gráfica pode ser considerada como representativa da escrita ou como uma simples transposição da oralidade sob forma de palavras escritas. Em outros termos, a expressividade *icônica*, freqüente na produção gráfica das crianças, não é típica da escrita; as marcas desse tipo de produção não permitem, pois, recuperar o ritmo característico da escrita. São aquelas marcas através das quais a escrita revela sua natureza simbólica que é necessário perseguir se se quer alcançar o seu ritmo peculiar.

* * *

Sintetizemos, neste ponto, o que consideramos como as principais contribuições de Abaurre para a caracterização de nosso fenômeno:

1) a natureza do ritmo da escrita é ao mesmo tempo espacial e *aprendida*. Tais características se depreendem sobretudo em função do modo pelo qual o ritmo da escrita se distingue daquele da oralidade. O ritmo da escrita não depende diretamente das restrições articulatórias que caracterizam o ritmo da oralidade. Como são códigos de expressão construídos sob bases (meios, canais) diferentes, a organização rítmica que farão dos elementos de expressão será naturalmente distinta e contribuirá para sua percepção como diferentes códigos semióticos. Por outro lado, as restrições articulatórias da fala, somadas à maneira como se desenvolve sua prática, fazem com que ela se caracterize por ter um ritmo regulado essencialmente pelo tempo. Já na escrita, marcada pelo predomínio de estruturas lingüísticas que se dispõem sob forma gráfica, o ritmo que se lhe pode atribuir é de natureza eminentemente espacial. Finalmente, ao caráter mais *natural* da fala e à sua utilização mais generalizada opõe-se uma utilização mais restrita e um caráter mais *elaborado* da escrita. Esse contraste faz ressaltar a transcodificação semiótica operada pela escrita em relação à oralidade, revelando a natureza *aprendida* do ritmo da escrita, sobretudo

se comparada àquela mais "intuitiva" com que o ritmo da fala se dá a perceber aos usuários da linguagem;

2) as dimensões da linguagem que mais diretamente constroem o ritmo da escrita são a fonológica, a sintática e a enunciativa. Na relação que a escrita mantém com a oralidade, aspectos fônicos desta última, como as sílabas, os grupos rítmicos e os grupos tonais, em face da natureza espacial da escrita, surgem nela não enquanto tais, mas representados sob forma de signos gráfico/visuais. A dimensão fonológica do ritmo da escrita é, pois, apreendida sobretudo através da maneira como as propriedades fônicas da linguagem se imprimem no papel. Por sua vez, a dimensão sintática da linguagem reconstituirá, na escrita, os elementos contextuais que, de modo quase orgânico, se ligam à oralidade. Esses elementos – nem sempre verbais – são reconstituídos sob forma de estruturas lingüísticas, o que cria na escrita – que se caracteriza por ser essencialmente verbal – um ritmo próprio e distinto daquele da prática da fala. Por fim, a dimensão enunciativa da linguagem atribui um ritmo típico à atividade gráfica no sentido de que, ao enunciarem através da escrita, seus autores deverão construir sua atividade enunciativa tendo em mente que se apropriaram de um código de expressão diferente daquele da expressão oral. O reconhecimento do caráter simbólico da escrita torna-se, pois, fundamental para que os enunciadores distingam entre produzirem, sob forma gráfica, um decalque da oralidade e produzirem uma verdadeira escrita;

3) os signos gráficos funcionam como pistas preferenciais de abordagem do ritmo da escrita. Segui-las significa recuperar o ritmo com o qual a escrita é produzida e, assim, detectar uma organização específica dos elementos lingüísticos que a configurem como tal – e de modo diferente da organização que configurará a prática da oralidade. São, pois, as marcas que caracterizam a escrita como um sistema simbólico particular que se devem, como recurso metodológico, perseguir ao se buscar descrever o ritmo peculiar da escrita.

4. Percepções de Corrêa

Corrêa (1994a) trata de um assunto específico da produção escrita de alunos saídos do 2º grau em situação de exame vestibular: a pontuação. Na busca de respostas à questão da segmentalidade da cadeia sonora no ato da pontuação, o autor insere sua análise no campo das relações entre oralidade e texto escrito.

Baseado em Abaurre (1991b), o autor discute vários aspectos dos sinais de pontuação. Além de destacar-lhes a natureza gráfica e de caracterizá-los como marcas rítmicas, o autor faz sobressair uma qualidade da pontuação diretamente relacionada ao fenômeno que nos interessa analisar. Isso ocorre quando o autor, ao comentar o emprego de vírgulas nos textos que analisa, utiliza-se da noção de unidades incluídas (Quirk *et al.*, 1985). Tais unidades correspondem a porções textuais que, na escrita, se marcam entre vírgulas e que, em sua materialidade, correspondem a uma espécie de enxerto no enunciado. De modo geral, segundo esses autores (*op. cit.*), as unidades incluídas são marcadas graficamente por meio de pontuação correlativa (duplo emprego de vírgula no interior de um enunciado ou de uma única vírgula no início ou no final do enunciado). Observando o emprego de vírgulas em unidades incluídas nos textos dos vestibulandos e tomando a pontuação numa dimensão caracterizada como sendo a de promover a articulação textual, afirma Corrêa:

> A pontuação correlativa, ao registrar o ritmo da escrita, desempenha o papel de articulador textual, desencadeando um processo de coesão textual (p. 55).

Além dessa referência ao ritmo da escrita, Corrêa faz várias outras, acompanhando de muito perto Abaurre (1991b). Por exemplo:

> A partir da noção de movimento do texto, quando ligada à de "ritmo da escrita" – categoria que marca uma certa autonomia do texto escrito em relação à oralidade –, pudemos tratar a pontuação como índice gráfico-visual desse movimento (p. 60).

O estatuto autônomo que a escrita teria em relação à oralidade é destacado, assim como é destacado o fato de que a categoria da linguagem que permitiria distinguir uma prática lingüística da outra é justamente a do ritmo, já que o autor atribui à escrita um *ritmo* próprio.

Por outro lado, retomando a citação anterior de Corrêa, vemos estabelecido pelo autor um vínculo entre o ritmo da escrita e a coesão textual, vínculo que se marcaria graficamente através dos sinais de pontuação. Tal vínculo é estabelecido por Corrêa com base na relação que Abaurre (1991*b*) faz entre o ritmo da escrita e requisitos específicos da prosa. De acordo com o autor, um desses requisitos é justamente o da coesão textual, em função da qual o ritmo da escrita desempenharia o papel de articulador textual. A percepção rítmica da coesão textual, no texto escrito – conforme suas idéias –, seria a de um movimento para o texto. Assim, ao desencadear o processo de coesão textual, o ritmo da escrita configuraria "um movimento particular próprio para o texto, movimento que conjuga unidades textuais de diferentes extensões" (p. 54). Em síntese, o ritmo da escrita estabeleceria articulações entre partes de um texto, criando para ele um movimento particular – o que possibilita destacar a intuição de Corrêa sobre a dimensão temporal do ritmo que chamamos, no primeiro capítulo deste nosso trabalho, de tempo/movimento, caracterizada pela alternância entre unidades rítmicas.

Para demonstrar suas afirmações, como já dissemos, o autor analisa, em redações de vestibulandos, o que assume, com base em Quirk *et al.* (*op. cit.*), como *unidades incluídas*. Segundo o autor, tais unidades – que, como já mencionamos, correspondem a enxertos no enunciado – são coesivas por excelência, já que desempenham, no texto, a função de relacionar suas partes. O destaque gráfico (através de vírgulas) que se dá a esses enxertos contribui para acentuar sua espacialização e acaba por convertê-los em pontos estratégicos de observação do movimento particular dos textos criado pelo processo de articulação de suas partes.

Mas o aspecto rítmico que se pode depreender da análise desse movimento não envolve apenas a espacialização de aspectos formais dos textos. Para Corrêa, também o sentido se torna um jogo entre posições espaço-temporais na atividade gráfica, dado que, nos textos escritos, as relações de sentido entre suas partes podem ser marcadas espacialmente através das diferentes remissões coesivas – o que, a nosso ver, equivale a dizer que o sentido se constitui ritmicamente. Desse modo, através da coesão textual, o ritmo da escrita promove, no texto, um movimento que, a um só tempo, estabelece ligação formal e relações de sentido entre seus elementos.

Assim, com base em Corrêa, é possível afirmar que o ritmo da escrita pode ser detectado a partir de categorias textuais que, distribuídas ao longo do texto, nele produzem um movimento ao se relacionarem (ao se alternarem) de algum modo. Ou seja, o ritmo da escrita está presente na alternância de categorias textuais que, por fazerem remissões umas às outras, produzem uma articulação formal como suporte de uma composição textual dotada de significado. Por outro lado, a partir da análise que o autor faz do emprego de vírgulas no que assume como unidades incluídas, é possível pensar os sinais de pontuação como índices gráfico-visuais do ritmo da escrita, já que – com base na análise do autor – pelo menos um dos papéis desses sinais é o de destacar elementos textuais que, articulados entre si, produzem um efeito de movimento para o texto.

* * *

Faremos, a seguir, uma síntese do que nos parecem ser as principais contribuições de Corrêa para uma compreensão de nosso fenômeno:

1) o ritmo da escrita refere-se às estruturas materiais da linguagem e à sua significação, já que o sentido e seu suporte lingüístico material se distribuem organizada e espacialmente no texto. O ritmo da escrita seria, assim, o ritmo da espacialização do sentido no texto, a partir de seu suporte material;

2) o ritmo da escrita constrói-se na textualidade. Na base da organização textual da linguagem, ele se encontra, pois, promovendo a coesão dos elementos de um texto e criando, através do vínculo coesivo, um movimento próprio a esse texto;

3) o ritmo da escrita é indiciado pelos sinais de pontuação, na medida em que tais marcas gráfico-visuais podem pôr em realce categorias textuais que, relacionadas, promovem o movimento do texto. Destaca-se, portanto, o caráter metodológico da pontuação na análise do ritmo da escrita.

5. Considerações finais

Passemos ao produto de nossa discussão sobre as intuições de Luria, Holden & MacGinitie, Abaurre e Corrêa acerca do fenômeno que nos ocupa.

O primeiro aspecto que destacaremos é o do contexto no qual se dá a percepção do fenômeno para esses autores. As sugestões de sua existência feitas por Luria e Holden & MacGinitie bem como as tematizações que Abaurre e Corrêa fazem a seu respeito ocorrem, sem exceção, em trabalhos nos quais, de algum modo, são abordados os vínculos entre a escrita e a oralidade.

Quanto à natureza do vínculo entre essas práticas, de uma maneira ou de outra, todos os autores fazem referência ao ritmo como uma propriedade da linguagem através da qual oralidade e escrita mantêm relações. Na base de cada uma dessas atividades lingüísticas e na base da relação entre elas encontra-se, portanto, o ritmo.

Um outro aspecto que se desdobra dos vínculos entre escrita e oralidade e que aproxima sobretudo Luria, Abaurre e Corrêa é o estatuto a ser atribuído a cada uma dessas práticas. Embora enfatizem as relações muito próximas que as unem, esses autores as vêem como códigos distintos. Destaca-se, portanto, a natureza simbólica de que se reveste cada um desses códigos e, na medida em que o ritmo é uma propriedade que permite distingui-los, fica destacada, na própria natureza da oralidade e da escrita, uma distribuição rítmica específica dos elementos da linguagem.

Na construção do caráter simbólico da escrita, vemos, mais uma vez, o papel primordial do ritmo. É o que nos mostram

Abaurre e Corrêa ao enfatizarem a natureza espacial da escrita, construída principalmente por um ritmo que torna essencialmente espacial o que na fala se desenvolve no tempo. Em outros termos, o ritmo que se depreende de uma base articulatória e acústica na oralidade desenvolve-se, na escrita, sob uma base gráfico-visual.

Ainda no que se refere à construção do caráter semiótico da escrita, a natureza espacial da escrita em face da natureza temporal da oralidade fará com que a primeira se distinga da segunda também por outro aspecto, destacado por Abaurre: o ritmo da fala parece mais *natural* quando comparado àquele menos *espontâneo* da escrita. Com efeito, ao espacializar a oralidade, a escrita o faz criando estruturas lingüísticas ausentes na fala e que soam como *não-naturais* pelo fato de que reconstroem o que nesta atividade quase nunca é explicitado verbalmente, isto é, os elementos contextuais. Assim, o ritmo da escrita caracteriza-se por uma reconstrução lingüístico-espacial da oralidade. Ora, ainda que a fala se desenvolva no tempo com base também em palavras e frases, é sabido que o código falado não se efetiva apenas a partir de elementos verbais, restrição definidora, porém, para a escrita em sua reconstrução lingüístico-espacial da oralidade.

O caráter a um só tempo espacial e *não-espontâneo* da escrita é construído lingüisticamente através de elementos de várias dimensões da linguagem. No que concerne à dimensão fonológica, todos os autores insistem na recuperação, sob forma representada, de propriedades da matéria fônica da linguagem oral na atividade gráfica. Abaurre dá destaque particular, na construção de um ritmo próprio à escrita, ao papel da sintaxe, dimensão lingüística que, segundo a autora, mais diretamente contribui para a recuperação dos elementos do contexto não-verbal na atividade – essencialmente verbal – da escrita. Por sua vez, Corrêa procura vincular, na atividade gráfica, o ritmo e a dimensão textual da linguagem, ao destacar o papel de articulador textual desempenhado pelo ritmo da escrita.

Também a dimensão enunciativa da linguagem está presente na percepção que Luria e Abaurre têm da escrita. Para ambos, pelo menos nos momentos iniciais da aquisição da escrita, o ritmo que a caracteriza é fundamentalmente expressivo, já que, nesses momentos, a escrita é sobretudo a manifestação gráfica da percepção que o sujeito tem de propriedades fônicas da oralidade. O caráter expressivo da escrita em seus momentos iniciais não traz, portanto, diretamente à cena a dimensão enunciativa da linguagem em sua manifestação escrita, mas permite já tematizar a natureza das relações entre o sujeito e a atividade lingüística que executa. É o que faz Abaurre, ao observar que essa relação tende a se transformar gradativamente à medida que o sujeito vai adquirindo a percepção de que a escrita é um sistema semiótico que funciona com regras próprias. Desse modo, a autora permite a consideração de que a atividade inicialmente expressiva se transforma aos poucos em uma atividade propriamente enunciativa à medida que o sujeito vai adquirindo a percepção da natureza simbólica da escrita e, conseqüentemente, a necessidade de enunciar de modo (com ritmo) diferente quando escreve ou quando fala.

Quanto à abordagem do ritmo da escrita, as indicações mais claras de como analisá-lo são feitas por Abaurre. A autora propõe que se recuperem aquelas marcas gráficas através das quais o processo de escrita se "congela", espacializando uma organização dos elementos da linguagem característica da atividade gráfica. Baseado em Abaurre, Corrêa, em seu trabalho sobre pontuação, caracteriza certos empregos da vírgula como marcas gráficas de caráter rítmico, associando-os freqüentemente às considerações que faz sobre o ritmo da escrita. Além dessas indicações de análise, Corrêa propõe mais uma: trata-se de perseguir o ritmo da escrita recuperando os processos através dos quais os diferentes elementos textuais mantêm vínculos coesivos atribuindo um movimento ao texto.

Em síntese, os princípios gerais de nosso enfoque do ritmo da escrita estão delineados. As contribuições de Luria, Holden & MacGinitie, Abaurre e Corrêa permitem-nos construir um arcabouço teórico-metodológico básico pelo qual nos guiaremos na análise de nosso objeto.

Procuraremos, pois, detectar a organização rítmica da linguagem que orienta uma abordagem da escrita como um modo particular de utilização dos elementos lingüísticos. Para tanto, partiremos da hipótese de que uma organização rítmica específica, que se constrói espacialmente e de modo não-espontâneo quando comparada à organização rítmica da oralidade, está na base do caráter semiótico da escrita.

Partiremos, ainda, da constatação, atestada nos autores resenhados, de que essa organização rítmica é construída através de recursos lingüísticos das dimensões fonológica, sintática e textual da linguagem, representados sob forma gráfico-visual. Mas, se a construção dessa organização rítmica se faz acompanhar de um modo particular de se exercer a atividade lingüística, não poderemos deixar de considerar a dimensão enunciativa da linguagem, que deverá ser levada em conta na medida em que, como destacamos no primeiro capítulo de nosso estudo, é na enunciação que se organizam os processos rítmicos específicos a partir dos quais a linguagem (tanto na oralidade quanto na escrita) ao mesmo tempo se estrutura e se movimenta.

Quanto à possibilidade mesma de apreensão do fenômeno que nos ocupa, seguiremos, como uma pista metodológica básica, a percepção de Abaurre de que o processo de escrita se registra graficamente através de marcas específicas. A análise que Corrêa faz da pontuação nos servirá como apoio inicial, na medida em que o autor, baseado em Abaurre, caracteriza alguns empregos da vírgula como uma dessas marcas específicas através das quais o ritmo da escrita pode ser indiciado. No entanto, em Corrêa, a preocupação central é com os próprios sinais de pontuação, que constituem seu objeto de análise, ao passo que, para nós, eles representarão o modo de apreensão de um outro objeto: o ritmo da escrita.

Capítulo 3   **Aspectos rítmicos
da pontuação**

Como vimos no capítulo anterior, Abaurre destaca que o processo de escrita é registrado graficamente através de marcas específicas. Por sua vez, vimos que, baseado na autora, Corrêa, ao tematizar os empregos de vírgulas para marcar o que assume como "unidades incluídas", revela que tais sinais, na medida em que podem ser caracterizados como marcas específicas do processo de escrever, indiciam o ritmo da escrita, já que colocariam em destaque categorias textuais que, relacionadas, promoveriam um movimento para o texto escrito, em razão de sua alternância.

Dando continuidade a nosso propósito de analisar o ritmo da escrita, nesta etapa de nosso trabalho faremos algumas considerações sobre as marcas gráficas que escolhemos para analisá-lo: os sinais de pontuação.

Essa escolha obedece a um propósito definido – uma vez que, em princípio, qualquer marca de linguagem que figure na produção gráfica pode ser caracterizada como uma marca de escrita. Poderíamos, por exemplo, ter optado por observar de que modo a dimensão lexical da linguagem estaria envolvida com o ritmo da escrita. Não faltariam boas razões para essa opção, já que não parece ser possível negar que o léxico da língua se distribui de modo diferente quer se trate de produções mais típicas da linguagem falada, quer se trate de produções mais características da linguagem escrita. Basta observar que palavras muito longas não são freqüentes em produções orais; basta observar, ainda, que a própria composição das palavras já fornece pistas sobre a forma de expressão lingüística (oral ou escrita) em que elas serão preferencialmente utilizadas.

Poderíamos, por outro lado, ter optado pela observação de como as estruturas sintáticas atribuem um ritmo próprio à produção gráfica. Também não faltariam boas justificativas para essa opção. Para Tannen (1982, p. 42), na narrativa escrita, além de se marcarem e se mostrarem as relações entre idéias por meio de conjunções, são usadas construções subordinadas que fazem um pouco do trabalho de primeiro plano e plano de fundo que seria feito *paralingüisticamente* na fala. Na mesma direção dessa autora, Chafe (1982, pp. 37-8) esclarece que, na escrita, desenvolve-se "um tipo de linguagem na qual as idéias são combinadas para formar unidades de idéia [*idea unity*] e sentenças mais complexas", já que a linguagem escrita tenderia a ter "uma qualidade 'integrada' que contrasta com a qualidade fragmentada da linguagem falada". Contribuiriam para essa integração, segundo o autor, uma maior proporção, na escrita, de nominalizações, de particípios, de adjetivos atributivos, de sintagmas coordenados, de séries, de seqüências de sintagmas preposicionados, de orações completivas e de orações relativas, funcionando todos esses instrumentos para permitirem "a integração de mais material nas unidades de idéia" (p. 44).

Marcas lexicais ou sintáticas poderiam, pois, funcionar como um modo de apreensão do ritmo da escrita. Mas poderiam funcionar também como um modo de apreensão da oralidade, fato que estamos descartando. A oralidade interessa-nos não enquanto tal, mas como um "outro" da escrita, sob forma de uma reconstrução lingüístico-espacial que a escrita faz de sua natureza temporal, reconstrução não-restrita aos elementos verbais.

Nossa opção pelos sinais de pontuação se justifica, portanto, primeiramente pelo que eles têm de essencialmente gráfico. A pontuação, diz Perrot (1980, p. 67), pertence "ao escrito e não ao oral", um sinal de pontuação "não se pronuncia". O sinais de pontuação são, pois, marcas específicas da escrita e não apenas porque sua matéria é unicamente gráfico-visual; também (e em decorrência de sua composição material) porque, dentre as múltiplas práticas de linguagem, somente naquelas que contam com a participação da escrita é que essas marcas vão figurar.

Além de seu caráter essencialmente gráfico, há que se destacar sua natureza lingüística. Os sinais de pontuação são, de fato, marcas gráficas, mas não o são no sentido de que seriam tipos especiais de grafemas. Esses sinais, ainda segundo Perrot (*op. cit.*, p. 68), não estão na mesma situação das letras, que, de algum modo, "servem para transcrever, mais ou menos bem, na representação escrita da língua a cadeia dos fonemas realizados oralmente". Diferentemente das letras, os sinais de pontuação não são o que se poderia chamar de representantes gráficos de certas propriedades da cadeia falada, já que sua função delimitativa abrange não apenas a dimensão fônica das estruturas delimitadas por eles mas também a dimensão semântica dessas estruturas. Nesse sentido, os sinais de pontuação funcionariam mais "como signos lingüísticos" (Catach, 1980, p. 16), embora não se possa postular para eles nenhum vínculo mais estável entre sua dimensão material e o fato semântico a ela associado.

Os sinais de pontuação são, pois, marcas privilegiadas de observação do ritmo da escrita: são, por natureza, marcas *gráficas* e, por isso, ocorrem exclusivamente nas práticas de linguagem que contam com a participação da escrita; são marcas *lingüísticas*, já que cumprem papel delimitativo de unidades estruturais da modalidade escrita da linguagem.

Vale ressaltar, porém, no que se refere ao papel delimitativo dos sinais de pontuação, que as unidades delimitadas por uma mesma classe de sinais podem possuir estatuto diferenciado. A conjunção entre uma inicial maiúscula e um ponto, por exemplo, pode delimitar tanto frases nominais quanto períodos simples ou compostos, ou mesmo, se associada a um recuo, delimitar parágrafos (unidade da escrita de estatuto lingüístico bastante variável). Não raro, uma sinalização desse tipo delimita também o próprio texto, cuja definição não se prende, como se sabe, a sua extensão.

Além disso, além de seu papel delimitativo indefinido, os valores ligados aos sinais de pontuação, conforme observa Perrot (*op. cit.*, p. 70), são de ordens muito diversas, uma vez que uma mesma parte, delimitada por vírgulas ou por aspas, será vista como relacionada a diferentes ordens de significação. Ainda mais: às vezes, sinais diferentes cumprem uma mesma função, caso em que uma mesma estrutura poderia ser delimitada por diferentes classes de sinais. O registro dessa equivalência entre diferentes sinais é freqüente nos estudiosos que abordam a pontuação sob a ótica gramatical, como nos atestam, entre outros, Cunha (1986), Sacconi (s/d) e Gonçalves (1959). Cunha observa que "às vezes se colocam entre vírgulas elementos que deveriam vir entre parênteses" (*op. cit.*, p. 615). Por outro lado, ao abordar o emprego do travessão, o mesmo autor explica que esse sinal pode isolar palavras ou frases, caso em que "desempenha função análoga à dos parênteses" (*op. cit.*, pp. 616-7). Sacconi, ao tratar dos usos do ponto de exclamação, destaca que esse sinal é usado "para substituir a vírgula num vocativo enfático" (*op. cit.*, p. 347). Gonçalves, por sua vez, destaca um tipo especial de equivalência: aquela entre um sinal de pontuação e uma característica tipográfica. Ao enumerar os empregos das aspas, esse autor observa que elas podem ser usadas "para colocar em relevo nomes próprios ou comuns, que também se podem escrever grifados" (p. 107). Em síntese, não há relação direta entre um sinal de pontuação e um único tipo de função significativa a ele associada. Os diferentes fatos envolvidos no emprego da pontuação demonstram que sua utilização é – se se pode dizer assim – polissêmica.

Reforcemos nossa opção pelos sinais de pontuação como marcas privilegiadas de observação do ritmo da escrita. Além de seu caráter essencialmente gráfico e de seu papel lingüístico peculiar na escrita, o que chamamos valor polissêmico desses sinais (não apenas no que se refere à ausência de um vínculo constante entre as marcas gráficas e as funções semânticas a elas associadas, mas também – e sobretudo – no que se refere às diferentes maneiras pelas quais essas marcas são empregadas para delimitarem estruturas lingüísticas) traz à cena questões lingüísticas que não as da natureza formal da linguagem. Tais questões estão diretamente envolvidas com o modo pelo qual o escrevente se posiciona em relação à própria utilização dos recursos gráficos da escrita – no caso que nos interessa, os sinais de pontuação. Em outras palavras, a polissemia que se pode atribuir a esses sinais traz à cena fatos estreitamente ligados ao *uso* da linguagem em sua forma escrita, o que consideramos como mais uma razão – fundamental – para nossa opção por tais sinais na observação do ritmo da escrita.

Indicadas as razões que nos levaram a optar por esse tipo de marca gráfica para a apreensão de nosso objeto de estudo, passaremos a destacar as compatibilidades que vemos entre o emprego da pontuação e as principais conclusões a que chegamos em nossas observações sobre o ritmo da linguagem (feitas no capítulo 1), bem como entre o emprego da pontuação e os resultados de nossas discussões sobre as intuições de Luria, Holden & MacGinitie, Abaurre e Corrêa acerca do fenômeno de que nos ocupamos (feitas no capítulo 2).

Antes, porém, um esclarecimento ao leitor. Os destaques a essas compatibilidades baseiam-se em observações que estudiosos da pontuação fazem, de modo geral, sobre a natureza da atividade de pontuar e sobre as condições de emprego dos sinais de pontuação. Uma parte desses estudiosos, como se verá, enfoca a pontuação de acordo com a tradição gramatical; outra parte, de acordo com postulados da Lingüística. No entanto, só marcaremos essa diferença de enfoque quando ela se mostrar relevante para esclarecer algum ponto da discussão. Mais que o tipo de enfoque, interessa-nos, pois, destacar as percepções que esses estudiosos têm tido das características que atribuímos ao ritmo da linguagem ou ao ritmo da escrita.

1. A pontuação e o ritmo da linguagem

Em nossas discussões sobre a categoria lingüística do ritmo, destacamos: *a)* a necessidade de uma concepção de ritmo que o situe em toda a extensão da linguagem; *b*) o papel do ritmo na organização multidimensional da linguagem; *c*) as relações entre ritmo e sentido; *d*) as relações entre ritmo e enunciação; e, finalmente *e*) as relações entre ritmo e tempo.

Em função desses temas gerais em que organizamos nossas discussões sobre o ritmo da linguagem, estabeleceremos o que nos parecem ser as compatibilidades entre a utilização, na escrita, das marcas gráficas da pontuação e as principais funções do ritmo na linguagem.

A pontuação e a demarcação de aspectos rítmicos da linguagem

Neste passo de nosso trabalho, vamo-nos centrar em afirmações ou comentários gerais dos estudiosos que nos permitem inferir a intuição que eles teriam da presença do ritmo nas discussões sobre (e nas recomendações para) o emprego dos sinais de pontuação. Centrar-nos-emos em afirmações e comentários gerais, já que muito poucas referências explícitas às relações entre a pontuação e o ritmo são feitas pelos estudiosos da pontuação.

Num primeiro momento, enfocaremos afirmações e comentários a respeito da pontuação em cuja base se pode inferir a intuição (ou a percepção) dos autores sobre aspectos rítmicos ligados a concepções tradicionais acerca do papel do ritmo na linguagem. Em outras palavras, destacaremos sua intuição sobre aspectos do ritmo que o circunscrevem aos fatos métricos ou à tentativa de reprodução, na escrita, da linguagem falada.

Num momento seguinte, enfocaremos afirmações e comentários a respeito da pontuação em cuja base se pode inferir a intuição dos autores sobre aspectos do ritmo mais diretamente ligados a características da organização da linguagem em sua expressão *escrita*, o que confirmaria percepções de Abaurre (1989 e 1991*b*) e de Corrêa (1994*a*), bem como intuições de Luria (1988) e de Holden & MacGinitie (1972) de que a escrita teria um ritmo que lhe seria próprio.

Cunha (1986) é um dos (poucos) estudiosos a mencionar o ritmo como um dos aspectos da linguagem a ser assinalado pela pontuação. A propósito do uso de ponto-e-vírgula, o autor observa que esse sinal "divide longos períodos em partes menores à semelhança da CESURA, ou deflexão interna de um verso longo" (*op. cit.*, p. 601). Ao comentar o resultado dessa divisão, Cunha destaca que, "às vezes, os elementos separados são simétricos, e disso resulta um ritmado encadeamento do período, muito ao gosto do estilo oratório" (*id., ibid.*).

Kury (1982) é outro estudioso a se referir explicitamente ao ritmo no contexto da pontuação. Para o autor, "na tentativa de reproduzir as pausas, as cadências, o ritmo, a entoação da linguagem falada, utiliza a escrita certos SINAIS DE PONTUAÇÃO" (*op. cit.*, p. 65).

Note-se que essas duas referências revelam maneiras tradicionais de se conceber o papel do ritmo na linguagem. Cunha o circunscreve aos fatos métricos da linguagem. Com efeito, o *ritmado encadeamento do período*, marcado pela pontuação, é associado, por esse autor, à cesura e, por extensão, à simetria. Kury, por sua vez, o situa como uma das propriedades da linguagem *falada*[13], que a escrita, segundo o autor, tenta reproduzir. Embora o fato de a escrita não reproduzir a fala não signifique que ela não lhe pode destacar nenhum aspecto, não se trata, em Kury, de um ritmo que seria próprio à escrita e que, justamente por esse motivo, seria digno de destaque através da pontuação.

Dessas duas maneiras tradicionais de se conceber o papel do ritmo na linguagem, a primeira é mais freqüente nas associações (explícitas ou sugeridas) que os autores estabelecem entre ritmo e pontuação. O destaque à simetria rítmica na atividade de pontuar não é, pois, privilégio de Cunha: vários outros autores tematizam-na, embora não explicitem a que tipo de simetria estão se referindo. Savioli (1984, p. 112), por exemplo, recomenda o uso de ponto-e-vírgula "quando as orações coordenadas (...) guardam alguma simetria entre si". Lima (1978,

---

13. A relação que Kury estabelece entre ritmo e oralidade (mesmo no âmbito da escrita) evidencia a força do que Moraes (1991) classifica como um vínculo histórico entre o ritmo e a superfície lingüística (cf. capítulo 1).

p. 429), também a propósito do emprego de ponto-e-vírgula, diz que esse sinal serve para "separar as várias partes distintas de um período, que se equilibram em valor e importância". Outro indício, ainda, de que a simetria rítmica poderia estar orientando o emprego de um sinal de pontuação aparece na tematização que Olívia (1982, p. 76) faz do uso de vírgulas em orações proporcionais (não por acaso, queremos crer!). A autora recomenda que tais orações devem ser separadas por vírgulas apenas "quando existirem dois termos correlatos de proporção"; se as "construções forem diferentes", as vírgulas não devem ser usadas. A julgar pela exemplificação de Olívia[14], não seria, pois, o sentido da proporcionalidade que estaria determinando o emprego de vírgulas mas a construção formal desse sentido. Sendo ela *correlata*, deve haver o destaque por vírgulas; não o sendo, o uso de pontuação não é recomendado. Na mesma direção, Sacconi (s/d, p. 344), dentre outros autores, recomenda a utilização de vírgulas "para separar os elementos paralelos de um provérbio", citando, como exemplos, "tal pai, tal filho" e "a pai muito ganhador, filho muito gastador".

A simetria absoluta entre estruturas é, ainda, o que parece orientar a recomendação do emprego de pontuação por parte de alguns autores. Cunha (1978, p. 332) destaca o emprego de vírgulas "para isolar os elementos (...) repetidos", exemplificando o destaque a esse tipo de emprego com a seguinte frase de Machado de Assis: "Tornou a andar, a andar, a andar." Também Bechara (1977, p. 337) recomenda o emprego da vírgula "para separar, em geral, (...) as repetições".

A simetria, em sentido geral ou em sentido absoluto, é, pois, o critério que orienta as recomendações aos usos de pontuação que destacamos. É um critério rítmico, embora apenas Cunha o admita (e no sentido estrito de cadência). Os exemplos que os autores normalmente apresentam para justificar esse uso não deixam, contudo, margens a dúvidas: quando não se trata da repetição idêntica de estruturas, trata-se de estruturas que se relacionam, entre outros fatos, pela equivalência formal.

---

14. Transcrevemos aqui os exemplos que a autora utiliza para justificar o emprego ou não de vírgulas em orações proporcionais. Emprega-se, para a autora, vírgula em orações como "Quanto mais eu viajava, tanto mais pensava em voltar", mas não em orações como "Ele melhorava à medida que o frio diminuía".

Como vimos até o momento, aspectos métricos do ritmo têm sido destacados ou sugeridos por alguns estudiosos da escrita nas observações que fazem sobre o emprego de sinais de pontuação. Embora esses sejam os mais freqüentes, outros aspectos do ritmo são também sugeridos quando se trata da pontuação.

Ainda dentro de uma concepção tradicional (aquela que circunscreve o ritmo à "superfície lingüística"), conforme já mencionamos de passagem, no início desta nossa discussão sobre pontuação e ritmo, a propósito de Kury, os sinais de pontuação marcariam na escrita o ritmo que os enunciados ou textos pontuados teriam se fossem efetivamente *falados*. Trata-se, portanto, de recuperar (e demarcar) na escrita aspectos rítmicos que são vistos como mais característicos da oralidade.

Tal recuperação se deve, a nosso ver, à íntima relação entre escrita e oralidade, e à sensibilidade do escrevente, em seu processo de escrita, aos aspectos motores não só dessa atividade como também daquela que lhe serve como referência imediata: a oralidade. É um fato intuído por Barboza (1830), para quem as palavras têm um aspecto mecânico, e devem, pois, ser consideradas "como meros vocábulos[15] e sons articulados, já pronunciados, já escritos, e como tais sujeitos às leis físicas dos corpos sonoros e do movimento" (*op. cit.*, p. VIII). A sensibilidade a esse aspecto mecânico que se marcaria *tanto na pronúncia, como na escrita* é, segundo esse gramático, da ordem do "espírito", que se adianta "a se indagar e descobrir nas leis físicas do som e do movimento dos corpos orgânicos o mecanismo da formação da linguagem" (*id., ibid.*).

No que se refere à recuperação e à demarcação – por meio de sinais de pontuação – de aspectos da oralidade sentidos como subjacentes à escrita, veremos, a seguir, com base em considerações de alguns autores, a indiciação da tentativa de

---

15. Barboza faz uma distinção entre vocábulo e palavra. Os vocábulos, segundo esse autor, são as partes da oração tomadas "só pelo que têm de físico e material", e são compostos "de sons articulados, ou só pronunciados para serem ouvidos, ou também representados aos olhos para serem vistos, mas sem respeito algum ao que significam". Já as palavras são "sinais de nossas idéias e de nossos pensamentos". Para o autor, elas teriam a ver "com a lógica da língua e com as partes da oração vistas no que têm de metafísico e espiritual" (p. 97).

transposição para a escrita do ritmo da oralidade. É o que acreditamos ocorrer com o tratamento dado a características como: a voz, a respiração, a alternância de características prosódicas e a sensação de satisfação (ou de quebra) de expectativa.

Telles (1984) afirma que o ponto-e-vírgula serve para "estabelecer uma divisão bem marcada entre as duas partes de um enunciado, que se contrabalançam em força expressiva (principalmente quando esse enunciado é longo e já vem separado por vírgulas)" (*op. cit.*, pp. 323-4). Observe-se que o autor propõe que esse procedimento deve ser executado *principalmente quando o enunciado é longo*, ou seja, quando sua possível realização através da fala supõe, talvez, uma programação mais elaborada do jogo entre pausas e contornos entonacionais com os quais o enunciado deverá (ou, pelo menos, poderia) ser emitido. Para reforçar essa nossa idéia, não se deve esquecer que, tradicionalmente, a pontuação funcionou, segundo Lorenceau (1980*a*, pp. 50-1), como um auxílio "àquele que lê em voz alta". Tratava-se, nas palavras da autora, de uma pontuação "baseada no oral, no ritmo da voz (...), já que (...) ritmada pelo sopro da voz".

Não só a fonte primária – a voz – da oralidade mas a sua própria matéria-prima – o ar na RESPIRAÇÃO – são tematizadas quando o assunto é a demarcação do ritmo da oralidade através da pontuação. Para Catach (1980*a*, p. 4), cada escritor tem sua pontuação, onde se pode encontrar sua respiração. Bueno (1958) vai mais longe, ao estabelecer que a reciprocidade entre respiração e pontuação é tamanha que "a maneira de pontuar varia em cada pessoa segundo os seus hábitos respiratórios e até do (*sic*) tamanho e vitalidade de seus pulmões" (*op. cit.*, p. 107) – o que possibilita ao autor associar excesso de vírgulas e "respiração opressa e difícil" nos "caracteres nervosos e naqueles que sofrem do aparelho respiratório" (*id., ibid.*). Destacar a respiração é, em última instância, destacar os movimentos do fluxo respiratório na atividade de fala e a indicação das pausas necessárias para a retomada de ar nesse fluxo. Eis o ritmo na linguagem (e o registro do ritmo na escrita pela pontuação) a partir de uma sua dimensão mais significativa: a fisiológica.

Outro aspecto do ritmo da linguagem falada (na verdade, mais do que um aspecto da linguagem falada, a própria base do estabelecimento e da efetivação do ritmo em qualquer forma de expressão da linguagem) a ser sugerido nas tematizações sobre o emprego de sinais de pontuação é o da ALTERNÂNCIA de estruturas. Uma das estruturas que mais freqüentemente se recomenda pontuar é aquela que, segundo vários estudiosos, denota algum tipo de ênfase (embora quase nunca se especifique de que natureza seria essa ênfase). Olívia (*op. cit.*), por exemplo, recomenda o emprego de vírgulas para "realçar a circunstância". A próposito de pleonasmos, "isto é, de elementos repetidos para dar ênfase", a mesma autora recomenda a separação da estrutura pleonástica por meio de vírgulas. "Não querendo dar ênfase ao pleonasmo", continua Olívia, "pode-se omitir a vírgula" (*id.*, p. 31).

A nosso ver, a separação, por meio de pontuação, de estruturas que *dão ênfase* é provocada pela necessidade de se destacar uma alternância que é percebida como basicamente prosódica, mas que, de fato, constitui-se como uma alternância prosódico-semântica entre as diversas partes de um enunciado.

Teríamos, pois, na base de recomendações para o emprego de pontuação em estruturas enfatizadas, aparentemente uma alternância percebida como basicamente prosódica, que tradicionalmente é justificada pela necessidade de se quebrar a monotonia supostamente característica da disposição linear de um enunciado em que as palavras não fossem destacadas por meio de pontuação. Não destacá-las seria, num caso extremo, correr o risco de que fossem percebidas "com um mesmo tom, ou tesão das fibras da Glottis que as cansaria logo" (Barboza, *op. cit.*, p. 42). Em outros termos, mas ainda nos de Barboza, "uma oração, composta de vocábulos monótonos, seria mais uma fiada de sílabas do que um tecido de palavras" (*id., ibid.*).

Mas essa mesma alternância percebida como basicamente prosódica constitui-se, de fato, como uma alternância prosódico-semântica. Com efeito, ao destacar contrastes entre diversos matizes de entonação e de intensidade, por exemplo, a pontuação, mais do que estabelecer contrastes que "quebrariam a monotonia", põe em operação formas privilegiadas de ligações semânticas entre as partes em alternância. Em outras palavras, ao se estabelecer, por meio da pontuação, um contraste prosódico entre estruturas, estabelecer-se-á, ao mesmo tempo, um contraste de sentido, configurando não o que tradicionalmente se percebe como uma alternância simplesmente prosódica, mas uma alternância prosódico-semântica.

Observe-se, a propósito, comentário de Poças e Athanasio (1973) a respeito de se "acentuar o sentido" adversativo ou conclusivo de orações coordenadas introduzidas por conjunções adversativas ou conclusivas, separando-as por ponto-e-vírgula: esse sinal, segundo as autoras, "nesse caso corresponde a uma vírgula alongada e dá um cunho enfático ao período acentuando o sentido das orações coordenadas" (*op. cit.*, p. 51). Mesmo no que se refere à fragmentação de períodos compostos em orações absolutas, o que corresponderia a "enfatizá-las", essa delimitação por sinais de pontuação promoveria entre elas um jogo rítmico que se caracterizaria por ser, ao mesmo tempo, prosódico e semântico. É o que nos permitem inferir as mesmas autoras, para quem essa fragmentação "ou mesmo a transformação de alguns termos da oração em novas unidades de pensamento faz com que o leitor se detenha mais entre os grupos fônicos de certo texto, modificando-lhe o ritmo e, conseqüentemente, o próprio sentido" (*id.*, p. 43).

Assim, a indiciação de aspectos rítmicos da oralidade, mais uma vez, aparece relacionada ao emprego dos sinais de pontuação. A alternância entre estruturas a serem enfatizadas e outras em função das quais se determina essa ênfase se marca, pois, na escrita através do jogo rítmico que as marcas de pontuação promovem entre as estruturas enfatizadas e as outras com as quais elas devem contrastar.

As recomendações dos gramáticos para se destacarem, por meio dos sinais de pontuação, aquelas estruturas escritas que, na oralidade, seriam emitidas com o que Bechara (*op. cit.*, p. 195) chama *entoação suspensiva* sugerem mais um aspecto do ritmo a ser indiciado pela pontuação. Trata-se de demarcar a SENSAÇÃO DE SATISFAÇÃO DE EXPECTATIVA[16] que o movimento rítmico cria entre as estruturas que se alternam numa seqüência.

Para Bechara, a entoação suspensiva (ou pausal) consiste em elevar a voz "antes da pausa final dentro da oração". Ela mostra, portanto, que o enunciado não terminará no lugar em que, em outras circunstâncias, poderia terminar. O símbolo de pontuação característico da entoação suspensiva, segundo o autor, é a vírgula. Como exemplos de estruturas delimitadas por vírgulas e que assinalariam esse tipo de entoação, são destacados apostos e orações adjetivas explicativas, como nas frases: "Ele, o irmão mais velho, tomou conta da família." e "O homem, que vinha a cavalo, parou defronte da casa".

As vírgulas, delimitando, na escrita, estruturas que, na oralidade, seriam expressas com entoação suspensiva, criam no leitor a sensação de continuidade do enunciado e não a de seu término. As estruturas assim delimitadas estabelecem, pois, no todo do enunciado, um jogo rítmico calcado fundamentalmente na satisfação das expectativas criadas pela seqüencialização de estruturas com entoação suspensiva. O mesmo pode ser dito também a propósito da seqüência de duas estruturas, finalizada, a primeira, com ponto de interrogação e, a segunda, com ponto final: a entoação ascendente, tipicamente registrada pelo ponto de interrogação, cria, no leitor, a expectativa de uma estrutura com entoação descendente, que será satisfeita se, efetivamente, na seqüência, houver uma estrutura finalizada por ponto final. Do mesmo modo, ainda, estruturas finalizadas por dois-pontos criam no leitor a expectativa de continuidade, que será satisfeita se, por exemplo, uma

---

16. A idéia de que o ritmo cria expectativas nos vem de Abercrombie (1967, p. 96). Ressalve-se, porém, que a expectativa criada pelo ritmo resulta, para esse autor, especialmente da repetição periódica de algum algum tipo de movimento, formulação que não assumimos na íntegra em razão do vínculo que nela se pode observar entre ritmo e regularidade. A idéia de expectativa criada pelo ritmo também é encontrada em Cagliari (1981, p. 123). Diferentemente, porém, de Abercrombie, Cagliari acredita que "a idéia de ritmo se baseia mais na expectativa do observador do que na realização exata e precisa dessa expectativa em termos de quantidades absolutas de duração das unidades".

seqüência de palavras estruturadas como uma enumeração, uma exemplificação, uma citação ou "algum desenvolvimento ou explanação da sentença anterior" (Pereira, 1909, pp. 383-4) se seguir ao término da delimitação (por dois-pontos) da primeira estrutura.

Inversamente, também a QUEBRA DE EXPECTATIVA é indiciada pela pontuação. É o que se pode observar, por exemplo, em estruturas finalizadas por reticências, que, para Bechara (*op. cit.*), "denotam interrupção do pensamento (...) ou hesitação em enunciá-lo" (*id.*, p. 336). A indiciação de aspectos da linguagem falada como a satisfação e também a quebra de expectativa (promovidas pelo ritmo) se faz, portanto, na escrita, por meio dos sinais de pontuação, na delimitação que fazem de estruturas e do jogo estabelecido entre elas.

Como vimos, as considerações que os estudiosos fazem sobre o emprego dos sinais de pontuação permitem inferir (em alguns casos, os estudiosos estabelecem concretamente) relações entre as demarcações feitas por esses sinais na escrita e aspectos rítmicos da linguagem. Os aspectos rítmicos que se apreendem nessas considerações não se relacionam diretamente à demarcação de propriedades rítmicas da linguagem na sua expressão escrita, já que a percepção ou a intuição desses aspectos diz respeito sobretudo a propriedades do ritmo que se observam na produção metrificada ou na linguagem falada. Contudo, mesmo que a concepção de escrita subjacente a tais considerações tenha como referências, no que se refere ao ritmo, a simetria ou a tentativa de reprodução da linguagem falada, elas nos permitem inferir que o ritmo orienta, de algum modo, o desenvolvimento da produção escrita.

Um tipo de recomendação sobre o uso de ponto-e-vírgula feita, com freqüência, pelos gramáticos chama-nos a atenção para mais uma característica do ritmo a ser indiciada pela pontuação. Lembremos, para tanto, a afirmação de Telles, mencionada acima, de que esse sinal serve para "estabelecer uma divisão bem marcada entre as duas partes de um enunciado, que se contrabalançam em força expressiva (principalmente quando esse enunciado é longo e já vem separado por vírgulas)". Tomemos, ainda, a recomendação de Kury (*op. cit.*) de se utilizar o ponto-e-vírgula para separar "os membros de um período mais ou menos extenso, especialmente se pelo menos um deles estiver subdividido por vírgula(s)" (*id.*, p. 71).

Se, de um lado, a idéia de ritmo que se pode inferir sobretudo da afirmação de Telles pode ser relacionada à idéia de simetria, de outro, a alternância rítmica que se pode depreender da proposta (dos dois autores) de delimitação de unidades lingüísticas por meio de pontuação vincula-se, de modo inequívoco, à extensão e, logo, à complexidade sintática do enunciado (ou do período) a ser dividido. É característica da linguagem escrita, segundo Chafe (1982), "moldar uma sucessão de idéias em um todo mais complexo, coerente e integrado, fazendo uso de instrumentos que raramente usamos na fala" (*op. cit.*, p. 37). Tal integração, ainda de acordo com o autor, é possível na escrita porque ela permite introduzir, numa unidade de idéia, mais informação do que a velocidade rápida da linguagem falada normalmente permitiria. Temos, pois, na base das recomendações de Telles e de Kury, a sugestão de uma relação entre pontuar e indiciar o ritmo *da escrita*, na medida em que a delimitação de unidades (por meio de marcas de pontuação) de um "todo mais complexo, coerente e integrado" realça a organização e a alternância de estruturas lingüísticas "que raramente usamos na fala", indiciando, desse modo, um ritmo da linguagem que seria mais característico de sua expressão escrita.

Mesmo a idéia de simetria (presente na observação de Telles) entre as estruturas que *se contrabalançam* e que se integram nesse todo mais complexo não deixa, de certo modo, de remeter à prática *da escrita*. A respeito da colocação do artigo, Barboza (*op. cit.*, p. 387) observa o seguinte:

> Também se erra omitindo o artigo quando se deve pôr ou pondo-o quando se deve omitir. Quando concorrem muitos substantivos de diferentes gêneros e números, principalmente não sendo sinônimos, não basta pôr o artigo só ao primeiro; é necessário repeti-lo a cada um e dizer: "Os pais e as mães"; "O senhorio dos homens, das terras e dos ventos" e não "Os pais e mães"; "O senhorio dos homens, terras e ventos".

Em termos do que se pode, de acordo com a tradição gramatical, considerar como "boa escrita", a repetição do artigo faz parte das condições de aceitação de uma frase como pertencendo à *escrita*. A alteração que a repetição do artigo promove na frase é, portanto, da ordem do ritmo *da escrita*, já que, na fala, essa repetição não seria presença obrigatória. Com essa repetição, as estruturas *se contrabalançam*, adquirindo uma característica rítmica de simetria, de paralelismo, o que reforça nossa idéia de que o que está em causa nesse tipo de recomendação dos gramáticos seja uma questão, ao mesmo tempo, de ritmo e de escrita.

Com efeito, embora a idéia de simetria remeta a uma concepção tradicional de ritmo, não se pode negar que a simetria rítmica, em especial aquela que se pode verificar entre construções paralelas (e que muitas vezes é objeto de destaque para o emprego de sinais de pontuação) é presença forte no que se considera como típico da escrita. Ao tratar do paralelismo em coordenações e correlações, Garcia (1988, p. 15) recomenda separar por ponto-e-vírgula – "e até mesmo por ponto-período" – o "conglomerado" do segundo termo de uma correlação com estruturas paralelas. Observe-se que o destaque ao paralelismo se dá no contexto do que o autor chama de comunicação *em prosa* moderna, num manual para se aprender "a escrever, aprendendo a pensar" (*op. cit.*, p. III).

Ainda outra observação de Garcia nos faz reforçar a idéia de que a necessidade de se estabelecer simetria ou paralelismo seja menos espontânea – isto é, mais elaborada – na prática da escrita do que na da oralidade. Ao comentar a estruturação da sentença "Fiquei decepcionado com a nota da prova e quando o professor me disse que eu não sei nada", o autor observa que "a falta de paralelismo pode dar à frase uma feição de aparente anacoluto" (*id.*, p. 32). Isso, a nosso ver, se a frase for remetida à *escrita* (ou à prosa, como faz o autor). Na oralidade, com pausas e contornos entonacionais adequados, a frase seria perfeitamente compreensível, dispensando uma estruturação calcada na simetria ou no paralelismo formal para que fosse considerada correta.

Garcia chega mesmo a destacar um tipo de paralelismo a que ele nomeia como rítmico. É característico desse tipo de paralelismo o *isocronismo*, ou, nas palavras do autor, "segmentos de frase (termos, orações) ou frases íntegras [com] extensão igual ou quase igual, quer dizer, mais ou menos o mesmo número de sílabas" (*id.*, p. 34). Reforça, ainda, o autor que essas estruturas podem ter também, além da duração igual, "ritmo ou cadência igual", situação em que serão consideradas "similicadentes". Observa, por fim, que "de qualquer forma, isocronismo e similicadência são aspectos do paralelismo ou simetria" (*id.*, *ibid.*). Quanto aos exemplos que Garcia fornece, são extraídos da prosa de Eça de Queiroz e do *Sermão do mandato*, de Vieira, exemplos em que as estruturas simétricas vêm separadas por vírgula ou por ponto-e-vírgula.

A esse tipo de paralelismo em que os aspectos quantitativos são simétricos, Garcia opõe, de um lado, aqueles em que a "estrutura verbal" (*id.*, p. 35), e não a sua cadência e duração, é semelhante, e, de outro, aqueles em que ocorre "correlação de sentido", os denominados "paralelismos semânticos" (*id.*, p. 36). Evidentemente, é uma concepção tradicional do ritmo (que o iguala a metro) que possibilita ao autor, a nosso ver, estabelecer esse tipo de distinção. Em concepções nas quais o ritmo ocupa papel central na organização simultânea dos fatos fônicos, gramaticais e semânticos da linguagem, como se pode observar em Moraes (1991) e sobretudo em Meschonnic (1982), todas essas formas de paralelismo são, de um modo ou de outro, rítmicas, na medida em que as unidades que se alternam delimitam-se, ao mesmo tempo, pelo jogo que estabelecem entre aspectos fônicos (métricos ou não), gramaticais e semânticos[17] – jogo freqüentemente demarcado na escrita por meio de sinais de pontuação.

Gostaríamos, ainda, de destacar mais alguns fatos a propósito da relação entre o emprego dos sinais de pontuação e a delimitação de um ritmo que, embora lingüístico, seria mais característico da prática da escrita.

---

17. Cf., a propósito, as discussões que fizemos sobre ritmo e sentido.

Lima (*op. cit.*, p. 422), ao tratar do que chama "pausas rítmicas", destaca que tais pausas são assinaladas "na pronúncia por entoações características e na escrita por sinais especiais" [os de pontuação]. Ou seja, o ritmo, na escrita, seria construído e apreensível através do registro que os sinais de pontuação fazem de sua ação. Laufer (1980, p. 77), por sua vez, destaca que esses sinais teriam como função completar e precisar a representação alfabética da língua, que, na escrita, despreza "os fatos supra-segmentais do ritmo e da entonação". Na mesma direção, Quirk *et al.* (1985, p. 1446) afirmam que "as motivações sugeridas [para cada frase] podem ser expressas (...) por formas de pontuação". Em outras palavras, na escrita, caberia à pontuação trazer para a seqüência de palavras representadas alfabeticamente o ritmo que presidiria sua organização – o que significa dizer que os sinais de pontuação assumiriam, nas palavras de Laufer (p. 79), valores "rítmicos" na escrita[18], face ao papel que eles desempenham de "estabelecer contato entre o conjunto de signos e a unidade do ponto" (da marca de pontuação).

Finalmente, um último indício – definitivo, a nosso ver – de que a pontuação marcaria, na escrita, o ritmo *da escrita* nos é fornecido por Borges (1986). Ao comentar, em seu trabalho, a pontuação de Autran Dourado na construção da personagem Fortunato em *A barca dos homens*, a autora conclui que "o tom e o ritmo da narração são dados pela personagem" (*op. cit.*, p. 23), na medida em que o narrador se desloca de seu plano para marcar, por meio da pontuação, características entonacionais dessa personagem. Em síntese, na base da construção da personagem, os sinais de pontuação e o ritmo da narrativa.

A partir dessas observações dos estudiosos, embora freqüentemente calcadas em concepções mais tradicionais do ritmo, podemos dar um passo a mais em nosso procedimento de descoberta. Como vimos, sob suas considerações, pode-se inferir que os sinais de pontuação indiciam, na produção gráfica, não apenas aspectos rítmicos da linguagem em geral, mas também,

---

18. Observe-se, contudo, que os sinais que Laufer menciona como tendo valores "rítmicos" são apenas o ponto, os dois-pontos, o ponto-e-vírgula e a vírgula.

em especial, aqueles aspectos rítmicos mais próprios a sua expressão escrita.

De modo explícito ou sugerido, o ritmo marca-se, pois, na escrita, através dos sinais de pontuação. Nos autores que enfocamos, muitas das relações que são estabelecidas – sobretudo nos estudos gramaticais – entre a pontuação e o ritmo assentam-se sobre concepções tradicionais do ritmo, tais como sua circunscrição aos aspectos métricos da linguagem ou às tentativas de reprodução, pela escrita, de aspectos da matéria fônica da oralidade.

Mas determinados fatos apontam para intuições que vários desses autores teriam a respeito do que, no primeiro capítulo deste nosso estudo, assumimos como um deslocamento epistemológico no que concerne à caracterização do papel do ritmo na linguagem. Dentre esse fatos, destaca-se a sugestão de se demarcarem, por meio dos sinais de pontuação, unidades lingüísticas dos textos escritos que (postuladas muitas vezes como *enfáticas*) se caracterizam, num jogo de alternância, como sendo, ao mesmo tempo, de natureza prosódica, gramatical e semântica.

Além do destaque a essa alternância, é digno de nota que muitas das observações dos autores que enfocam a pontuação dizem respeito à delimitação de unidades lingüísticas que seriam mais características da linguagem escrita – caso, por exemplo, das unidades de idéias mais estendidas, resultantes de enunciados mais extensos –, o que reforça nosso argumento de que esses autores intuem os laços entre o emprego da pontuação e a detecção de um ritmo mais próprio à *escrita*.

A pontuação e a organização multidimensional da linguagem

Quando tratamos do papel do ritmo na organização multidimensional da linguagem (cf. capítulo 1), dissemos que o ritmo é o movimento de unidades que poderiam ser definidas temporalmente como durações e que, no campo da linguagem, se organizam formando sistemas que fazem entrecruzar-se as mais variadas dimensões lingüísticas. Enfatizamos, nessa discussão, que essas unidades não se definem em função do que, na lingüística estrutural, se classifica como níveis, mas por uma interferência simultânea entre dimensões várias da linguagem, desde as restrições tidas como propriamente semânticas até a organização tida como mais formal da morfossintaxe, passando por sua dimensão fonológica, na qual, dentre outros fatos, se marcaria também a instância pragmática do dizer.

Nossas idéias se confirmam quando se observam as intuições que os gramáticos, em especial, têm do estatuto das unidades da escrita delimitadas pelos sinais de pontuação. Em outras palavras, observando-se a percepção que esses estudiosos têm do estatuto de tais unidades, fica patente que o ritmo opera na organização multidimensional da linguagem e que, na escrita, os sinais de pontuação, ao indiciarem o seu ritmo próprio, evidenciam que as unidades que nela se alternam definem-se por seu caráter lingüístico multidimensional.

A percepção de que a pontuação delimita unidades de apenas uma face é raríssima. A única referência a uma só dimensão lingüística envolvendo a pontuação que encontramos nos autores consultados é feita por Santos & Carvalho (s/d, p. 183). Para esses autores, "na linguagem oral, existem três tipos de pausas, que são representadas, na linguagem escrita, por sinais convencionais". Ou seja, apenas o aspecto fônico da indicação de pausas é que se leva em conta na utilização dos sinais de pontuação para delimitarem unidades da escrita. Mesmo assim, a indicação de pausas, para esses autores, corresponde sempre à delimitação de categorias sintáticas como apostos, vocativos, orações subordinadas, adjuntos adverbiais etc.

Mais freqüentes entre os estudiosos são as recomendações sobre o uso de pontuação para a delimitação de unidades que podemos categorizar como de dupla ou de tripla face.

Dentre as unidades que caracterizaremos como de dupla face, uma conjunção entre as dimensões fônica e semântica da linguagem é o que mais se verifica nas delimitações propostas pelos gramáticos. A título de exemplo, destacaremos algumas considerações que Ribeiro (1955), Cunha (1978) e Pereira

(1909) fazem acerca do emprego dos sinais de pontuação e que nos possibilitam tratar de seu papel na delimitação de unidades rítmicas (construídas como fônico/semânticas) na escrita.

Para Ribeiro (*op. cit.*, p. 719), o emprego da pontuação deve obedecer à "necessidade physiologica de respirar e [à] distincção dos sentidos parciaes ou totaes". Ainda segundo o autor, "esses principios devem combinar-se harmonicamente sem usurpações nem sacrificios". São, pois, *princípios combinados* que fixam as unidades lingüísticas (de dupla face) que devem ser delimitadas pela pontuação.

Cunha (*op. cit.*, p. 333), a propósito da delimitação do parágrafo por ponto e espaços em branco, faz o seguinte comentário: "Quando se passa de um grupo a outro grupo de idéias, costuma-se marcar a transposição com um maior repouso da voz, o que, na escrita, se representa pelo ponto parágrafo." Continua o autor: "Deixa-se, então, em branco o resto da linha em que termina um dado grupo ideológico e inicia-se o seguinte na linha abaixo, com o recuo de algumas letras." A partir do que diz Cunha, é possível verificar que os sinais de pontuação têm a propriedade de delimitarem unidades da escrita, independentemente de sua extensão, ao mesmo tempo, por critérios fônicos e semânticos. Tais unidades adquirem, portanto, seu estatuto próprio não em razão de uma única característica lingüística específica mas por uma conjunção de características. O *parágrafo* – unidade típica da escrita –, como vimos a partir das observações do autor, é definido, ao mesmo tempo por critérios fônicos ("um maior repouso da voz") e semânticos ("grupo de idéias", "grupo ideológico"), o que equivale a dizer que, independentemente de sua extensão, uma unidade rítmica da escrita define-se por uma conjunção de dimensões lingüísticas e que essa conjunção pode ser assinalada graficamente por meio dos sinais de pontuação.

O mesmo autor, a propósito do emprego de mais de um sinal de pontuação para delimitar uma mesma parte da escrita, permite-nos tematizar, mais uma vez, a delimitação de unidades da escrita por critérios ao mesmo tempo fônicos e semânticos. Para Cunha (*op. cit.*, p. 336), "nos casos em que a pergunta envolve dúvida, costuma-se fazer seguir de reticências o ponto de interrogação". Embora seja muito rudimentar a representação que os sinais de pontuação fazem das inúmeras possibilidades pelas quais a entonação veicula as emoções do falante/escrevente, há, pelo menos, a tentativa de se marcarem, nas unidades da escrita, propriedades da dimensão fônica da linguagem e matizes semânticos a elas vinculados na oralidade que se gostaria de ver transpostos para a escrita.

Na mesma direção de Cunha, Pereira (*op. cit.*, pp. 385-6) traz mais uma vez à cena a delimitação de unidades da escrita através da conjunção entre matizes entonacionais e semânticos. Para esse autor, o ponto de interrogação "indica uma pergunta DIRETA, com entoação apropriada". Do mesmo modo, o ponto de exclamação "designa surpresa, com modulação apropriada da voz". Supõe-se, pois, na delimitação que a pontuação opera de uma unidade da escrita (uma frase, por exemplo) sua apreensão como um bloco ao mesmo tempo fônico e semântico, na medida em que a pontuação deverá tentar transpor para a escrita o modo pelo qual essa unidade seria *apropriadamente* pronunciada na fala.

Outros tipos de apreensão de unidades de dupla face podem aparecer nas recomendações dos estudiosos para o emprego da pontuação. Em outras palavras, a organização multidimensional da linguagem feita pelo ritmo é intuída pelos estudiosos e pode ser apreendida, na escrita, através da delimitação que os sinais de pontuação fazem de unidades com estatuto lingüístico complexo. Exemplificaremos esses outros tipos de unidades de dupla face mais uma vez com considerações de Cunha – mas em outra obra já citada (1986) – e com considerações de Mandryk & Faraco (1987).

Cunha (1986, p. 618) afirma que "pontuar é sinalizar gramatical e expressivamente um texto". A pontuação apontaria, pois, para unidades lingüísticas que se definiriam pela organização que a enunciação faz das estruturas gramaticais, o que seria equivalente a afirmar que tais unidades têm caráter ao mesmo tempo gramatical e enunciativo, na medida em que a natureza estrutural com a qual se mostram adquire valor na escrita em função de características específicas com as quais são enunciadas (ou *expressadas*, como prefere o autor).

Por sua vez, Mandryk & Faraco (*op. cit.*, p. 334) atribuem caráter ao mesmo tempo gramatical e textual a determinadas estruturas da escrita que deveriam ser delimitadas por pontuação. Recomendam os autores que se separem por vírgulas "as circunstâncias com que acrescentamos informações ao 'foco da notícia'". Não se trata, nesse caso, nem da conjunção entre as dimensões fônica e semântica da linguagem, nem da conjunção entre uma estrutura gramatical e as características com as quais ela é *expressada*. A natureza da unidade a ser delimitada pela pontuação é, neste último caso, simultaneamente gramatical e textual, já que se trata de assinalar por vírgulas unidades que, ao mesmo tempo em que se mostram como estruturas frasais indicativas de circunstâncias, só serão percebidas como tais em função de seu papel textual de *acrescentarem informações ao foco da notícia*.

No início desta nossa discussão, dissemos que as recomendações que os gramáticos fazem para o emprego de sinais de pontuação envolviam a delimitação de unidades que podíamos caracterizar como sendo de dupla ou de tripla face. Uma vez abordada a delimitação de unidades de dupla face, trataremos a seguir da percepção que os estudiosos têm do papel do ritmo na organização multidimensional da linguagem, marcada, na escrita, pela delimitação de unidades que se podem categorizar como de tripla face.

Vários são os tipos de conjunção de dimensões lingüísticas que se podem apresentar na composição de unidades rítmicas da escrita, a julgar pelas intuições que os estudiosos têm do estatuto das unidades da escrita que devem ser delimitadas através da pontuação.

Um tipo bastante comum de conjunção é aquele entre as dimensões fônica, gramatical e semântica da linguagem. Com base em Bechara (1983, p. 13), por exemplo, pode-se afirmar que as unidades lingüísticas a serem delimitadas são estruturas gramaticais que encerram determinado sentido e que se marcam por uma entoação característica. Também com base em considerações que Barboza – em obra já citada (1830) – faz a respeito do que ele denomina "construções invertidas", construções que, de modo geral, ocorrem na escrita delimitadas por sinais de pontuação, é possível inferir a conjunção entre as dimensões fônica, gramatical e semântica da linguagem na configuração das unidades rítmicas da escrita. Com efeito, para esse autor, a construção invertida "é aquela em que se muda a ordem da sintaxe e as palavras e orações ou regidas ou subordinadas vão primeiro que as que as regem ou subordinam, de sorte que o sentido vai suspenso" (*op. cit.*, p. 412). Embora o destaque às construções seja feito pelo que encerram de sintático e de semântico, a *suspensão de sentido* que se pode depreender de sua inversão sintática materializa-se, na escrita, também por suas características fônicas específicas. Tais características tornam essas construções *suspensas* no que se refere à percepção que se pode ter dos padrões entonacionais com os quais elas poderiam ser proferidas na oralidade (e representadas na escrita), o que as torna *suspensas* também (e conseqüentemente) no que se refere ao sentido.

Outro tipo de conjunção entre várias dimensões lingüísticas na composição de unidades rítmicas da escrita delimitadas por sinais de pontuação é aquele que congrega aspectos da linguagem que poderíamos interpretar como fônicos, sintáticos e enunciativos.

Barboza, mais uma vez, possibilita-nos tematizar esse tipo de conjunção, a partir da definição que faz da pontuação. Para esse autor, a pontuação é "a arte de na escritura distinguir com certas notas as diferentes partes e membros da oração e a subordinação de uns aos outros a fim de mostrar a quem lê as pausas menores e maiores que deve fazer e o tom e inflexão da voz com que as deve pronunciar". Observe-se, em primeiro lugar, nessa definição, que as *notas* de pontuação distinguem partes da *escritura*, ou seja, delimitam, a nosso ver, unidades rítmicas da escrita. Tais partes, por sua vez, identificam-se, simultaneamente, pela sua composição *sintática* e pelas características *fônicas* com as quais o *leitor* as deveria pronunciar no caso da leitura em voz alta. Mas mesmo no caso da leitura silenciosa – vamos acrescentar –, as marcas de pontuação cumprem o papel de delimitarem unidades rítmicas da escrita por critérios, ao mesmo tempo, gramaticais, fônicos e enunciativos, na medida em que o *escrevente* as constrói em função do *leitor*, como unidades dotadas simultaneamente de uma organização sintática característica e de matizes fônicos a partir dos quais elas devem ser representadas para que sejam decodificadas na atividade silenciosa de leitura.

A conjunção entre aspectos lingüísticos que poderíamos interpretar como morfossintáticos, textuais e fônicos também ocorre nas unidades delimitadas por sinais de pontuação. Mandryk & Faraco (*op. cit.*, p. 338), ao tratarem de estruturas frasais como "Nós ficamos em terra (...). Ele, foi subindo (...) subindo(...)", observam que a palavra *ele*, na frase mencionada, não está exercendo a função de sujeito, mas funcionando "como uma espécie de 'complemento' (sem definição na gramática tradicional)". Como argumento para essa interpretação, os autores acrescentam que "a entonação caracteriza aí perfeitamente dois conjuntos de informação". Delimita-se, pois, por meio da pontuação, uma unidade rítmica da escrita construída ao mesmo tempo por uma estrutura morfossintática (é um pronome pessoal ou *uma espécie de complemento sem definição na gramática tradicional*), uma função textual (é o tópico da informação) e uma entonação própria à configuração dessa unidade como gramatical e informativa.

Pode-se, ainda, pensar que a pontuação delimita unidades da escrita que se definem pela conjunção de quatro dimensões da linguagem. É o que se pode deduzir do comentário – a seguir – de Barboza, relativo, mais uma vez, à inversão sintática, quase sempre delimitada, na escrita, por sinais de pontuação: "mas esta ordem direita inverte-se muitas vezes, assim para variar a marcha do discurso, como para melhor ligar uns pensamentos com outros, e sobretudo para excitar mais a atenção por meio da suspensão do sentido e dar com isto mais fogo e alma à oração (...) de sorte que o espírito está sempre suspenso, à espera (...)" (*op. cit.*, pp. 422-3). Presentes os interlocutores: a inversão, na perspectiva tradicional, é da ordem do estilo (portanto, da esfera do sujeito) mas se dá em função de um propósito definido: "sobretudo para excitar mais a atenção". Ela é o meio pelo qual se tem a garantia do fechamento do círculo da interlocução, calcado no esforço do escrevente de prender a atenção do leitor. O destaque a uma estrutura sintática, tornando-a, pois, uma unidade rítmica da escrita, é, também, uma marca de enunciação. Essa estrutura, ao mesmo tempo de natureza sintática e indicativa da enunciação, desdobra-se, ainda, em seu papel semântico de, no interior da frase, ligar *pensamentos* e se mostra, na marcha do discurso, com *sentido suspenso*, suspensão que, como discutimos há pouco, se constrói também como uma suspensão de caráter entonacional. As inversões sintáticas, desse modo, caracterizar-se-iam, na escrita, como unidades lingüísticas multidimensionais, definindo-se por uma natureza simultaneamente enunciativa, sintática, semântica e fônica.

Uma última observação que gostaríamos de fazer a propósito de os sinais de pontuação delimitarem, na escrita, unidades organizadas ritmicamente por uma conjunção de várias dimensões da linguagem diz respeito à separação, por meio de sinais característicos, de estruturas às quais os gramáticos, de modo geral, atribuem caráter explicativo. Trata-se, dentre outras, de estruturas como os apostos e as orações adjetivas explicativas. Acreditamos que tais estruturas, no que se refere a sua configuração rítmica, poderiam figurar numa mesma classe juntamente com outras às quais se atribui caráter de citações, comentários, reflexões etc., freqüentemente delimitadas por travessões, parênteses, aspas ou mesmo vírgulas. O que uniria as estruturas explicativas a estas outras é a característica que todas apresentam de *se voltarem sobre outras estruturas*.

A se considerar de tal modo todas essas estruturas, outras características com que elas se apresentam tornam-nas, a nosso ver, semelhantes. Com efeito, todas elas definem-se, simultaneamente: por uma certa constituição gramatical (são sintagmas, orações ou mesmo frases mais ou menos extensas); por um valor semântico específico (de explicação, de citação, de comentário etc.); e por um contorno entonacional próprio (entonação suspensiva, no caso das explicações; abaixamento de tom, no caso, por exemplo, de comentários intercalados).

Para além dessas semelhanças, porém, todas elas mostram no discurso outros dois fatos relativos à organização da linguagem. Por seu caráter reflexivo, na medida em que se voltam sobre outras, tais estruturas caracterizam-se, conseqüentemente, também por sua dimensão textual, uma vez que estabelecem nexos coesivos com aquelas outras sobre as quais elas se voltam. Por outro lado, ao produzirem uma interrupção no fio do discurso, marcada na escrita pelos sinais de pontuação, essas estruturas reflexivas trazem para o discurso a lembrança de sua heterogeneidade. A organização multidimensional da linguagem (que se pode apreender através da constituição e da alternância entre unidades rítmicas que, na escrita, vêm demarcadas pelos sinais de pontuação) é também a organização da heterogeneidade enunciativa – na medida em que as estruturas reflexivas, assinaladas pela pontuação, mostram no fio do discurso, por exemplo, os desdobramentos do sujeito. Não se trata, pois, de uma simples articulação entre diferentes dimensões da linguagem; mais do que isso, trata-se de pensar a organização multidimensional da linguagem como um modo de fazer alternarem-se o uno e o heterogêneo no interior da enunciação. Não é demasiado reiterar que essa alternância é marcada na escrita pelos sinais de pontuação, fato que produz o que estamos definindo como o ritmo da escrita.

A pontuação e o sentido

Ao discutirmos, no primeiro capítulo, as relações entre o ritmo, a organização multidimensional da linguagem e o sentido, destacamos que a significação, no discurso, é produzida por uma organização rítmica de todas as marcas que o compõem. Com isso, queríamos dizer que as unidades que se alternam ritmicamente só o fazem porque o vínculo que estabelecem entre si é dotado de sentido, independentemente da natureza lingüística específica das unidades rítmicas que estão em contraste no discurso.

São várias as maneiras pelas quais o jogo rítmico é significativo, especialmente porque esse jogo apresenta diferenças fundamentais quer se trate da oralidade, quer se trate da escrita. Como nosso campo específico de análise do ritmo da linguagem é o da escrita, é nele que concentraremos nossa discussão. Nesse campo, a pontuação funciona como marca privilegiada de observação das relações de sentido que as unidades rítmicas estabelecem entre si – como passaremos a demonstrar.

Um dos objetos fundamentais da pontuação, segundo Barboza (*op. cit.*, p. 58), é a separação de orações "na Escritura continuada, segundo a distinção e subordinação das idéias e sentidos que exprimem". Por sua vez, Nogueira (1947, p. 22) define a pontuação como "a representação gráfica da delimitação dos juízos contidos em um discurso, e da sua inter-relação". Ainda para esse autor, a pontuação "é um instrumento de clareza de primeira ordem", já que "o sentido de certas frases varia com a pontuação" – fato também tematizado por Olívia (*op. cit.*, p. 9), para quem a presença, por exemplo, de uma vírgula numa frase modifica-lhe o sentido. Na mesma direção desses autores, Bueno (1958, p. 108) destaca, a propósito do emprego da vírgula e do ponto, que esses sinais "vão separando, claramente, no papel, as orações e os incidentes que se apresentam na mente do escritor". Gruaz (1980*a*, pp. 11-3), finalmente, ao se referir ao emprego dos sinais de pontuação entre os séculos XVIII e XIX, destaca a relação entre esses sinais e a "transmissão do sentido", na medida em que, segundo o autor, eles demarcariam "a diferença de graus de subordinação que convém a cada um desses sentidos parciais no conjunto do discurso".

De modo geral, o que se pode observar nas considerações desses autores é a insistência no papel que os sinais de pontuação teriam de – a partir da delimitação que fazem e do jogo que estabelecem entre unidades da escrita – distinguir idéias ou sentidos; daí seu caráter *semântico* básico, essencial. Mas como se trata da tradição gramatical e, de acordo com essa tradição, as unidades lingüísticas que se relacionam na escrita são, especialmente, as orações e as partes de orações, o jogo semântico que, privilegiadamente, se apreendeu entre elas é o da distinção, delimitação e relação formal entre conteúdos, já que, na base dessa tradição, as palavras são "signaes artificiaes das ideas e suas relações, e como taes sujeitos ás leis psychologicas, que nossa alma segue no exercicio das suas operações e formação de seus pensamentos" (Barboza, *op. cit.*, p. VIII).

Os espaços em branco que indicam mudança de parágrafo – sinais de pontuação, na medida em que, de acordo com Goes e Palhano (1965, p. 248), substituem o sinal §, "que antigamente iniciava o período, sempre que este passava a tratar nova ordem de assunto" – indiciam um outro tipo de relações rítmico-semânticas marcadas pela pontuação. Trata-se da delimitação de parágrafos, unidades lingüísticas típicas da escrita cuja identificação semântica é feita a partir do que, genericamente, se define como *um mesmo assunto* (*vide*, a propósito, Goes e Palhano) ou como um *grupo de idéias* ou um *grupo ideológico*, como faz Cunha (1978, p. 333).

Como se pode ver, por um lado, a referência a assuntos ou a grupos ideológicos é feita sob a mesma ótica com que se concebe a delimitação das orações e suas partes, na medida em que a delimitação de um *assunto* ou de um *grupo ideológico*, nos estudos tradicionais da linguagem, nada mais é do que a delimitação de conjuntos de *idéias* destacadas e relacionadas em orações, que, por sua vez, constituem-se de *pensamentos* ou de *juízos* destacados e relacionados em períodos. Mas, por outro lado, tal delimitação parece manifestar a intuição, por parte dos gramáticos, de uma organização, característica da escrita, de categorias da oralidade como a dos tópicos conversacionais – unidades cuja delimitação e cuja concatenação se fazem, através de marcas típicas da oralidade, na continuidade da conversação. Em outras palavras, delimitam-se na escrita, por meio de espaços em branco, unidades semânticas que serão relacionadas na continuidade da produção gráfica, já que, como sugere Marcuschi (1986), o uso da linguagem nunca se dá por atos isolados: "a condição inicial, tanto para textos escritos quanto para monólogos e conversações, é que um ato de fala deve ter alguma relação com o ato seguinte e, quando for o caso, com o anterior" (*op. cit.*, p. 75). Definidos, pois, por características semânticas como um mesmo assunto ou como grupo de idéias e alternados (relacionados), em função de tais características, na continuidade de um texto, os parágrafos marcam-se pelo espaço em branco correspondente a um sinal de pontuação. Tal delimitação, como se vê, ao mesmo tempo em que os isola, possibilita sua relação rítmico-semântica na organização do discurso.

Do campo dos estudos tradicionais sobre a pontuação, vem-nos, ainda, a observação de Lima (1978, p. 425) de que um dos empregos do ponto-e-vírgula teria como função frisar algum aspecto significativo de determinadas conjunções: "quanto à conjunção MAS", diz o autor, "se for muito frisante o sentido adversativo, pode-se usar o PONTO-E-VÍRGULA". Do mesmo modo, para Cunha (1986, p. 603), o uso de ponto-e-vírgula antes de conjunções adversativas e de conclusivas atribui um "tom enfático" a esse tipo de conjunção. A ênfase é também o que leva Poças & Athanasio (1973, p. 24) a aconselharem o emprego de vírgulas quando se quer "substituir, com intenção enfática, o verbo nas elipses de fácil compreensão".

O emprego de ponto-e-vírgula em contextos nos quais se poderia utilizar a vírgula ou o emprego da vírgula em contextos nos quais ela talvez fosse dispensável traz à cena, a nosso ver, a intensificação do contraste rítmico que se estabelece entre os conteúdos das orações ou entre os conteúdos das suas partes. O que os gramáticos definem, pois, nesses casos, como *ênfase* nada mais é do que a apreensão que eles têm do *efeito* dessa alternância rítmica intensificada na escrita.

Além dos fatos semânticos apontados até o momento – relações entre idéias, relações entre assuntos/grupos ideológicos e intensificação de relações entre conteúdos de orações e de suas partes –, a referência que Poças & Athanasio fazem à demarcação de elipses por meio de vírgulas permite-nos tratar de outros fatos relativos à significação lingüística na escrita que podem ser inferidos a partir das considerações que os estudiosos fazem da utilização da pontuação.

Num contexto em que destaca o papel de *complemento semântico* assumido pela pontuação, Catach (1980*b*, p. 24), entre outras categorizações, classifica os sinais como "símbolos de elementos não-repetidos" (citando como exemplo *moi j'ai ceci, et lui, cela [= il a]*) ou ainda como "substitutos de morfemas" (apresentando como exemplo *elle me trompait, je l'ai assassinée (...) [c'est pourquoi]*). Por sua vez, Cunha (1978, p. 337), ao tratar do emprego de reticências, destaca que a utilização desses sinais pode indicar que a informação não concluída da frase "deve ser suprida com a imaginação do leitor". Também Savioli (1984, p. 113) observa que o emprego de tais sinais é feito "para solicitar a participação do interlocutor, deixando por sua conta dar continuidade a algo que, de certa forma, está pressuposto".

Vê-se atribuída em Catach, Cunha e Savioli grande força aos sinais de pontuação, no sentido de que trariam, de algum modo, o não-dito para o dizer. As diferenças que se podem observar entre, de um lado, as formas de implicitação tematizadas por Catach e, de outro, aquelas tematizadas por Cunha e Savioli expõem, a nosso ver, os diferentes procedimentos de implicitação descritos por Ducrot (1977, p. 14): "aqueles que se fundamentam no conteúdo do enunciado, e aqueles que jogam com a enunciação".

As duas implicitações feitas pela vírgula nos exemplos de Catach apóiam-se na organização interna dos enunciados, já que o procedimento de implicitação resume-se, nos dois casos, segundo Ducrot, em deixar não-expressas algumas palavras necessárias "para a completude ou para a coerência do enunciado", caso em que "a sua própria ausência confere uma presença de um tipo particular": as palavras implícitas são assinaladas – e apenas assinaladas – "por uma lacuna no encadeamento das proposições explícitas" (*op. cit.*, p. 16). Trata-se, pois, de apontar, através do emprego das vírgulas, para elementos não-ditos mas pressupostos no dizer; ou ainda de marcar, através das vírgulas, relações rítmicas entre as seqüências de palavras e as chamadas pausas rítmicas (Cagliari, 1981, p. 130), que se interpõem entre essas seqüências e que, na alternância que estabelecem com elas, não só atribuem sentido a tais seqüências como ainda mostram-se, elas também, plenas de sentido.

Por outro lado, as tematizações a respeito do emprego de reticências feitas por Cunha e por Savioli apóiam-se no que, com base em Ducrot, poderíamos chamar de o próprio fato da enunciação. Já que preenchidos "pela imaginação do leitor" ou deixados "por sua conta", os procedimentos de implicitação feitos pelo emprego de reticências são da ordem dos "subentendidos do discurso" (Ducrot, *op. cit.*, p. 16), uma vez que tais procedimentos "não fazem aparecer dispositivos interiores à língua" (*id.*, p. 20) mas sugerem fatos que seriam mais próprios às circunstâncias da enunciação – mais especificamente, ao preenchimento de sentidos que, provenientes da prática inter-semiótica da oralidade, seriam representados na escrita pelo jogo que a pontuação estabeleceria entre o dito (por palavras escritas) e o não-dito (mas significativo que se poderia recuperar na oralidade).

Os versos anônimos utilizados por Nascimento (s/d, p. 173) para exemplificar a importância da pontuação permitem-nos tematizar outra ordem de fatos semânticos marcados pela pontuação. Os versos são os seguintes:

> *Três belas que belas são*
> *Querem por minha fé*
> *Que eu diga qual delas é*
> *Que ama o meu coração*
> *Se obedecer à razão*
> *Digo que amo Soledade*
> *Não a Rosa cuja bondade*
> *Ser humano não teria*
> *Não aspiro à mão de Íria*
> *Que não é linda beldade.*

Para exemplificar, com base nesses versos, a importância da pontuação na criação de sentidos às vezes opostos, Nascimento (*op. cit.*, p. 174) observa:

Para dizer-se que se ama Soledade, pontuamos assim:

Se obedecer a razão
Digo que amo Soledade.
Não a Rosa, cuja bondade
Ser humano não teria.
Não aspiro à mão de Íria
Que não é linda beldade.

Para dizer-se que se ama Rosa, usamos esta pontuação:

Se obedecer a razão
Digo que amo Soledade?
Não. A Rosa cuja bondade
Ser humano não teria.
Não aspiro à mão de Íria
Que não é linda beldade.

Para dizer-se que se ama Íria, pontuamos desta maneira:

Se obedecer a razão
Digo que amo Soledade?
Não. A Rosa cuja bondade
Ser humano não teria?
Não. Aspiro à mão de Íria
Que não é linda beldade.

Para dizer-se que não se ama a nenhuma, empregamos esta pontuação:

Se obedecer a razão
Digo que amo Soledade?
Não. A Rosa cuja bondade
Ser humano não teria?
Não. Aspiro à mão de Íria?
Que!? Não é linda beldade.

Em outras palavras, para se fazer crer a X que se ama Soledade, Rosa, Íria ou nenhuma delas, variam-se, na escrita dos versos, os sinais de pontuação. Nas várias versões de um mesmo texto, observa-se, pois, o que poderíamos definir, com base em Ducrot (1981), como o papel argumentativo da pontuação, na medida em que os sinais (do mesmo modo como os operadores argumentativos descritos por esse autor), em suas diferentes escolhas e disposições por parte do escrevente, "objetivam levar o destinatário a uma certa conclusão, ou dela desviá-lo" (*op. cit.*, 1981, p. 178).

O que estamos definindo aqui como o valor argumentativo da pontuação pode ser verificado em vários comentários que os estudiosos fazem acerca do emprego dos sinais de pontuação. Ribeiro (1955, p. 712), por exemplo, destaca o papel que o ponto-e-vírgula teria de separar orações que "indicam ideias ou pensamentos oppostos". O mesmo autor (*op. cit.*, p. 709), a propósito da vírgula antes de conjunções adversativas, recomenda que esse sinal seja empregado "quando é intuito nosso dar mais realce e relevo á ideia de opposição e contraste entre os termos ou palavras unidas por este elemento connectivo". Mandryk & Faraco (1987, p. 324), ao tratarem das funções da pontuação, concluem sobre "a necessidade de redobrarmos a atenção quando escrevemos, para não incorrermos no erro de pretendermos dizer X e na realidade estarmos transmitindo Y". Também Moisés (1967, pp. 74-5) nos permite inferir o valor argumentativo da pontuação, já que, para esse autor, uma das razões que determinam o emprego dos sinais é a de que "nosso pensamento se constrói segundo uma ordem lógica, isto é, em que os argumentos se vão acrescentando até permitir a conclusão que pretendemos considerar". Por esse motivo é que devemos escrever (e mesmo falar, segundo o autor) "de acordo com a preocupação de nos fazer claros e convencer a quem nos lê ou escuta" – o que supõe, no caso da escrita, utilizar argumentativamente os sinais de pontuação.

De certo modo, o valor argumentativo da pontuação está presente ainda no jogo que Ikeda (1987, p. 196) estabelece entre o que ela classifica como a intenção do escritor e a percepção dessa intenção por parte do leitor. Para a autora, "a função primordial da vírgula seria (...) de guiar o leitor através do texto para a captação correta do sentido que o escritor pretendeu dar a ele". Com respeito à utilização ou não de vírgulas em determinados limites semânticos, a mesma autora recomenda só se assinalarem por vírgulas "aqueles que, caso contrário, dificultarão ao leitor perceber a estruturação pretendida pelo escritor e portanto prejudicarão a comunicação". Assim, a utilização dos sinais de pontuação teria valor argumentativo, uma vez que, na perspectiva de Ikeda, o que deverá orientar a utilização de vírgulas é a preocupação com a recuperação que o leitor fará da intenção comunicativa do escrevente. Levar o destinatário a determinada conclusão é, conseqüentemente, segundo o enfoque da autora, reconhecer, através da pontuação, os propósitos que orientaram a produção do texto escrito por parte de seu produtor. Ou na formulação de Bergson: as palavras "não dirão o que gostaríamos de fazê-las dizer se o ritmo, a pontuação e toda a coreografia do discurso não as ajudam a conseguir do leitor, guiado então por uma série de movimentos nascentes, que ele descreva uma curva de pensamento e de sentimento análoga à que nós mesmos estamos descrevendo" (*apud* Meschonnic, 1982, p. 181).

Como se pode perceber, nos vínculos que estabelecem entre as seqüências de palavras, os sinais de pontuação criam, entre as partes que (por meio desse vínculo) se alternam ritmicamente, relações de sentido que tornam possível prever as diferentes orientações que a significação tomará num texto escrito. Desse modo, os sinais de pontuação, na escrita, desempenhariam papel semelhante ao de determinados operadores lingüísticos cujo papel, segundo Ducrot (1981, p. 178), seria o de "dar uma orientação argumentativa ao enunciado, (...) conduzir o destinatário em tal ou qual direção" – o que confirma a percepção de Catach (1980*a*, p. 4) de que os sinais de pontuação podem se comportar como verdadeiros morfemas.

Finalmente, determinadas considerações feitas pelos estudiosos permitem-nos tematizar uma última ordem de fatos semânticos ligados à pontuação. A respeito de dois-pontos, Ribeiro (*op. cit.*, p. 713) recomenda seu emprego "quando numa oração de sentido completo fica em resumo uma ideia ou pensamento que desfiamos, explicamos, esclarecemos ou completamos". De modo semelhante, os dois-pontos, para Savioli (*op. cit.*, p. 112), "servem para esclarecer, desenvolver ou explicar melhor uma passagem anterior". Também para Bueno (1958,

p. 108), os dois-pontos "indicam sempre que logo após virá a explicação, o esclarecimento do que foi enunciado".

Ao delimitarem estruturas que explicam ou esclarecem outras anteriormente enunciadas, os dois-pontos, para além de estabelecerem um contraste rítmico entre essas estruturas, colocam em cena os sentidos com os quais elas estão sendo efetivamente utilizadas na atividade lingüística *escrita*. Portanto, os dois-pontos, ao delimitarem e relacionarem estruturas, destacam-lhes seu valor ilocucionário, já que, de acordo com Austin (1990, p. 88), há inúmeras maneiras de se utilizar a linguagem "e faz uma grande diferença para o nosso ato (...) a maneira e o sentido" [ilocucionário] com que estão sendo utilizadas as estruturas lingüísticas.

Como procuramos demonstrar, os sinais de pontuação mostram-se como pistas privilegiadas para a detecção das relações semânticas que o ritmo estabelece na escrita. Tais relações, embora quase nunca explicitadas pelos estudiosos (sobretudo por aqueles que podem ser inscritos na tradição gramatical), foram, mesmo assim, de algum modo intuídas ou tematizadas por eles. Seja na maneira como postulam as relações entre orações ou entre suas partes; seja na maneira como vêem relacionados os parágrafos na continuidade da escrita; seja na maneira como explicam o preenchimento de sentidos por parte do leitor; seja na maneira como tematizam a necessidade de clareza na escrita para a orientação da leitura; seja, por fim, na maneira como procuram explicitar os sentidos com os quais as estruturas pontuadas devem ser relacionadas; os estudiosos, ao tratarem, sob diferentes formas, da natureza e do emprego dos sinais de pontuação, abrem a possibilidade de se compreender o papel do ritmo no estabelecimento de relações semânticas na escrita.

A pontuação e a enunciação

No primeiro capítulo, afirmamos que a organização rítmica se estabelece no episódio concreto de um ato enunciativo. Dissemos também que, nesse ato, a linguagem se coloca à mostra através do trabalho rítmico-semântico que o sujeito faz de selecionar e combinar, no processo de sintagmatização da linguagem, unidades lingüísticas.

A preocupação que teremos, nesta etapa de nosso trabalho, é de demonstrar de que modo os sinais de pontuação – pistas características de detecção do ritmo da escrita – mostram-se como marcas enunciativas do processo de escrever, revelando aspectos rítmicos desse processo, bem como da atividade do escrevente de organizar sua produção gráfica e de, simultaneamente, marcar-se como sujeito da escrita.

O caráter enunciativo dos sinais de pontuação pode ser inferido já a partir das definições tradicionais que os gramáticos fazem da atividade de pontuar. A título de exemplificação, Barboza (1830, p. 83) define a pontuação como "a arte de na escritura distinguir com certas notas as diferentes partes e membros da oração e a subordinação de uns aos outros a fim de mostrar a quem lê as pausas menores e maiores que deve fazer e o tom e inflexão da voz com que as deve pronunciar". De modo semelhante, para Torres (1966, p. 240), a pontuação "é o emprego de sinais convencionais, geralmente para indicar na escrita as diferentes pausas ou inflexões de voz, que devem ser observadas por quem fala ou lê".

Como se pode facilmente verificar, os sinais de pontuação são fundamentalmente enunciativos, já de início, porque são *empregados na escrita* (ou na *escritura*, como Barboza define essa atividade); em outros termos, são marcas características da *utilização concreta* da linguagem em sua forma *gráfica*. Esse fato é intuído, por exemplo, por Cunha (1978, p. 334), para quem o ponto final é o sinal "que encerra um enunciado escrito", ou ainda percebido por Meschonnic (1982, p. 306), para quem, nas relações entre um ato de linguagem e a tipografia, devem ser levadas em conta "as relações entre o impresso e o branco, bem como a pontuação", o que nos possibilita afirmar que os sinais de pontuação, como marcas tipográficas, delimitam no *impresso* atos do produtor da linguagem.

Mas os sinais são também marcas enunciativas no sentido de que, além de indiciarem o produtor da escrita e os atos que ele produz ao escrever, devem ser utilizados, segundo os próprios gramáticos, com a finalidade de orientarem a ação lingüística (leitura e fala) de um outro[19] da escrita – o leitor –, de tal modo que, segundo Marchello-Nizia (*apud* Mattos e Silva, 1993, p. 78), seria melhor designar as porções de texto delimitadas pela pontuação como "unidades de leitura" e tentar apreendê-las "esquecendo o primado da sintaxe".

Assim, ao indiciarem o escrevente e o leitor, os sinais de pontuação caracterizam, ao lado de outras marcas verbais típicas da enunciação, o que Corrêa (1994*b*) define como a transposição do escrevente, no processo de escrita, para o tempo e lugar do Outro/leitor que, do tempo/espaço de sua produção, ele prevê: "uma figura no tempo, que, permanecendo em aberto, tem poder de futuro em relação ao texto do qual formalmente já faz parte" (*op. cit.*, pp. 106-7). Portanto, os sinais de pontuação registram a atitude do escrevente de construir o seu leitor, numa situação de interlocução não-direta – já que os interlocutores distanciam-se no espaço e no tempo –, porém já prevista.

Por sua vez, nessa interlocução mediada pelo código escrito, o leitor, em um tempo futuro, deve transpor-se para o momento e o lugar do produtor, tendo como passaporte os sinais que, de outro tempo e espaço, lhe foram enviados. A atenção a esses sinais vai-lhe tornar possível recuperar o processo que levou à sinalização do texto e, desse modo, recuperar o que seriam os "propósitos" do escrevente em relação ao texto que produziu.

Tal recuperação é muitas vezes intuída pelos estudiosos que se inserem na tradição gramatical, especialmente quando defendem a idéia de que a pontuação torna mais *claros* a quem lê os *pensamentos* de quem escreve. É o que se pode verificar, por exemplo, em Pereira (1909, p. 376), que define a pontuação como "o conjunto dos sinais gráficos ou notações que têm por fim discriminar os diversos elementos sintáticos da frase,

---

19. Sobre o papel do outro na atividade verbal do sujeito, remetemos o leitor ao trabalho de Authier-Revuz (1990). No primeiro capítulo deste nosso estudo, com base nas idéias da autora, tematizamos essa questão ao tratarmos das relações entre o ritmo e a enunciação.

mirando a clareza (...)", ou em Mandryk & Faraco (1987, pp. 324-5), que, como já vimos, recomendam que, ao se utilizar a pontuação quando se escreve, deve-se redobrar a atenção "para não incorrermos no erro de pretendermos dizer X e na realidade estarmos transmitindo Y".

Mas não só a partir das definições dos gramáticos se pode inferir um valor enunciativo dos sinais de pontuação. Também é comum entre os estudiosos que se marcam como lingüistas fazerem considerações sobre os sinais de pontuação que, a nosso ver, trazem à cena aspectos enunciativos desses sinais. Para Védénina (*apud* Gruaz, 1980*a*, p. 14), a pontuação reforça antes aspectos comunicativos das palavras em seqüência do que posições de grupos sintáticos. É graças à função atualizante da pontuação, segundo Védénina, que as limitações à expressão devidas ao caráter rígido da ordem das palavras podem ser transgredidas. Assim a pontuação deverá, também para a autora, ser relacionada a características próprias de um autor e deve, portanto, ser associada às condições de produção de um texto. As idéias de Védénina confirmam-se, de modo geral, em Quirk *et al.* (1985, p. 1446), para quem "a decisão de dividir um parágrafo em sentenças ortográficas depende de como o escrevente deseja que essas seções menores de seu texto sejam vistas umas em relação às outras". Ou seja, os propósitos comunicativos do escrevente é que norteariam as divisões que ele fará de parágrafos em frases (e também as subdivisões destas em partes menores por meio da pontuação), já que, para Quirk *et al.* (*id.*, *ibid.*), as motivações sugeridas para cada frase "podem ser expressas ou por formas de pontuação de acordo com o gosto do escrevente ou por sua crença no impacto comunicativo [das frases] sobre o leitor". De modo semelhante, como vimos anteriormente, Ikeda (1987, p. 184), ao tratar do emprego da vírgula, afirma que esse sinal é "usado pelo escritor para facilitar ao leitor a compreensão de um texto". Tal afirmação, em Ikeda, se explica em função da perspectiva sob a qual o emprego desse sinal é observado e que a autora assume como "pragmático-comunicativa". Por outro lado, para Smith (1993, p. 56), "é função da pontuação indicar leituras, orientar o leitor, dar-lhe subsídios para uma busca mais confortável dos significados". De onde a autora conclui que "quanto maior o ajuste entre os sentidos que o escritor pretende alcançar e o uso dos sinais disponíveis, mais as funções destes serão efetivamente cumpridas". E mais: para a autora, "dizer que a pontuação tem uma função inescapável de orientar a leitura é trazer o leitor e as situações de leitura à baila; é reconhecer que o autor opera com uma linguagem compartilhada com seu virtual leitor; é tomar consciência da necessária relação escrita-leitura numa dimensão relativa à produção e construção de sentidos"[20].

Desse modo, tanto a partir do que dizem Pereira e Mandryk & Faraco, de um lado, como a partir do que dizem Védénina, Ikeda e Smith, de outro, vê-se que o caráter enunciativo da pontuação advém fundamentalmente do fato de que os sinais funcionam como marcas de interlocução no texto escrito. Tais marcas antecipam o interlocutor, ao mesmo tempo em que revelam o produtor da escrita, na medida em que, ao serem utilizadas pelo escrevente para chamar a atenção do leitor, chamam igualmente a atenção para o próprio escrevente. Em outras palavras, o próprio fato de se pontuar já é a marca mais flagrante da presença do interlocutor na produção textual: pontua-se para alguém, pontua-se com a expectativa da leitura, com a expectativa de se fazer entender. Simultaneamente, a pontuação é marca do produtor, marca representada de seu exercício lingüístico, da transcodificação de sua respiração, do tempo de sua atividade de linguagem registrada pelo código escrito. Os sinais de pontuação, por conseguinte, fornecem pistas para a apreensão de como se dá a utilização da linguagem, de que modo os interlocutores estão representados nesse processo e de como o sentido é construído na atividade escrita.

Uma parada. Até o momento, para tratarmos do caráter enunciativo da pontuação, baseamo-nos fundamentalmente em

---

20. A propósito da construção de sentidos também como atividade de leitura, mencionemos a observação de Bueno (1946, p. 160) de que "os sinais de pontuação eram colocados depois do manuscrito pronto, por um revisor e nos primeiros tempos nunca foram usados". Ou seja, pontuar era uma atividade que se desenvolvia como produto de leitura, feita por um leitor que não era o próprio produtor, o que atribuía a essa atividade uma natureza essencialmente interpretativa.

definições e em considerações gerais que gramáticos e lingüistas fazem acerca da pontuação. Mas não é apenas a partir de definições e considerações gerais que os vários autores fazem da pontuação que se pode inferir sua natureza enunciativa. Também nas considerações específicas que eles fazem sobre as condições de emprego dos vários sinais é possível vislumbrar o papel que esses sinais desempenham de marcas enunciativas típicas da escrita. Para Perrot (1980, p. 70), por exemplo, o uso de travessões e aspas nos diálogos transpostos para a escrita revela a "organização das relações interpessoais da comunicação". Ainda para o mesmo autor (*op. cit.*, p. 71), sinais como o ponto final, o ponto de interrogação e o ponto de exclamação "manifestam as modalidades de enunciação ligadas ao enunciado", na medida em que esses sinais marcariam não uma estrutura frasal (já que, a rigor, uma mesma estrutura frasal poderia receber qualquer um desses sinais) mas uma disposição do escrevente em relação a essa estrutura, ou, em termos de Perrot, uma "atitude do locutor a respeito do destinatário da mensagem".

Ainda a respeito de considerações específicas sobre o emprego de sinais de pontuação e o valor enunciativo que deles se pode inferir a partir das considerações dos autores, vejamos o que dizem alguns gramáticos. Barboza (*op. cit.*, p. 92), ao abordar o emprego dos dois-pontos, destaca que é costume pôr esse sinal no fim da oração "que anuncia qualquer discurso direto ou palavras de outrem que vamos a referir". Essa oração, que, segundo o autor, "prepara e anuncia a fala de uma terceira pessoa é como o antecedente do período, e a fala que se relata é como o seu conseqüente". O mesmo autor (*id.*, p. 427), ao tratar das inversões sintáticas, que freqüentemente vêm assinaladas na escrita, por exemplo, por meio de vírgulas, justifica sua utilidade pelo fato de que tais inversões apresentam e põem "desde logo à vista uma idéia importante que nos ocupa e queremos ocupe também o espírito dos ouvintes". Lima (1978, p. 434), por sua vez, recomenda o emprego de ponto de exclamação "depois das interjeições e dos vocativos intensivos", recomendação feita também por Cunha (*op. cit.*, p. 336), que acrescenta o imperativo às interjeições e vocativos intensivos. No que se refere ao emprego de travessão, gramáticos como Ribeiro (1919, p. 321) e Torres (1966, p. 245) associam seu emprego a alguma forma de destaque às expressões delimitadas, o que, de acordo com a interpretação que fazem desse destaque, significa "um pedido de attenção" (Ribeiro) ou "chamar a atenção do leitor" (Torres). Bueno (1958, p. 108), por fim, ao tratar do emprego dos pontos de exclamação e de interrogação, observa que esses sinais "reproduzem o entrechoque dos sentimentos de quem está falando ou escrevendo".

Como se pode ver, tanto as considerações de Perrot quanto as dos gramáticos apontam para os valores enunciativos que, sob diferentes aspectos, os sinais de pontuação podem assumir na produção escrita, desde aqueles que dizem respeito à organização dos diferentes planos do dizer no texto[21] até aqueles que se voltam mais especificamente para a esfera das relações intersubjetivas e da afetividade dos interlocutores.

Insistindo nas considerações específicas que os gramáticos fazem sobre o emprego dos sinais, destaquemos o seguinte comentário que, em outra obra, Cunha (1986, p. 605) faz a propósito do ponto de exclamação:

> É o sinal que se pospõe a qualquer enunciado de entoação exclamativa. Mas como a melodia das exclamações apresenta muitas variedades, o seu valor só pode ser depreendido do contexto. Cabe, pois, ao leitor a tarefa, extremamente delicada, de interpretar a intenção do escritor; de recriar, com apoio em um simples sinal, as diversas possibilidades da inflexão exclamativa e, em cada caso, escolher dentre elas a mais adequada.

Com base em Cunha, pode-se perceber que a pontuação da chamada *entoação exclamativa* é característica da delimitação dos interlocutores, já que indicia os sentimentos de quem escreve e possibilita sua interpretação por parte de quem lê.

---

21. Catach (1980b, p. 17) concebe a hierarquização dos planos do discurso como fato sintático e/ou como fato fonológico. Em estruturas como "é verdade, diz ele", a autora observa, além de sua construção sintática, a demarcação do segundo enunciador "por tom baixo contínuo".

Para essa interpretação, o leitor deve tentar recriar elementos do contexto de enunciação que, embora não diretamente marcados na continuidade gráfica da escrita (uma vez que se trata, muitas vezes, da recuperação de aspectos da oralidade que não dizem respeito ao código verbal, mas que lhe são associados), podem ser intuídos através da utilização das marcas de pontuação. Generalizando o que diz Cunha a respeito do ponto de exclamação, pode-se dizer que a atividade de pontuar é enunciativa em sentido pleno, já que se refere à subjetivização da linguagem, ao ato de se pôr concretamente a linguagem em exercício através da escrita. Portanto, mais do que propriamente delimitar enunciados, os sinais de pontuação caracterizam o próprio processo no qual se dá a atividade enunciativa.

O caráter enunciativo da pontuação revela, pois, a historicidade da linguagem. Esse fato pode-se depreender não apenas dos desdobramentos que estamos fazendo das considerações gerais sobre os sinais e das considerações específicas de seu emprego como também de considerações dos estudiosos a respeito das mudanças no emprego dos sinais. Sacconi (s/d, p. 345), a propósito do emprego do ponto-e-vírgula, observa que "antigamente os escritores preferiam as construções longas, que exigiam, além da vírgula, o ponto-e-vírgula". Em contrapartida, ainda segundo o autor, "hoje as construções curtas imperam, o que torna cada vez menos freqüente o aparecimento do ponto-e-vírgula". De modo semelhante, Borges (1986, p. 20) destaca que, "no século XX, os autores passaram a pontuar com extrema liberdade, preferindo ora nenhuma pontuação, ora palavras cercadas de pontos, ora frases cortadas por inúmeras vírgulas", o que leva a autora a concluir que a pontuação "deve ser associada às condições de produção de um texto". Não é, conseqüentemente, a remissão única a categorias intrinsecamente lingüísticas que permite explicar os empregos dos sinais de pontuação. As diferentes maneiras pelas quais se enuncia determinam a pontuação, o que se pode comprovar pelas mudanças nas formas de se pontuar advindas de mudanças de concepção das próprias formas de se organizarem as construções lingüísticas.

Além das considerações gerais sobre a pontuação, das considerações específicas sobre o emprego dos sinais e do caráter histórico das próprias formas de se pontuar, um outro aspecto que gostaríamos de destacar e que, a nosso ver, comprova, mais uma vez, a natureza enunciativa dos sinais de pontuação diz respeito à dificuldade que os estudiosos têm de descrever suas condições de emprego, especialmente aqueles estudiosos que centram sua descrição na estrutura do enunciado (ou do período, como preferem os gramáticos). Embora haja certas constantes na descrição (como o emprego de vírgulas separando elementos coordenados, entre outras), os estudiosos nunca deixam de associar o emprego da pontuação, por exemplo, a questões de estilo, o que, a nosso ver, traz à cena, no que se refere à pontuação, questões ligadas à subjetividade da linguagem.

As dificuldades de sistematização do emprego dos sinais por parte dos gramáticos são destacadas por Laufer (1980, p. 86). Para esse autor, os gramáticos não puderam regrar com precisão o emprego da pontuação porque centraram sua descrição no enunciado, fato que, a seu ver, dificulta a sistematização, uma vez que "o enunciado esconde diferenças de enunciação". Justificando a dificuldade, Laufer observa que a imprecisão é indispensável à comunicação pragmática. Segundo o autor, as marcas escriturais da enunciação, "assim como as marcas orais, não se reduzem a uma sistematização", já que a linguagem escrita conserva a propriedade fundamental e distintiva da linguagem falada de "poder se adaptar a todas as situações de comunicação".

Por sua vez, buscando compreender o que leva à variabilidade no emprego da pontuação, Borges (*op. cit.*) analisa, em trabalho experimental, as variações no emprego dos sinais que freqüentemente ocorrem quando diferentes autores pontuam um mesmo texto e aquelas que ocorrem quando um mesmo autor pontua, em ocasiões diferentes, o mesmo texto que escreveu. No que se refere a aspectos concordantes no emprego da pontuação entre os autores e entre um autor consigo mesmo, Borges (*id.*, p. 106) sugere que "as regras de pontuação constituem-se em variáveis que prevalecem em alguns casos". No que se refere a aspectos discordantes, "parece que outras variáveis são mais fortes e atuantes, dando o autor respostas diferentes diante do texto por ele mesmo produzido". A gramática da língua, explica a autora, "regulamenta o uso dos sinais de pontuação, mas a prática individual, com a liberdade de combinações que caracteriza a fala, usa de maneiras diversas, por vezes contraditórias, os mesmos sinais".

A nosso ver, os casos de concordância devem ser explicados em função de fatores facilmente verificáveis: *a*) a correspondência entre marcas rítmico-entonacionais e pontuação; *b*) a padronização, via escolarização, dessa correspondência. Além desses, em função de fatores menos fáceis de serem controlados experimentalmente: *a*) a interferência da memória na relação entre o leitor (antigo autor) e o texto lido, no caso da autoconcordância; *b*) a interferência de fatores cognitivos, tais como o conhecimento prévio do assunto; o domínio de certos modos de abordagem do tema – mais referenciais, mais argumentativos, mais irônicos etc. –, no caso da concordância entre autores diferentes. Como se pode verificar, questões de natureza enunciativa estariam determinando mesmo a concordância entre os autores, bem como as próprias tentativas de se convencionalizar o emprego da pontuação.

Quanto às discordâncias, o aspecto enunciativo da pontuação manifesta-se sobretudo pelo caráter *a cada vez único*, segundo Benveniste, de que se revestem os atos de enunciação. No caso da produção escrita, teríamos a pontuação como um sub-sistema de signos agregado ao que Benveniste (1989) chama de *aparelho formal da enunciação*. Para além de todas as tentativas de codificação e do caráter convencional do uso dos diferentes signos desse sub-sistema, encontramos a pontuação como um novo tipo de "embreador", constitutivo da enunciação pela escrita. Desse modo, como os atos enunciativos são instâncias de subjetivização da linguagem, a atualização desses "embreadores" é única a cada vez, já que determinada por relações específicas entre interlocutores, tempo e espaço característicos das situações nas quais se desenvolve a enunciação.

Pode-se dizer, portanto, que a previsibilidade do emprego de certos sinais de pontuação em determinadas posições obedece ao que está codificado especialmente por fatores convencionais, quer sejam ligados à sintaxe da língua e do texto (e às próprias condições da enunciação), quer sejam ligados a um modo legitimado pela tradição de interpretar as relações sintáticas e textuais. Uma previsibilidade assim estabelecida explica, portanto, a ocorrência das concordâncias. Nada há de contraditório, porém, com relação à existência de discordâncias (e mesmo de autodiscordâncias). Não se pode, em que pese a esse fenômeno, propor uma natureza caótica para o emprego da pontuação. Pelo contrário, são os modos enunciativos particulares (e sempre novos) que determinam as variações no seu emprego. Ou seja, o caráter de "embreador" dos sinais próprio da enunciação pela escrita é que sustenta a reafirmação e/ou renovação dos padrões de pontuação, uma vez que está intimamente ligado ao caráter a cada vez novo dos atos de enunciação.

Como se pode perceber, a utilização que o sujeito faz dos sinais de pontuação ajusta e caracteriza, na produção gráfica, a atividade enunciativa, já que demarca a ação entre interlocutores quando esta se dá por meio da escrita. E é justamente esse ajuste que os sinais fazem na produção gráfica que nos permite destacar o caráter *rítmico* da pontuação. Enquanto marcas gráficas da conversão da linguagem em discurso, os sinais de pontuação terão papel de destaque na organização rítmica da produção escrita, já que atuam nos vários planos dessa organização, desde aqueles mais restritos à delimitação de unidades lingüísticas do produto enunciado até aqueles que contribuem para a constituição do sujeito escrevente relativamente a um outro construído como seu interlocutor-leitor, na medida em que o escrevente, ao sinalizar seu texto para o leitor, constitui-se em função deste último, indicando-lhe, através dos sinais, seus propósitos comunicativos, ou, em termos mais precisos, uma forma preferencial de leitura.

A caracterização desse sujeito escrevente, a de seu interlocutor-leitor e a da própria ação entre interlocutores através da escrita vai ocupar-nos na continuidade de nossas discussões sobre o caráter enunciativo dos sinais de pontuação. Retomemos, para tanto, uma vez mais, a definição que Barboza (*op. cit.*, p. 83) fornece da atividade de pontuar:

> A pontuação é a arte de na escritura distinguir com certas notas as diferentes partes e membros da oração e a subordinação de uns aos outros a fim de mostrar a quem lê as pausas menores e maiores que deve fazer e o tom e inflexão da voz com que as deve pronunciar.

Com base em Barboza, pode-se dizer (como já o fizemos) que a pontuação deve ser vista numa interlocução e que o *meio*[22] dessa interlocução é, em primeira instância, a escrita, uma vez que nela é que se encontram as marcas através das quais o escrevente sinalizará ao leitor as relações entre as partes das orações, bem como uma forma preferencial de leitura. Mas como essa escrita é feita com o propósito de ser lida *com voz*[23], a oralidade deve, pois, estar subjacente à escrita, ou seja, de algum modo a fala deve estar representada na escrita, já que a ação provocada no leitor ao receber a escrita será a de recuperar, pela leitura em voz alta, a "voz" do escrevente transcodificada em caracteres gráficos.

Indícios de que a oralidade está de algum modo representada na escrita não faltam nas considerações que os gramáticos fazem acerca da pontuação. A título de exemplo, além da já citada definição de Barboza, vejamos o que dizem Bechara (1977, p. 334) e Cunha (1986, p. 591). Para Bechara, "a linguagem escrita lança mão de certos sinais" para indicar a *intensidade*, a *entoação* e as *pausas*. Para Cunha, há dois grupos de sinais de pontuação: aqueles que, "fundamentalmente, servem para marcar as pausas" e aqueles "cuja função essencial é marcar a melodia, a entoação". Desse modo, além da tentativa de representação dos sons das palavras através de símbolos gráficos, também aspectos da oralidade como pausas e entoação marcam-se na escrita, através dos sinais de pontuação.

---

22. Empregamos a palavra "meio" como a define Abercrombie (1967, pp. 1-19).

23. A concepção de Barboza a respeito da pontuação acompanha tendência assinalada por Gruaz (1980a) de que, numa época de leitura em voz alta, compreendida entre os séculos XVIII e XIX, a pontuação visava, sobretudo, a assinalar na escrita lugares para pausas respiratórias na leitura.

Mas, pelo fato de demarcar na escrita aspectos da oralidade, a pontuação traz à cena uma complexa constituição da interlocução via escrita. O pólo da produção parece ser ocupado por um ser que, ao mesmo tempo, escreve e domina a fala; o pólo da recepção, por sua vez, parece ser ocupado por alguém que lê e que também domina a fala, já que pode ler *com voz*. Um aspecto comum parece, pois, esboçar-se entre escrevente e leitor: ambos identificam-se por dominarem a oralidade e suas possibilidades de transcodificação gráfica. Com efeito, o escrevente, em sua atividade gráfica, recodifica a oralidade, demarcando, por meio da pontuação, alguns de seus aspectos; o leitor, por sua vez, por meio da atenção a esses sinais, consegue recuperar esses aspectos, transformando-os, de marcas gráficas, em "tom e inflexão da voz". Escrevente e leitor constituem-se, portanto, como seres atravessados simultaneamente pela escrita e pela oralidade.

Essa constituição merece algumas considerações. Os pólos produtor e receptor da escrita não devem ser entendidos como início e fim de um processo, uma vez que o escrevente/falante antecipa[24] um leitor/falante já em sua atividade de escrita, e este último, por sua vez, só desenvolve sua atividade de leitura através da recuperação de um escrevente/falante. Ou seja, ambos os pólos do processo demarcam-se e identificam-se simultaneamente pelo domínio da escrita e da oralidade, e é com base na superposição de papéis resultante desse duplo domínio que a transcodificação desses dois meios poderá se dar com êxito.

Nesse sentido, os sinais de pontuação indicam, na produção gráfica, uma dupla dialogia. A primeira dessas duas dialogias poderia ser caracterizada como aquela que se dá entre a esfera da produção e a esfera da recepção do texto escrito. Nessa primeira dialogia, o produtor, como já dissemos, antecipa seu receptor indicando-lhe uma leitura preferencial do texto produzido. A segunda dialogia poderia ser caracterizada como aquela que se dá entre a escrita e a oralidade. Essa segunda for-

---

24. Essa antecipação é aqui concebida de acordo com Pêcheux (1990, p. 77).

ma dialógica justifica-se na medida em que os sinais de pontuação trazem para a escrita (embora nem sempre de forma direta e automática) aspectos da dimensão oral da linguagem, tais como a delimitação de contornos entonacionais ou a demarcação de pausas.

Desse modo, essa segunda forma de dialogia mostra que, na escrita, a ação entre interlocutores é mediada não só pelas propriedades gráficas mas também pelo modo como tais propriedades podem evocar outras: aquelas da oralidade. Na produção da escrita, o processo se orienta para a transcodificação da oralidade; na recepção, o processo ocupa-se da recuperação da porção de oralidade que pôde ser transcodificada no gráfico (cf. Corrêa, 1994a).

Essa dupla dialogia presente na escrita é, muitas vezes, intuída pelos estudiosos da pontuação. Ao analisar a pontuação dos textos dos primeiros humanistas franceses, Gruaz (1980a) observa que, nesses textos, os sinais têm a função de desfazer equívocos (o que, a nosso ver, aponta para indicações, feitas pelo escrevente, de uma leitura preferencial) e de permitir ao leitor, numa época de leitura em voz alta, a retomada de sua respiração (o que nos remete ao vínculo dialógico entre escrita e oralidade presente na escrita). Por sua vez, Thimonnier (*apud* Tournier [1980, p. 32]) ressalta "uma analogia entre a pontuação do escrito e a prosódia do oral". Para esse autor, a pontuação "permite uma boa compreensão do texto, que permite em seguida ao leitor realizar judiciosamente pausas e entoação". Também Bueno (1958, p. 108), ao tratar da relação entre a pontuação e, de um lado, a respiração do leitor na leitura em voz alta e, de outro, a compreensão das idéias do escrevente, observa: "nunca poderemos fazer o simples trabalho oral de uma leitura se não soubermos acompanhar os movimentos respiratórios, as pausas indicadas no trecho a ler e muito mais ainda se não formos capazes de dar aos pensamentos e às emoções do autor do trecho a sua exata compreensão".

Ainda a propósito da intuição dos estudiosos acerca da dupla dialogia presente na escrita e sua relação com os sinais de pontuação, mas centrando-nos naquilo que caracterizamos como a segunda dialogia, observemos o que dizem Catach e Lorenceau. Catach (1980*b*, p. 17) reconhece como uma das funções da pontuação a de assinalar, na escrita, a correspondência desta com a oralidade, através da "indicação das pausas, do ritmo, da linha melódica, da entonação, do que se chama, em resumo, o 'supra-segmental'". Essa função de assinalar a correspondência com o oral torna-se mais pronunciada na pontuação especialmente quando esta serve como um auxílio àquele "que lê em voz alta", fato destacado por Lorenceau (1980, pp. 50-1) a respeito da pontuação do século XVIII, "baseada no oral, no ritmo da voz".

Embora em nossos dias não se possa pensar a pontuação exclusivamente como um guia para a leitura em voz alta, tal como parece ter ocorrido no século XVIII, o caráter de remeter à oralidade não deixa de estar presente, mesmo hoje, nos sinais de pontuação. Tal remissão, no entanto, não é feita com a função precípua de assinalar, por exemplo, pausas de leitura; ela parece funcionar mais como um recurso de compreensibilidade do próprio texto escrito. A propósito, Quirk *et al.* (1985, p. 1446) observam que as escolhas de pontuação devem ser feitas pelo escrevente com a esperança de transferir para a escrita a prosódia que ele próprio (o escrevente) teria usado se proferisse seu texto em voz alta. Por sua vez, de acordo com os autores, o leitor deveria, em sua leitura (em voz alta ou silenciosa, esta última talvez a forma mais comum em nossos dias), recriar aspectos prosódicos a partir de impressões visuais. Mesmo a leitura silenciosa de um texto tipicamente produzido para o papel (como, por exemplo, um documento legal) demanda, para Quirk *et al.*, "a transferência da prosódia da fala como uma ajuda para sua compreensão". Evidências de que a compreensão na leitura silenciosa se dá com o apoio da recuperação de características da oralidade que se imprimiriam no gráfico seriam os tropeços de leitura: nesses casos, "o contexto nos mostra uma interpretação mal feita e temos que voltar atrás e reler a porção do texto, redistribuindo nossos núcleos e acentos internos imaginados", explicam os autores (*id.*, *ibid.*).

Em síntese, como marcas características da atividade gráfica, os sinais de pontuação indiciam a própria constituição do caráter semiótico da escrita, que se dá sobre a base de uma dupla dialogia: aquela entre escrevente e leitor e aquela entre o gráfico e o oral, observável na transcodificação semiótica que a escrita faz da oralidade. Destaque-se, porém, que, ao falarmos de transcodificação da oralidade pela escrita, não estamos assumindo que é a oralidade enquanto tal que se vai transpor ou mesmo recuperar através da escrita[25]; o que queremos enfatizar é o vínculo dialógico com a oralidade constitutivo da escrita[26]. Enquanto código de expressão verbal, a escrita adquire seu estatuto semiótico relativamente autônomo em relação à oralidade não representando-a enquanto tal, mas transcodificando-a. E os sinais de pontuação representam, na escrita, tanto a comprovação do vínculo dialógico que se observa, como já dissemos, na transcodificação do oral pelo gráfico quanto a confirmação do estatuto relativamente autônomo da escrita com respeito à oralidade.

Mais uma vez, as intuições dos estudiosos podem comprovar essas nossas afirmações. Para Bueno (*op. cit.*, p. 120), na leitura em voz alta, é necessário não só alterar a pontuação como muitas vezes mudá-la inteiramente. Em suas palavras, "o autor, quando escreveu, teve em mente apresentar o seu trabalho aos olhos dos leitores. O intérprete, porém, que se dirige aos ouvidos e não aos olhos de quem escuta, não pode seguir o mesmo critério". Ou seja, embora muitas vezes a pontuação indicie características da oralidade, não há correspondência direta entre os sinais e essas características, já que os sinais são, acima de tudo, marcas do código escrito e da transcodificação que este faz do código oral. A intuição desse papel da pontuação fica ainda mais clara em Câmara Jr. (1972), para quem, na exposição escrita, o jogo de pausas e cadências não

---

25. Mesmo porque não se pode, nas sociedades letradas, postular a existência de uma oralidade pura, não atravessada pela escrita.

26. A propósito da transcodificação da oralidade pela escrita, cf. discussão que fizemos no capítulo 2 deste nosso trabalho.

é diretamente fornecido pelo escrevente mas tem que ser *recriado* pelo leitor. Colaboram para esse trabalho os sinais de pontuação, "mas nunca de maneira absoluta no que se refere à correspondência entre as pausas de suspensão rápida de voz e as vírgulas, porque por uma convenção tradicional as razões de ordem lógica interferem aí com as de natureza puramente rítmica" (*op. cit.*, p. 70). Em outras palavras, embora dialogando com a oralidade, a escrita é um outro código de expressão verbal, com relativa autonomia em relação ao oral. Assim, a pontuação "não é no papel uma contraparte cabal da distribuição dos grupos de força da comunicação falada, e constitui a rigor um caráter próprio da exposição escrita" (*id.*, pp. 70-1). De onde o autor conclui (retomando Vendryes) a necessidade de uma técnica de formulação verbal *sui generis* na escrita: "'Ninguém escreve como fala'; observa a propósito o lingüista francês Vendryes [in: *Le Langage*, 1921, p. 389] – 'cada um escreve, ou pelo menos procura escrever, como os outros escrevem'" (*id.*, p. 71).

As próprias mudanças que, historicamente, se verificam nas formas de se pontuar revelam o caráter semiótico da escrita. Pelo menos no que se refere à França, no século XIX, segundo Lorenceau (*op. cit.*, p. 51), "a quantidade dos leitores cresce, a imprensa se desenvolve muito e é provavelmente para facilitar a leitura visual que se aumenta consideravelmente o número de signos empregados". Abandona-se, então, de acordo com a autora, uma concepção oral da pontuação para se adotar uma concepção gramatical e sintática – concepção que, a nosso ver, não coloca em causa o vínculo dialógico entre escrita e oralidade, mas, antes, reforça a natureza semiótica do código escrito ao destacar a importância da sintaxe nesse código[27] e o apelo a sua forma mais imediata de percepção: o aspecto visual.

A complexidade da constituição da interlocução via escrita (cuja base, como acabamos de ver, é o entrecruzamento entre as esferas da produção e a da recepção, de um lado, e o aspec-

---

27. Sobre a importância da sintaxe no código escrito, cf. as discussões que fizemos no capítulo 2 deste nosso trabalho sobre as dimensões lingüísticas do ritmo da escrita.

to gráfico e a oralidade, de outro) permite-nos tematizar mais um aspecto dos fenômenos enunciativos que se pode demarcar através dos sinais de pontuação e que envolve diretamente a caracterização do sujeito escrevente. Trata-se de sua fragmentação.

Ao tratar do emprego do travessão, Torres (1966, p. 245) observa que a utilização desse sinal serve para "chamar a atenção do leitor para uma palavra ou frase encaixada no período", observação semelhante à de Barros (1982, p. 82) – mas sem que seja explicitada a interferência do leitor nesse processo – de que esse sinal serve para "dar maior nitidez à separação de uma oração num enunciado mais longo, ou maior ênfase a um elemento oracional".

A ênfase em uma expressão verbal parece, pois, caracterizar uma antecipação de uma interferência do leitor, e essa antecipação parece resultar numa separação no fluxo do enunciado – ou seja, as expressões enfatizadas parecem interromper um fluxo cuja continuidade parecia normal ao produtor. Em outras palavras, essa interrupção por meio de pausas, característica do que os gramáticos interpretam como ênfase em algum elemento verbal, parece funcionar como uma marca de reformulação do dizer, o que parece se dar em função de um Outro cuja interferência o sujeito escrevente não pode evitar em seu discurso.

A interferência inevitável de um Outro, caracterizada por uma interrupção no fluxo do discurso e indiciada por meio dos sinais de pontuação, pode ser deduzida também de comentários que Savioli (1984) e Cunha (1978) fazem a propósito do emprego das aspas e dos parênteses. Para Savioli, as aspas indicam "palavras ou expressões que se desviam do nível de fala ou do próprio idioma em que se expressa o autor" (*op. cit.*, p. 114). Destaca Savioli que, nesses casos, tais palavras e expressões estão sendo tomadas "em segundo sentido" (*id., ibid.*). Quanto aos parênteses, servem para "circunscrever uma reflexão (...) incluir um comentário paralelo (...) encaixar uma explicação ou uma definição" (*id., ibid.*). Por sua vez, Cunha recomenda que as aspas devem ser empregadas "para fazer sobressair termos ou expressões, geralmente não peculiares à linguagem normal de quem escreve" (*op. cit.*, p. 338). A propósito dos parênteses, esse último autor destaca que eles são empregados "para intercalar num texto qualquer indicação acessória" (*id.*, p. 339), entendendo-se por indicação acessória "uma explicação dada, uma reflexão, um comentário à margem do que se afirma" (*id., ibid.*). Tal como observamos a propósito das considerações de Torres e de Barros sobre o emprego do travessão, as indicações de Savioli e de Cunha sobre as aspas e sobre os parênteses parecem traduzir uma volta do sujeito escrevente sobre si mesmo ante a inevitabilidade da presença do Outro em seu dizer[28].

Ainda a propósito de considerações dos gramáticos a respeito dos sinais de pontuação e que, a nosso ver, permitem tematizar a constituição do sujeito escrevente no que se refere a sua fragmentação, Lima (1978, p. 425) observa que orações ou termos intercalados às vezes figuram "sem relação sintática com o resto, fora do fio principal do discurso, à maneira de um esclarecimento ou observação suplementar", situações em que, sugere o autor, se devem empregar os parênteses. Por sua vez, em algumas das situações que Lima definiria como de quebra do fio discursivo, recomenda Nogueira (1947, p. 27) que "a palavra ou palavras intercaladas colocam-se entre vírgulas, como são os apostos, os vocativos e as orações parentéticas". Essa recomendação é semelhante à de Ribeiro (1919) de que esse sinal que deve ser usado "antes e depois de toda a palavra, phrase ou clausula que se póde supprimir sem desnaturar o sentido" (*id.*, p. 317)[29]. Com respeito à relação entre essas estruturas lingüísticas e as demais que compõem o período em que elas aparecem, Lima, como vimos, chega a postular a não-existência de relação sintática entre as partes que se intercalam; Ribeiro, por sua vez, vê, nesses casos, uma relação entre

---

28. A respeito do emprego das aspas, mas sob enfoque lingüístico, Védénina (1980, pp. 64-5) observa que esse sinal anuncia "mudança de registro, atribuindo o segmento a um outro sujeito falante ou a um outro campo semântico". Por sua vez, para Laufer (1980, p. 83), o mesmo sinal pode indicar "a recusa de se tomar como própria uma maneira de falar ou de pensar, descartada como vulgar ou falsa".

29. Enfocando lingüisticamente a pontuação, Tournier (1980) destaca que certos sinais interrompem o que ele considera *progressão normal da frase* para nela incluírem palavras ou mesmo outra frase.

"partes do discurso que não têm entre si ligação íntima" (*op. cit.*, p. 316), atribuindo às intercaladas papel acessório, já que, a seu ver, poderiam ser suprimidas *sem desnaturar o sentido*.

A se basear especialmente nas observações de Lima e de Ribeiro, o sentido "natural" seria, então, aquele que vem daquelas partes do enunciado em que os elementos se ligam "sintática" ou "intimamente". Conseqüentemente, as partes que se pontuam, que se destacam por meio dos sinais de pontuação, e que, por essa razão, não estão em ligação "sintática" ou "íntima" com as outras partes do enunciado (aquelas que, do ponto de vista dos gramáticos, não estariam sendo destacadas) seriam exatamente aquelas partes que são sentidas pelo sujeito escrevente como estranhas ao fluxo de seu dizer e que, a nosso ver, corresponderiam à demarcação de alguma forma de intromissão do outro na continuidade da escrita do sujeito escrevente.

É o caso dos empregos de travessões, de aspas, de parênteses e de vírgulas que acabamos de tematizar. Observe-se, na descrição que os gramáticos fazem de suas condições de emprego, a referência sempre constante à demarcação de algo que é sentido como uma quebra na continuidade do dizer. Com efeito, os TRAVESSÕES devem ser empregados para "chamar a atenção do leitor para uma palavra ou frase encaixada no período" (Torres) ou para "dar maior nitidez à separação de uma oração num enunciado mais longo" (Barros); as ASPAS servem para demarcar "palavras ou expressões que se desviam do nível de fala ou do próprio idioma em que se expressa o autor" (Savioli) ou "para fazer sobressair termos ou expressões, geralmente não peculiares à linguagem normal de quem escreve" (Cunha); os PARÊNTESES intercalam num texto "uma explicação dada, uma reflexão, um comentário à margem do que se afirma" (Cunha); ou delimitam orações ou termos intercalados que figuram "sem relação sintática com o resto, fora do fio principal do discurso, à maneira de um esclarecimento ou observação suplementar" (Lima); as VÍRGULAS, nos casos tratados, separam "palavra ou palavras intercaladas (...), como são os apostos, os vocativos e as orações parentéticas" (Nogueira) ou "toda a palavra, phrase ou clausula que se póde supprimir sem desnaturar o sentido" (Ribeiro). Em síntese, em todas essas situações, os travessões, as aspas, os parênteses e as vírgulas estão indiciando quebras na continuidade da escrita – provocadas, segundo o que pensamos, pela sensação da presença do Outro na atividade do sujeito escrevente.

Mas, a nosso ver, não são apenas esses sinais e não são apenas essas suas condições de emprego que indiciam a fragmentação do sujeito em face da intromissão do Outro e, conseqüentemente, à heterogeneidade do dizer. As quebras no fio do discurso – que, assinaladas por meio de travessões, aspas, parênteses e vírgulas, indiciam o desdobramento do sujeito – podem ser observadas em qualquer emprego de qualquer sinal de pontuação. Vejamos.

Ao se constituir como sujeito do dizer via escrita, o escrevente busca reunir elementos dispersos que compõem a rede do seu dizer. Em sua ilusão subjetiva, ao selecionar fragmentos dessa rede – sustentada pela matéria resultante do entrecruzamento da dupla dialogia constitutiva da escrita – e dispô-los em seqüência, o escrevente julga estar construindo, de modo transparente, o objeto de seu dizer. Mas, sob suas palavras, a estrutura entrecruzada da rede que possibilita seu dizer "permite que, na linearidade de uma cadeia, se faça escutar a polifonia não intencional de todo discurso" (Authier-Revuz, 1990, p. 28). Em termos de Llansol (*apud* Silveira, 1993, p. 49), a propósito do uso da linguagem na ficção, trata-se, no momento da produção verbal, do "encontro inesperado do diverso", que, a nosso ver, caracteriza não apenas a produção de textos ficcionais mas a de qualquer exemplar de escrita. Em outras palavras, são sempre elementos do disperso que são trazidos à tona na atividade gráfica. Em certas ocasiões, esses elementos são sentidos pelo escrevente, em sua necessária ilusão subjetiva, como estranhos ao que julga ser o seu próprio dizer, ocasiões em que causam perturbações e são demarcados por sinais que produzem a sensação de interrupção no fluxo da escrita. Em outras, o produtor da escrita os sente como integrados e como legítimos "tradutores de sua vontade", ocasiões em que os elementos se mostram em ligação sintática (ou "íntima ligação") e são delimitados apenas em regiões que o escrevente sente como pontos de transição (de uma marca de respiração a outra, de um índice para leitura a outro, de uma reprodução de elementos associados ao contorno situacional da oralidade a outra, de um desenvolvimento temático a outro, de uma orientação argumentativa a outra...) – casos demarcados, por exemplo, pela combinação entre iniciais maiúsculas e o emprego de pontos que delimitam finais de frases ou de parágrafos.

Authier-Revuz, ao tratar das formas do que chama heterogeneidade mostrada, já destaca o emprego de aspas como uma marca da delimitação de fragmentos discursivos que irrompem na continuidade do discurso "sob a forma de um ponto de heterogeneidade" (*op. cit.*, p. 30). Na mesma direção da autora, Laufer (1980, p. 83) observa que esse sinal "delimita um enunciado estranho inserido num enunciado principal", marcando "a heterogeneidade escritural, que ele respeita ao pé da letra". Com base nas considerações desses dois autores, o emprego das aspas pode, pois, ser entendido como demarcação de fragmentos que o sujeito escrevente sente como estranhos a seu dizer. Ainda a propósito da sensação de estranhamento, o que ambos dizem a respeito do emprego das aspas pode ser estendido aos empregos dos travessões, dos parênteses e das vírgulas, conforme descritos acima, na medida em que todos esses sinais, ao demarcarem estruturas que o produtor da escrita sente como interpostas nos períodos que escreve, operam a designação "de um lugar para um fragmento de estatuto diferente na linearidade da cadeia e a de uma alteridade a que o fragmento remete" (Authier-Revuz, *op. cit.*, p. 30).

Mesmo nos casos do emprego de vírgulas em estruturas coordenadas (casos em que esses sinais não demarcam estruturas intercaladas que se sentem como "estranhas" à continuidade do período) a organização do disperso se faz sentir na produção escrita. Para Nogueira (*op. cit.*, p. 27) um período com orações coordenadas forma uma "sucessão de vocábulos (...) que representam o resíduo de orações, cujos outros elementos foram elididos, por serem os mesmos em todas as orações". Trata-se, pois, nas seqüências de estruturas coordenadas, da justaposição de elementos heterogêneos, que, na continuidade da escrita, associam-se pelo fato de ocultarem um elemento comum. A separação desses elementos por meio de pontuação, a entoação suspensiva com a qual se caracterizam e são percebidos, as pausas que normalmente os separam tanto na leitura em voz alta quanto na leitura silenciosa não dão, porém, margens a dúvidas: o heterogêneo do dizer se mostra através dessas rupturas com as quais esses elementos se apresentam na continuidade da escrita. Mas diferentemente da delimitação de estruturas intercaladas, em que, muitas vezes, a pontuação parece estar indiciando uma atitude reflexiva do sujeito escrevente sobre seu próprio dizer, ou uma reformulação de sua atividade verbal para responder a alguma forma de intromissão do Outro em seu discurso, a delimitação de estruturas coordenadas parece indiciar sobretudo os diferentes ângulos a partir dos quais a parte que lhes é comum (e que foi elidida nas repetições) pode ser enfocada, ou ainda os diferentes alvos para os quais se pode voltar essa parte comum.

Por fim, também nas situações em que sinais de pontuação delimitam o que poderíamos entender como o término de um fluxo verbal – situações em que, normalmente, se empregam os pontos de final de período ou de parágrafo, os de interrogação, os de exclamação, as reticências, os dois-pontos e, em certos casos, o ponto-e-vírgula –, a heterogeneidade se faz presente. Um fluxo verbal (quase sempre interrompido pelas estruturas intercaladas e/ou pelas suspensões provocadas pela presença de estruturas coordenadas) tende para um momento de transição, como se ocorresse o fim de um ciclo, e outro fluxo se inicia, em relação de alternância com o anterior[30].

Desse modo, não é apenas nos momentos de interrupção ou de suspensão do fio do discurso que a heterogeneidade do dizer se faz sentir na produção do sujeito escrevente; também naqueles momentos que estamos caracterizando como de final

---

30. O ponto-e-vírgula pode assumir um duplo estatuto: de um lado, delimita estruturas coordenadas, normalmente de longa extensão, caracterizadas por entoação suspensiva; de outro, delimita estruturas que corresponderiam a fluxos com início, desenvolvimento e final, caracterizadas, em seu término, por entoação descendente.

de fluxo, novos pontos de emergência do Outro podem ser detectados. Nesses novos pontos, novos fluxos se iniciarão, os quais significarão para o escrevente não muito mais que uma transição autodeliberada e, para o estudioso da escrita, não menos que novas formas de resposta do sujeito à intervenção do outro em seu dizer.

Vários fatores podem interferir no tipo de resposta que o sujeito dará ao iniciar um novo fluxo. Em seu conjunto, com diferentes pesos, a seleção de palavras e a extensão do novo fluxo podem ser determinadas: pela maneira como o Outro é antecipado pelo produtor da escrita; pelas diferentes maneiras através das quais o escrevente se constitui como sujeito em função desse Outro; pelas direções para as quais o sujeito deseja conduzir o seu texto; e por tudo aquilo que o sujeito já escreveu em seu texto até o momento de iniciar um novo fluxo.

A maneira como o Outro é antecipado pelo escrevente e as diferentes maneiras através das quais o sujeito se constituirá em relação a esse Outro determinarão, por exemplo, se o novo fluxo enunciado se caracterizará como concordância total com as posições que o escrevente projeta no Outro, concordância parcial, discordância, justificativa etc., de tal modo que se possam detectar, nesses momentos, fatos do imaginário que cerca a produção do escrevente. Por sua vez, as direções para as quais o sujeito deseja conduzir o seu texto vão determinar, por exemplo, as relações argumentativas ou outros fatos da esfera da argumentação que se podem verificar entre o fluxo que se inicia e o(s) anterior(es). Finalmente, tudo aquilo que o sujeito já escreveu em seu texto até o momento de iniciar um novo fluxo vai determinar o que vai ser dito nesse novo fluxo. Informações novas, ajustes de informações ou retomadas de elementos já enunciados, entre outros fatos referentes ao que se pode entender como da ordem da textualidade, podem, pois, ser destacados no fluxo que se iniciará – de modo correlacionado com o(s) fluxo(s) anterior(es).

Com o término de nossa exposição sobre as três maneiras pelas quais a pontuação pode indicar a interferência do outro na produção do escrevente – a saber, a interrupção do fio do discurso, a suspensão desse fio e os inícios e finais dos fluxos verbais –, acreditamos ter demonstrado que qualquer emprego de qualquer sinal de pontuação traz à tona fatos provenientes da heterogeneidade do dizer; ou, em outros termos, acreditamos ter demonstrado que a atividade de pontuar é, em si mesma, marca das mais características da emergência do Outro na escrita[31]. Por conseguinte, independentemente de sua extensão ou de sua natureza, são sempre fragmentos do material (multiplamente dialógico) constitutivo da escrita que serão dispostos e demarcados pela pontuação na produção do sujeito escrevente. Aspectos rítmicos da atividade enunciativa estão, pois, subjacentes à seleção e à combinação que o sujeito faz desses fragmentos na escrita, uma vez que, ao demarcá-los por meio dos sinais de pontuação, o sujeito não apenas os individualiza mas também (ou sobretudo) os alterna, estabelecendo, portanto, entre eles relações rítmicas.

Resta-nos tematizar um último aspecto relativo aos vínculos entre a pontuação e a enunciação. Como vimos desenvolvendo, na atividade de pontuar, o sujeito demarca-se em relação aos Outros em função dos quais ele organiza a sua produção gráfica, de tal modo que, seguindo-se as pistas deixadas pelos sinais, pode-se acompanhar a constituição da subjetividade que enuncia via escrita. Trataremos, agora, dos vínculos entre determinados lugares a partir dos quais o sujeito escrevente enuncia e certas práticas mais ritualizadas de utilização dos sinais de pontuação.

Ao abordar o ponto-e-vírgula, Gonçalves (1959, p. 104) recomenda seu emprego "para separar os considerandos e artigos nos documentos públicos". Cunha (1986, p. 601), a propó-

---

31. Um argumento que corrobora o fato de que as marcas de pontuação indiciam a interferência do Outro no discurso do escrevente é a ausência de sinais de pontuação em trechos escritos que se podem caracterizar como de FLUXO DE CONSCIÊNCIA. Retomando Bowling, Lígia Chiappini Moraes Leite (*O foco narrativo*. São Paulo, Ática, 1985) destaca que o fluxo de consciência "é a expressão direta dos estados mentais, mas desarticulada, em que se perde a seqüência lógica e onde parece manifestar-se diretamente o inconsciente. Trata-se – continua a autora – de um 'desenrolar ininterrupto dos pensamentos' das personagens ou do narrador" (*op. cit.*, p. 68). Como exemplo, a autora transcreve trecho de Joyce em *Ulisses*, no qual ocorre o jorro de pensamentos da personagem Molly Bloom, trecho "em que a pontuação desaparece" (*id.*, p. 69). Portanto, a simulação da perda da noção da interferência do Outro no discurso pode resultar, na escrita, em ausência de sinais de pontuação.

sito do mesmo sinal, destaca seu emprego na divisão de longos períodos em partes menores, "à semelhança da cesura ou deflexão interna de um verso longo", situações em que o caráter simétrico das partes delimitadas por esse sinal resulta num "ritmado encadeamento do período, muito ao gosto do estilo oratório". Este último autor observa, ainda, que "depois do vocativo que encabeça cartas, requerimentos, ofícios, etc., costuma-se colocar dois-pontos, vírgulas ou ponto" (*op. cit.*, p. 603). Sobre o emprego dos colchetes, Kury (1982, p. 80) observa que esses sinais "representam uma variante reta dos parênteses" e que o seu uso, "regulado por convenções muitas vezes próprias de cada obra", restringe-se quase exclusivamente "a obras de natureza científica". Cunha, também a propósito dos colchetes, destaca seu emprego em "transcrições fonéticas" (*op. cit.*, p. 616). Quanto ao ponto de exclamação, Mandryk & Faraco (1987, p. 339) destacam que esse sinal é "de uso praticamente restrito à linguagem literária".

A própria prática da escrita, inclusive em seu aspecto tipográfico, serve como referência básica a determinados empregos dos sinais de pontuação. Ao tratarem de normas tipográficas, Poças & Athanasio (1973, p. 72) reservam "as aspas aos títulos de artigos e capítulos". Por sua vez, ao enfocar as normas de citações, Lima (1978, p. 435) observa que as reticências, utilizadas no início de uma citação, servem para mostrar que "o lanço transcrito pertence a uma frase que não foi copiada desde o princípio" e que, por essa razão, "começa-se com letra minúscula". Também a propósito de transcrições, Sacconi (s/d, p. 348) propõe o emprego de parênteses "para separar o latinismo SIC, cuja função é demonstrar a fidelidade de algum trecho transcrito". Por fim, Pereira (1909, p. 388) observa que "é também costume incluir-se dentro do parêntese o nome do autor e da obra mencionada no texto".

Com base nas considerações de todos esses gramáticos, é possível verificar que a produção enunciativa do escrevente deve ser tomada como parte de um mecanismo em funcionamento no qual a jurisdição sobre a língua suplanta o rigorismo dos gramáticos para alcançar o rigor de uma leitura necessária. Ou seja, no âmbito das instituições, em que se lida com "universos discursivos logicamente estabilizados"[32], não cabe apenas pontuar para marcar uma leitura preferencial; para manterem-se como tais, é necessária a injunção de uma leitura. Portanto, em sua atividade gráfica, o sujeito deve obedecer às normas que organizam a produção verbal correspondente ao lugar[33] a partir do qual ele enuncia, o que muitas vezes supõe, no caso que mais diretamente nos interessa, uma utilização às vezes fortemente ritualizada dos sinais de pontuação.

* * *

Sob diferentes aspectos, como vimos, os sinais de pontuação demarcam, na escrita, aspectos rítmicos da atividade enunciativa do sujeito escrevente, o que evidencia o caráter enunciativo da pontuação. Esse caráter – recordemos – pode ser inferido já a partir das definições que os gramáticos, especialmente, mas também os lingüistas, fazem da pontuação.

Nessas definições, é comum os gramáticos e os lingüistas associarem os sinais de pontuação à demarcação do escrevente e do leitor, de tal modo que se pode dizer que os sinais funcionam como marcas dessa interlocução (não-direta, porém já prevista) no texto escrito. Também nas considerações específicas que esses estudiosos fazem das condições de emprego dos vários sinais é possível, como já destacamos, vislumbrar o papel que os sinais desempenham de marcas enunciativas típicas da escrita.

Caracterizados, pois, como marcas enunciativas, os sinais trazem à cena a historicidade da atividade de enunciar. Daí termos destacado que as mudanças ocorridas nas formas de se enunciar através da escrita provocaram alterações nas próprias formas de pontuar.

---

32. Ver oposição entre "universos discursivos logicamente estabilizados" e "universos discursivos não estabilizados logicamente" em nota acrescentada ao texto "Análise automática do discurso", de M. Pêcheux (1990, p. 153).
33. Cf. Pêcheux, *op. cit.*, pp. 76-7.

Também as dificuldades que os estudiosos têm de descrever as condições de emprego dos sinais (já que se podem observar tanto regularidades quanto variações em seu emprego) apontam para a natureza enunciativa da pontuação. Como destacamos, as regularidades que ocorrem na utilização dos sinais obedecem (além de aspectos de codificação da língua e da produção textual) a aspectos relativos à codificação das próprias condições de enunciação. Por sua vez, com relação às variações, a dificuldade em descrevê-las advêm do próprio caráter da enunciação, que consiste de atos verbais a cada vez novos e a cada vez únicos produzidos pelo sujeito que enuncia.

Por outro lado, a complexidade da constituição da interlocução via escrita (cuja base, conforme descrevemos, é o entrecruzamento entre as esferas da produção e a da recepção, de um lado, e o aspecto gráfico e a oralidade, de outro) possibilitou-nos tematizar a demarcação que os sinais de pontuação fazem da fragmentação do sujeito escrevente. Destacamos, então, que, nesse entrecruzamento, os fragmentos verbais que o sujeito delimita por meio da pontuação parecem sintagmatizar – ritmicamente – elementos de algum modo relacionados à interferência do outro em seu dizer. Tal relação não está, como crêem os gramáticos, à margem do dizer; antes, é constitutiva do dizer, na medida em que o sujeito escrevente configura-se em função do jogo rítmico que estabelece com os outros que constituem a sua escrita. Desse modo, as relações entre fragmentos, que, de modo alternado, o escrevente estabelece e assinala por meio da pontuação, trazem à tona, em seu texto, desde aquelas figuras mais diretamente tomadas por ele como seus interlocutores até fragmentos de outros dizeres, tanto orais quanto escritos, os quais vêm compor a sua escrita ao articularem a heterogenidade que se mostra (em nosso caso, os fragmentos marcados pela pontuação) com a heterogeneidade que lhe é constitutiva (e que, no caso particular da heterogeneidade constitutiva da escrita, deixa entrever-se também pelo múltiplo entrecruzamento das esferas da produção e da recepção e das esferas da oralidade e da escrita).

Finalmente, tematizamos as relações entre lugares característicos a partir dos quais o sujeito escrevente enuncia e certas práticas mais ritualizadas de utilização dos sinais de pontuação. Quisemos, com essa tematização, demonstrar que a liberdade do escrevente pode ser bastante cerceada, já que determinados empregos dos sinais de pontuação podem funcionar quase como prescrições a serem seguidas pelo sujeito quando este enuncia a partir desses lugares característicos.

Em síntese, a pontuação faz evocar, no produto escrito, os fatos que constituem o sujeito escrevente. Já os antigos gramáticos, no enfoque da pontuação que lhes é próprio, não deixaram de assinalar desde os vínculos entre a utilização dos sinais e aqueles fatos mais restritos à esfera fisiológica do indivíduo (como a demarcação de locais para a respiração) até as ligações entre o emprego da pontuação e fatos da produção da fala (como os contornos rítmico-entonacionais), os quais, na concepção dos gramáticos, estão diretamente associados às emoções do escrevente e à organização das idéias que ele deseja expressar sob a forma de mensagens escritas.

A pontuação assinala, ainda, desde aqueles fragmentos que, em sua ilusão subjetiva, o escrevente pensa representar o que lhe é próprio até sua sujeição a processos mais ritualizados de enunciar, como os da escrita jurídica, científica, dentre outras, em que a atividade de pontuar define-se mais em relação ao tipo de discurso do que em relação ao que o sujeito julga ser a sua vontade.

É certo que se pode atribuir aos fatos da pontuação, como já observamos, uma certa objetividade. Porém, o caráter mais objetivo da pontuação não se dissocia de seu caráter de "embreador", que permite, de modo mais – ou menos – organizado, o exercício lingüístico sob forma gráfica. São essas características da pontuação que possibilitam a constituição do escrevente (desde a organização das marcas de sua respiração até seus devaneios e sua inserção em processos discursivos mais ritualizados) no momento em que ele enuncia através da escrita.

A pontuação e o tempo

Nas discussões que fizemos sobre o aspecto temporal do ritmo, observamos que a temporalidade da linguagem, inscrita no ritmo, evidencia-se na atividade enunciativa, desde o evento histórico do fluxo discursivo até o seu produto final: o texto. Observamos também que essa inscrição da temporalidade, ao mesmo tempo no processo e no produto verbal, assume a dupla forma de um tempo/movimento e de um tempo/duração, de tal modo que, ao inscrever-se na linguagem através do ritmo, o tempo mostra-se como "resultado" ou duração, na organização em sistema da descontinuidade lingüística típica dos fragmentos de que se compõe o produto final da atividade discursiva, e, ao mesmo tempo, como "escoamento" ou movimento, na continuidade própria ao processo de se pôr a linguagem em funcionamento num ato enunciativo.

Neste passo de nosso estudo, nosso propósito é demonstrar que os sinais de pontuação, além de demarcarem os vários aspectos do ritmo tematizados até o momento, demarcam também, na escrita, o aspecto temporal, em sua dupla forma: o tempo/duração e o tempo/movimento.

Ao tratar da natureza dos sinais de pontuação, Catach (1980*a*, p. 4) salienta que um sinal pode se comportar "como um verdadeiro morfema, com o qual ele pode a todo instante comutar: conjunção, palavra, sintagma, frase inteira". Em outro momento de sua exposição, a mesma autora (*id.*, *ibid.*) observa que os sinais podem atuar "sobre toda uma porção de texto", pensamento que se poderia atribuir também a Marchello-Nizia, para quem (conforme já destacamos ao tratarmos dos vínculos entre a pontuação e a indiciação dos interlocutores na escrita) "o melhor é designar as 'porções de texto' delimitadas pela pontuação de 'unidade de leitura'" (*apud* Mattos e Silva, 1993, p. 78).

Se, como afirma Catach, os sinais de pontuação podem comutar com palavras, sintagmas, frases inteiras, já que seu comportamento seria o de um verdadeiro morfema, e se, como pensamos, todos esses tipos de estruturas correspondem a fragmentos (de natureza lingüística, tradicionalmente já definidos) de um texto escrito ou da ocorrência, na fala, de inúmeros atos verbais (cuja sedimentação na memória coletiva e individual resultará no que Saussure define como língua), podemos dizer que os sinais de pontuação demarcam, na linguagem escrita, o aspecto temporal do ritmo que vimos chamando de duração, na medida em que eles atuam sobre *porções de texto* que constituem, a nosso ver, "resultados" de certo modo estabilizados de produções lingüísticas anteriores.

A demarcação de um tempo padronizado, característico das durações, é também o que se pode inferir de afirmações que Perrot e Laufer fazem a respeito da pontuação. Para Perrot, a pontuação tem como uma de suas funções "marcar uma segmentação comandada pela estrutura sintática do enunciado" (1980, p. 71). Por sua vez, Laufer, ao tratar do emprego das aspas, afirma que esse sinal "delimita (...) um enunciado estranho inserido num enunciado principal" (1980, p. 83). Em ambos os casos, portanto, vemos a pontuação associada à indiciação de "resultados" lingüísticos.

Sintomático, ainda, do que estamos interpretando como um papel que os sinais de pontuação teriam de demarcar durações é o pensamento de Ikeda (1987, p. 196) sobre a vírgula. Nas palavras da autora, "de todas as pausas ou de todas as delimitações entre constituintes existentes no texto ou de todos os limites de unidades semânticas, só se assinalam por vírgula aqueles que, caso contrário, dificultarão ao leitor perceber a estruturação pretendida pelo escritor". Como se vê, na delimitação de constituintes, nos limites de unidades, mais uma vez a pontuação sinalizando padrões, desta feita, padrões textuais e semânticos.

Os sinais de pontuação estão, pois, envolvidos com a demarcação de unidades lingüísticas. Por se tratarem de estruturas com certa fixidez, o caráter temporal de tais unidades seria o da duração, uma vez que a configuração com que se mostram num texto permite sua apreensão como *unidades*, ou seja, como produtos finais que resultam dos múltiplos usos da linguagem e que, como tais, podem ser reinseridos em novas produções verbais.

Tomando-se como centro de associação o vínculo entre sinais de pontuação e demarcação do tempo/duração na escrita, pode-se formar um campo semântico cujos elementos se organizam em torno desse vínculo. Basta-nos, para tanto, atentar para as considerações que todos esses autores fazem acerca da pontuação. Como vimos, os sinais podem ter o valor de *morfemas* e, justamente por esse valor, serem equivalentes a *conjunções, palavras, sintagmas* ou *frases inteiras*. Sobressai-se, pois, o seu vínculo com a fragmentação e a descontinuidade da linguagem – mais especificamente, com o tempo inscrustado nas unidades lingüísticas. Além disso: os sinais atuam sobre *porções de textos*, de forma a *marcar uma segmentação*; estão envolvidos com a *delimitação entre constituintes*; e operam a *delimitação de enunciados estranhos* no seio de um enunciado principal.

Em síntese, os sinais de pontuação demarcam, na escrita, o tempo/duração. Ao assinalarem, nesse código de expressão verbal, *limites de unidades*, evidenciam, conseqüentemente, a descontinuidade da linguagem e o tempo que nela se mostra como resultado, como produto de um ou de inúmeros atos discursivos.

Assim como se pode inferir, a partir das considerações dos autores, um vínculo entre a pontuação e a demarcação do tempo/duração na escrita, também é possível tematizar, tendo por base suas afirmações, os liames entre a pontuação e o tempo/movimento.

Ao tratar da pontuação no século XX, Lorenceau (1980*a*, p. 56) observa que, em nosso século, "os escritores (...) dão à pontuação uma grande diversidade e originalidade, com o objetivo de fazer passar para o texto o movimento e os sentimentos". Também Smith (1993, p. 80) tematiza as relações entre a pontuação e o movimento quando trata da sinalização de estruturas que ela chama de intercaladas e deslocadas. Para essa autora, os sinais, nesse tipo de estrutura, "referem-se todos, em sentido amplo, a 'movimentos', transformações na organização natural da sentença". Smith (*op. cit.*, p. 61) refere-se, ainda, aos vínculos entre pontuação e movimento, a propósito de comentários que George Sand faz sobre a pontuação. A seu ver, Sand "relaciona movimentos (...) à pontuação", que são interpretados por Smith como correspondendo a *mudanças de entonação*. Nessas considerações, portanto, a pontuação está direta e explicitamente vinculada a movimentos do texto – segundo o que pensamos, resultantes do jogo rítmico entre as unidades lingüísticas na continuidade da escrita.

Como se vê, os sinais indiciam, na escrita, o tempo/movimento, assim como o fazem com o tempo/duração. Conseqüentemente, ao demarcarem o jogo através do qual as diferentes unidades lingüísticas promovem a continuidade do texto escrito, a pontuação indicia o ritmo da escrita, já que revela um de seus aspectos mais característicos: o tempo, em seu movimento.

Falamos sobre considerações de Catach, de Marchello-Nizia, de Perrot e de Laufer que nos permitiram tematizar o vínculo entre a pontuação e o tempo/duração. Tematizamos, também, o vínculo entre a pontuação e o tempo/movimento com base em considerações feitas por Lorenceau, Smith e Sand. Outros autores, por fim, destacam características dos sinais a partir das quais podemos inferir o vínculo entre a pontuação e, simultaneamente, essa dupla forma por meio da qual o aspecto temporal do ritmo da escrita é evidenciado.

Para Védénina (1980), "os signos de pontuação unem ou separam os membros da frase" (*op. cit.*, p. 65). Esse pensamento aproxima a autora de Catach (1980*b*), que atribui à pontuação um papel na "união e separação das partes do discurso em todos os níveis (junção ou disjunção, inclusão e exclusão, dependência e independência, distinção e hierarquização dos planos do discurso)" (*op. cit.*, p. 17). Catach atribui, ainda, uma função "separadora e organizadora" aos sinais (*op. cit.*, p. 21). Pode-se, pois, deduzir, a partir das considerações das duas autoras, ao mesmo tempo a indiciação do tempo/duração e a do tempo/movimento nas funções exercidas pelos sinais de pontuação.

O mesmo pode ser dito a propósito de considerações que Barboza faz sobre a individuação e a relação entre idéias e sobre a natureza da pontuação. No que se refere à individuação e à relação entre idéias, diz o autor:

Não pensando nós, nem podendo pensar, senão enquanto percebemos a identidade ou diferença dos objetos, e não podendo existir em nós semelhante percepção sem ao mesmo tempo estarem presentes ao espírito muitas idéias, tratando-se de exprimir estas mesmas idéias simultâneas por meio do discurso, dois modos há de o fazer. Um, representando também juntas todas estas percepções e sentimentos que a nossa alma experimenta tumultuariamente, e outro, separando-as e fazendo suceder umas às outras (1830, p. 100).

E ainda:

As idéias de qualquer pensamento são simultâneas no espírito, bem como o são à vista todos os objetos de uma fachada para se fazer idéia de todos dela.

A sucessão não a há senão no discurso, que arranja as idéias e conseqüentemente as palavras na ordem que mais lhe convém para ser entendido (*op. cit.*, p. 413).

Destaque-se, nesta última afirmação, que Barboza busca explicar a apreensão das "idéias" em uma simultaneidade "no espírito" fazendo um paralelo com a percepção visual de uma "fachada". É interessante lembrar que essa percepção visual de conjunto é semelhante a que nos é criada pela ação da pontuação no texto escrito, ao mesmo tempo demarcando e integrando unidades.

No que se refere aos comentários que Barboza faz sobre a natureza da pontuação, o autor destaca que "a separação dos (...) vocábulos e orações na Escritura continuada, segundo a distinção e subordinação das idéias e sentidos que exprimem (...) é objeto da Pontuação" (*op. cit.*, p. 58).

Vislumbra-se em Barboza a percepção de que, no discurso, os fatos são, ao mesmo tempo individuados e postos em relação, condição necessária para a exposição e a compreensibilidade do dizer. O jogo que, das palavras do autor, se pode depreender entre o isolamento de unidades e o seu vínculo remete-nos, a exemplo de Védénina e de Catach, ao papel que os sinais de pontuação desempenham de indiciarem simultaneamente a duração e o movimento temporal na escrita.

Por sua vez, ao analisar o pensamento dos gramáticos do século XVIII sobre a pontuação, Tournier (1980, p. 29) elege as idéias de Beauzée como as mais representativas desse período. Para Beauzée, segundo Tournier, além da necessidade de respirar, a pontuação deve obedecer à *distinção dos sentidos parciais* que constituem o discurso e à diferença de *graus de subordinação* que convém a cada um desses sentidos parciais no conjunto do discurso[34]. É possível observar nos princípios que norteiam o emprego dos sinais, de acordo com Beauzée, tanto a ligação entre a pontuação e o tempo/duração quanto a ligação com o tempo/movimento: *distinguir sentidos* equivaleria, a nosso ver, à demarcação do tempo/duração, ao passo que estabelecer *graus de subordinação* destacaria o movimento das partes distintas, na medida em que se põem em relevo os *vínculos* entre estruturas lingüísticas.

Ainda um outro autor faz, sobre a pontuação, considerações que nos permitem tematizar sua relação com a dupla forma por meio da qual o aspecto temporal do ritmo se mostra na escrita. Abordando os dois indicadores gráficos que lhe parecem expressar a metonímia na literatura e na imprensa – os jogos de caracteres e os sinais da pontuação –, Bonhomme (1987) cita uma frase na qual a expressão "duas rodas" aparece entre aspas, empregada com o sentido de "velocípede". A explicação que o autor dá para esse tipo de ocorrência da pontuação é a de que "as aspas funcionam às vezes como signos de opacidade metonímica, dando a seu autor a possibilidade de não assumir verdadeiramente o tropo, ao mesmo tempo que o insere no texto" (*op. cit.*, pp. 84-5). A atitude de *não assumir* o fragmento demarcado *mas* de *inseri-lo* na continuidade do discurso é reveladora, a nosso ver, da ação rítmica do sujeito na escrita, de sua percepção intuitiva de como o tempo se instala na produção de seu texto, ao mesmo tempo como "resultado" e como "escoamento".

Uma última observação que gostaríamos de fazer e que se refere à dupla forma por meio da qual o aspecto temporal do ritmo é evidenciado na escrita diz respeito à ocorrência de

---

34. No Brasil, as idéias de Beauzée a respeito dos princípios fundamentais da pontuação são destacadas e assumidas, por exemplo, por Pereira (1909, p. 376).

determinadas expressões muito freqüentes na prática da escrita, verdadeiras marcas formais dessa atividade. Tais expressões típicas são, por exemplo, "como dissemos antes", "como veremos a seguir", "cf. p. (...)", todas elas sempre demarcadas por sinais de pontuação, como ocorre na seguinte frase de Cunha (1986, p. 617): "No exemplo de Fernando Pessoa, atrás citado, o travessão simples tem o mesmo valor."

Essas expressões parecem ser exemplares das funções de delimitar unidades e de remeter ao seu movimento que são simultaneamente desempenhadas pelos sinais de pontuação. Com efeito, ao mesmo tempo em que os sinais isolam um fragmento textual, promovem sua ligação com outros fragmentos do mesmo texto (e às vezes com textos diferentes, vistos como unidades, do mesmo autor ou de autores diferentes), fato, nesse tipo de exemplo, projetado de modo explícito no próprio *léxico* de que se compõem os fragmentos. Essa é, a nosso ver, a prova mais cabal do caráter rítmico da pontuação em seu duplo papel temporal. Permitimo-nos mesmo uma inversão de perspectiva: em vez de tratarmos tais expressões como unidades delimitadas pela pontuação, podemos vê-las como unidades contaminadas pelo ritmo da escrita. Desse modo, de tal forma o duplo papel remissivo da pontuação aponta para unidades e para relações entre unidades que esse papel não raro contamina o próprio léxico das formas, assim tornadas canônicas, de remissão da escrita.

Como procuramos demonstrar, o aspecto temporal do ritmo da escrita, em sua dupla forma, é indiciado em cada utilização de um sinal de pontuação. Alguns autores parecem ser mais sensíveis ao papel que os sinais desempenham de demarcarem o que vimos chamando tempo/duração; outros, mais atentos ao vínculo entre a pontuação e o que chamamos tempo/movimento; outros, enfim, a ambos os fatos. Seja como for, suas considerações abriram-nos a possibilidade de tematizarmos o que acreditamos ser sempre o papel de qualquer marca de pontuação no que diz respeito à indiciação da dimensão temporal do ritmo da escrita: o papel de destacar, de modo simultâneo, a dupla forma com que o tempo se inscreve na própria linguagem, ao mesmo tempo como duração e como movimento.

* * *

Com o fim de nossas discussões sobre as relações entre a pontuação e o tempo, encerram-se também nossas discussões sobre as compatibilidades que procuramos fazer notar entre as principais conclusões a que chegamos sobre o ritmo da linguagem, no capítulo 1, e o emprego da pontuação prescrito e/ou descrito por gramáticos e lingüistas. Encerram-se, portanto, nossas observações sobre os vínculos que estabelecemos entre, de um lado, a utilização da pontuação e, de outro: *a*) a necessidade de uma concepção de ritmo que o situe em toda a extensão da linguagem; *b*) o papel do ritmo na organização multidimensional da linguagem; *c*) as relações entre ritmo e sentido; *d*) as relações entre ritmo e enunciação; e, finalmente, *e*) as relações entre ritmo e tempo.

Procuraremos, a seguir, vincular o emprego da pontuação também aos resultados de nossas discussões, feitas no capítulo 2, sobre as intuições de Luria, Holden & MacGinitie, Abaurre e Corrêa acerca do fenômeno de que nos ocupamos.

2. Pontuação e percepções sobre o ritmo da escrita

Em nossa discussão sobre as intuições a partir das quais o ritmo da escrita foi percebido por autores que sugeriram ou tematizaram sua existência, chegamos a conclusões que poderiam ser reunidas em quatro grandes tópicos: *a*) o fenômeno que estamos designando como ritmo da escrita é percebido no contexto de discussões sobre os vínculos entre a escrita e a oralidade; *b*) escrita e oralidade, embora ritmicamente vinculadas, constituem códigos semióticos distintos, o que significa que cada uma dessas formas de expressão da linguagem possui ritmo próprio; *c*) o ritmo constrói o caráter simbólico da escrita por meio de elementos de várias dimensões da linguagem; e *d*) o ritmo da escrita é recuperado através de marcas que, como os sinais de pontuação, espacializam os elementos da linguagem na atividade gráfica, criando, entre os elementos espacializados, um movimento característico.

Como fizemos ao relacionarmos a utilização dos sinais de pontuação e o ritmo na linguagem, buscaremos observar de que modo a pontuação pode ser vinculada às conclusões (reunidas nos quatro tópicos acima) a que chegamos sobre a percepção que Luria, Holden & MacGinitie, Abaurre e Corrêa tiveram do que estamos caracterizando como ritmo da escrita.

A pontuação e as relações entre a escrita e a oralidade

Quando chegamos, no final do capítulo 2, ao produto de nossas discussões acerca do fenômeno que é nosso objeto de investigação, observamos que as sugestões de sua existência (feitas por Luria e por Holden & MacGinitie) e as tematizações a seu respeito (feitas por Abaurre e por Corrêa) ocorreram, sem exceção, em estudos nos quais se abordavam as ligações entre a escrita e a oralidade. Nosso objetivo, nesta etapa de nosso trabalho, será, pois, demonstrar de que modo a pontuação – marca que privilegiamos para a observação do ritmo da escrita – indicia, na escrita, suas ligações com a oralidade.

Para muitos autores que se inscrevem na tradição gramatical, a proximidade entre escrita e oralidade é tamanha que, praticamente, não fazem distinções entre esses dois diferentes códigos de expressão verbal. É exemplar, nesse sentido, a afirmação de Poças & Athanasio (1973, p. 15) de que "a língua escrita é a expressão gráfica da língua falada" – afirmação, a nosso ver, representativa do pensamento clássico de que "Grammatica he a Arte de falar e escrever correctamente a propria Lingua", a qual "se figura aos olhos, e se fixa por meio da escriptura" (Barboza, 1830, p. 1). Num contexto como esse explica-se, pois, o papel que autores como Kury (1982) atribuem à pontuação: "na tentativa de reproduzir as pausas, as cadências, o ritmo, a entoação da linguagem falada, utiliza a escrita certos SINAIS DE PONTUAÇÃO" (*op. cit.*, p. 65). Observe-se que Kury, embora reconhecendo o caráter de tentativa, mantém o caráter de reprodução que a escrita, a seu ver, faria da oralidade.

Já os autores que dão um enfoque lingüístico à pontuação, ao tratarem do que estamos definindo como uma indiciação, feita pelos sinais de pontuação, dos vínculos que a escrita mantém com a oralidade, não o fazem no contexto – praticamente único e sem alterações – em que os gramáticos tematizam essa questão. Os problemas ligados à pontuação emergem, para os lingüistas, em situações as mais diversas, que incluem desde o caráter simbólico da escrita e o estatuto lingüístico dos sinais de pontuação até questões ligadas à aquisição da escrita e ao ensino da produção textual e da leitura. Nessa variedade de situações, a indiciação que os sinais de pontuação fazem do vínculo entre a escrita e a oralidade é, de modo geral, amplamente contextualizada e, conseqüentemente, interpretada de diferentes maneiras.

Para Gruaz (1980, p. 8), por exemplo, os sinais têm "natureza extra-alfabética, ideográfica" e a indiciação que fazem, na escrita, da oralidade se deve ao fato de que "até o século XIX, todo mundo lia oralizando" (*id., ibid.*). Explicam-se, assim, para esse autor, os vínculos entre a pontuação e o domínio "prosódico" da linguagem. É de destacar, contudo, a percepção que Gruaz tem da relativa autonomia de que se revestem escrita e oralidade, expressa na concepção que tem do papel da pontuação: se, por um lado, a pontuação "restitui, tão bem quanto mal, o tom da voz humana", ela não deixa de ser, por outro lado, "uma técnica de substituição total da voz pelo olho" (*id.*, p. 9), já que se liga à imagem *visual* da língua.

Por sua vez, Catach (1980*b*, p. 17) tematiza o que entendemos como a indiciação que a pontuação faz dos vínculos entre a escrita e a oralidade num conjunto de funções variadas que podem ser desempenhadas pelos sinais de pontuação. Os sinais, para a autora, demarcam, na escrita, a "correspondência com o oral", do mesmo modo como atuam como organizadores da estrutura sintática e como suplementos semânticos da informação alfabética. No que se refere à correspondência com o oral, a pontuação está relacionada à indicação de tudo quanto, segundo a autora, se pode chamar resumidamente o "suprasegmental". Catach destaca, ainda, como função primitiva ("e sempre viva") da pontuação, a de marcar lugares para respiração. Mas, com o desenvolvimento da leitura visual, essa função, de acordo com a autora, é menos sentida pelo leitor, "embora esteja muito viva entre os escritores" (*id.*, p. 22).

Um outro papel para a pontuação, nas relações entre a escrita e a oralidade, é, também, lembrado por Catach. Em suas palavras, "freqüentemente é a ruptura da ordem das palavras que é mais reveladora, na oralidade, da carga afetiva e comunicativa da mensagem" (*op. cit.*, p. 23). Na escrita, a seu ver, a pontuação interviria no sentido de adaptar a sintaxe ao discurso, contribuindo, portanto, para aproximar a língua oral da língua escrita. Dessas colocações da autora, podemos, pois, inferir que a pontuação, ao mesmo tempo em que atua sobre uma sintaxe típica da escrita, imputa à escrita um movimento que pode aproximá-la do fluxo verbal característico da oralidade.

Como vimos, tanto gramáticos quanto lingüistas, embora sob perspectivas diferentes, não deixam de assinalar o papel que estamos atribuindo à pontuação de indiciar os vínculos entre a escrita e a oralidade. Embora nenhum dos estudiosos até aqui comentados chegue a ultrapassar o limite da constatação desses vínculos, suas observações constituem fortes pistas de que há, na escrita, uma propriedade que lhe é própria e que se sustenta na relação oralidade/escrita: seu ritmo. Na medida em que os sinais de pontuação indiciam os vínculos entre a oralidade e a escrita, constitutivos desta última, eles funcionam, conseqüentemente, como pistas apropriadas para a detecção do ritmo da escrita.

Busquemos, neste ponto, as características da oralidade que, de acordo com esses estudiosos, podem ser demarcadas pela pontuação. Dentre essas características, a delimitação dos movimentos respiratórios talvez seja aquela que mais chame a atenção, sobretudo dos gramáticos. Para Poças & Athanasio (*op. cit.*, p. 15), "os sinais gráficos (...) têm por finalidade (...) facilitar a respiração na leitura". Ribeiro (1955) destaca como fundamentos para a pontuação "indicar (...) a proporção das pausas que faz quem falla ou lê" (*op. cit.*, p. 706) ou atender à "necessidade physiologica de respirar" (*id.*, p. 707). Para Bueno (1958, p. 107), a pontuação "serve para auxiliar a respiração, indicando os pontos em que deve ser feita, marcando as pausas maiores ou menores nas quais a voz pode descansar a fim de não fatigar-se excessivamente quem lê, fala ou recita". Mesmo em Catach (1980*a*), que observa a pontuação sob enfoque lingüístico, os movimentos respiratórios são tematizados. Além da afirmação que a autora faz de que a função primitiva da pontuação era a de apontar os locais onde se podia e onde se devia respirar (comentada acima no contexto de outras questões tematizadas pela autora), ao se referir a estudos literários que tiveram como objeto a pontuação de escritores, Catach revela: "Percebeu-se (...) que cada escritor tinha sua pontuação, em que se poderia encontrar sua respiração, seu estilo, seu próprio ser" (*op. cit.*, p. 4).

Em outras palavras, características fisiológicas como as da respiração, diretamente ligadas à capacidade de expressão oral que tem o escrevente[35], são destacadas quando se trata de tematizar o papel que os sinais de pontuação desempenham, na escrita, de remeter à oralidade.

Mas não só a respiração, em si mesma, é destacada. Outras características da expressão oral, às vezes – mas nem sempre – vinculadas à delimitação dos movimentos respiratórios do sujeito escrevente, são apontadas pelos autores quando tratam das funções da pontuação. É o que se pode ver, por exemplo, em Cunha (1986, p. 605), para quem os recursos de pontuação "não têm apenas valor lingüístico, visam a indicar também a

---

35. A propósito do sujeito escrevente, cf. neste mesmo capítulo nossas discussões sobre o modo de sua constituição no interior da dupla dialogia constitutiva da escrita.

mímica, a expressão do corpo e do espírito que acompanha e valoriza a pausa lingüística". O mesmo autor, a propósito do ponto de exclamação, destaca o seu variado "valor melódico" e "pausal" para acentuar "a inflexão da voz e a duração das pausas pedidas por certas formas exclamativas" ou para sugerir "a mímica emocional" que, a seu ver, acompanha esse tipo de frase (*id.*, p. 606). Também a respeito do ponto de exclamação, Poças & Athanasio (*op. cit.*, p. 61) propõem ao leitor "escolher, entre as diversas possibilidades de inflexão exclamativa, a mais adequada, interpretando-a como expressão de surpresa, dor, alegria (...)".

Como se pode verificar, características como: os movimentos respiratórios; a coordenação entre as pausas lingüísticas e a mímica, a expressão do corpo e do espírito; a "mímica emocional" sugerida por pausas e melodia; e a correlação entre diferenças de inflexão e expressão de sentimentos são destacadas pelos autores quando tematizam os vínculos entre os sinais de pontuação e aspectos da oralidade aos quais eles podem remeter.

E mais. Os estudiosos vinculam o emprego da pontuação à recuperação do próprio contexto em que se desenvolveria a oralidade. O valor do ponto de exclamação, segundo Poças & Athanasio (*id.*, *ibid.*), "está intimamente relacionado ao contexto, uma vez que a melodia das exclamações apresenta muitas variações, e só através do contexto é possível interpretar a intenção do autor".

Em síntese, a pontuação indicia, na escrita, os mais variados aspectos por meio dos quais a oralidade se desenvolve e pode ser transcodificada. A própria dimensão de falante (já discutida neste capítulo) que assumem o escrevente e o leitor permite que os movimentos respiratórios, as variações melódicas, a mímica, a expressividade e mesmo o contexto de expressão verbal sejam impressos no ato da escrita e recuperados no ato de leitura.

Ao tematizarmos, acima, as relações que os gramáticos, em geral, e Catach (1980*b*) estabelecem entre a pontuação e a indiciação de movimentos respiratórios, destacamos o comentário dessa autora de que, com o desenvolvimento da leitura visual, essa função está sendo menos sentida pelo leitor. No entanto, mesmo em nossos dias, há textos que continuam a ser produzidos especialmente para serem lidos em voz alta, tais como os textos teatrais, os televisivos ou os radiofônicos. A diversidade de propósitos que levam à produção textual faz-se sentir, portanto, nas formas pelas quais os diferentes tipos de texto são pontuados, para que não se confunda, por exemplo, a demarcação de estruturas sintáticas, textuais etc. típicas da escrita com a demarcação dos locais de pausa nos momentos de leitura em voz alta[36].

Bueno (1958) parece antecipar essa situação ao postular a existência de duas formas de pontuação: a que ele chama pontuação escrita e a que ele chama pontuação oral. A primeira "obedece às regras da gramática, separando circunstâncias (...), orações intercaladas, oposições etc."; a segunda "é marcada pelo ouvido, regularizada pelos sentimentos que devemos ressaltar, pelas idéias que temos de colocar em maior relevo" (*op. cit.*, p. 120)[37]. É a distinção entre essas duas formas de pontuação que permite a Bueno explicar, por exemplo, por que nem toda pausa na escrita corresponde a um momento de respiração.

Borges (1986), por sua vez, ao comentar respostas a um questionário que Catach e Lorenceau enviaram a oitenta escritores "cujos livros se apresentavam em uma livraria de Paris" – obtendo respostas de mais da metade desses escritores –, destaca que "quase todos excluem do embasamento sintático a pontuação dos textos destinados à leitura em voz alta, no teatro, rádio, TV e cinema" (*op. cit.*, pp. 22-3). Ou seja, os escritores pontuam diferentemente seus textos, e essa diferenciação tem a ver, segundo o que pensamos, com os modos de leitura aos quais esses textos estarão posteriormente submetidos.

---

36. A propósito, para Tournier (1980, p. 29), "duas principais teorias (...) se afrontaram até nossos dias: a que considera que a pontuação responde às necessidades de clareza, de lógica, e a que lhe atribui uma função principalmente respiratória".

37. A idéia de uma pontuação oral, tal como descrita por Bueno, pode estar subjacente à afirmação de Mandryk & Faraco (1987) de que "a melhor 'regra' de pontuação ainda é o ouvido" (*op. cit.*, p. 325).

No tratamento que Bueno e Borges dão aos diferentes modos de pontuar um texto, podemos observar que os autores nada dizem a respeito da criação de novos sinais de pontuação que identifiquem, de antemão, os tipos de leitura que orientaram sua produção, a saber, leitura em voz alta ou leitura silenciosa.

Mas Lage (1990), ao tratar de textos escritos para o rádio, observa que, nesse tipo de texto, podem-se sobremarcar "os pontos com barras", fato que, a seu ver, previne, na leitura radiofônica, "ritmações defeituosas com prejuízo para o entendimento" (*op. cit.*, p. 63,). De modo semelhante, César (1990) sugere que, nesse mesmo tipo de texto, se observe sempre "a divisão de uma frase quanto à sua pontuação". Além dessa sugestão, o autor recomenda que os textos sejam divididos "com pequenas barras" nos locais em que se "deverá respirar". Acredita o autor que, com esse recurso, o locutor dificilmente terá problemas "com tomadas de ar durante a locução" (*op. cit.*, p. 73). Como se pode verificar a partir das considerações de Lage e de César, nos textos radiofônicos, cuja característica principal é a de serem produzidos para serem lidos em voz alta, há diferentes tipos de sinais indicando as diferentes características do texto que devem ser observadas por quem escreve e por quem lê. De um lado, os sinais tradicionais remetem à delimitação e à relação entre as partes de que se compõe o texto; de outro, sinais mais característicos do texto radiofônico remetem à localização dos pontos preferenciais de tomada de ar.

Contudo, mesmo quando se trata da delimitação de partes cuja identificação parece se dar mais a partir de sua estrutura gramatical – caso da chamada pontuação escrita de Bueno, da pontuação com embasamento sintático tematizada por Borges e da pontuação tradicional também presente nos textos radiofônicos – do que a partir de sua configuração rítmico-entonacional, os sinais de pontuação não deixam de remeter à evocação que essas partes delimitadas fariam de propriedades rítmico-entonacionais com as quais se marcariam na oralidade. Em suma, embora sejam marcas típicas da escrita, os sinais de pontuação trazem para a escrita não apenas características que lhe seriam próprias, mas também características da oralidade, ou, mais precisamente, a transcodificação de tais características.

A importância de se indiciarem, na escrita, características da oralidade se deve, a nosso ver, ao fato de que a recuperação do oral que se pode fazer a partir do gráfico possibilita uma grande e vantajosa fonte de compreensão do texto escrito. Considerações de Ikeda, Smith e Quirk *et al.* parecem confirmar essa nossa afirmação.

Ao tratar do emprego de vírgulas, Ikeda (1987, p. 199) observa que, através desse sinal, "o escritor pode indicar ao leitor uma determinada curva entoacional, aquela exigida pelo sentido que ele quer dar ao enunciado". Smith (1993, p. 54) propõe entender "a leitura oral de um texto como instrumento para fazer aflorar [a relação entre leitor e escritor], pelas implicações prosódicas que a pontuação traz". Finalmente, Quirk *et al.* (1985) estabelecem "uma relação direta entre fala e escrita, assim como, em sentido amplo, entre aspectos prosódicos da fala e mecanismos de pontuação na escrita" (*op. cit.*, p. 1443). Escrita e oralidade, de acordo com os autores, seriam de tal modo vinculadas que "é impossível compreender um texto escrito sem que se atribua a ele alguma prosódia – quer o tomemos silenciosamente ou o leiamos em voz alta" (*id., ibid.*). Ou seja, mesmo na leitura silenciosa é necessário que, para compreendermos uma seqüência de palavras, tomemos essa seqüência como fazendo parte de um grupo delimitado por aspectos rítmico-entonacionais – apreendidos cinestesicamente, na leitura silenciosa, através da representação mental que se pode fazer das características fônicas com as quais tal grupo de palavras poderia ser falado. Desse modo, nas palavras de Quirk *et al.*, "uma vez que aspectos prosódicos (...) têm a ver com o processamento da informação, e uma vez que a ligação entre as partes de um texto reflete a construção da informação, segue-se que a prosódia é um fator vitalmente importante na coerência textual" (*id., ibid.*).

Portanto, na indicação de um sentido preferencial de leitura de enunciados, no estabelecimento de uma interlocução, no processamento de informações que se transmitem através da escrita e no estabelecimento da coerência textual, a pontuação desempenha importante papel, na medida em que estabelece vínculos entre escrita e oralidade sem os quais a compreensão da escrita seria, se não impossível, extremamente dificultada. Nas palavras de Halliday (*apud* Smith, *op. cit.*, p. 61), o que a pontuação representa, quer se trate de sua orientação gramatical, quer se trate de sua orientação fonética, "não é qualquer tipo de pausa". Ao fazermos pausas quando lemos, em geral motivadas pela ocorrência de um sinal de pontuação no texto escrito, estamos reprocessando ou traduzindo a escrita para o código oral e, com esse trabalho de transcodificação, estabelecendo um modo de compreensão para o que se veicula por meio da escrita[38].

Sob perspectivas diferentes, procuramos demonstrar que, na escrita, os sinais de pontuação indiciam as relações entre esse código de expressão verbal e a oralidade. Da função primitiva de assinalarem pontos para respiração, destacada por Catach, da tentativa de reproduzirem a língua falada, suposta pelos gramáticos, à função de possibilitarem um recurso de interpretação para o texto escrito, os sinais de pontuação não deixam de trazer para a escrita, a todo momento, justamente os vínculos que essa modalidade de expressão lingüística mantém com aquela que historicamente a antecede: a oralidade. É importante, pois, que retenhamos essas constatações, as quais, como adiantamos, constituem fortes pistas para a detecção de uma propriedade que, sendo típica da escrita, orienta a organização dos textos escritos, qual seja, o ritmo próprio com o qual a escrita define seu estatuto em relação à oralidade.

A pontuação e o caráter simbólico da escrita

Ao discutirmos, no capítulo 2, o estatuto simbólico da escrita, destacamos, com base em trabalhos de Abaurre e de Corrêa, que aquilo que, na oralidade, se depreende de uma base

---

38. Mais informações sobre esse trabalho de transcodificação com o intuito de facilitar a compreensão na leitura, cf. partes anteriores deste mesmo capítulo.

articulatória e acústica desenvolve-se, na escrita, sob uma base gráfico-visual. Logo, a natureza espacial da escrita (oposta à natureza temporal da oralidade) é uma das propriedades que atribuem à escrita seu caráter semiótico enquanto código de expressão verbal.

Outra propriedade da escrita que, a partir de considerações de Abaurre, destacamos como reveladora de seu estatuto simbólico é o caráter *não-espontâneo* assumido por essa forma de expressão verbal – propriedade que se torna mais visível quando comparada à *naturalidade* com que a fala parece se desenvolver. A *não-espontaneidade* da escrita, conforme concluímos, decorre, sobretudo, de seu aprendizado mais institucionalizado, que envolve, entre outros fatos, a compreensão de que o contexto não-verbal que acompanha a oralidade deverá ser construído, na escrita, quase exclusivamente por meio de palavras. A disposição típica desses elementos verbais culmina, como discutimos, por atribuir à escrita uma sintaxe ou uma "gramática" que lhe seriam mais próprias, de modo tal que o caráter semiótico da escrita poderia ser definido, além de sua natureza espacial, por uma disposição característica dos elementos lingüísticos que a tornaria, quando oposta à oralidade, uma forma menos espontânea de expressão verbal.

Nesta etapa de nosso trabalho, é nosso propósito demonstrar o vínculo que existe entre a pontuação e as propriedades com base nas quais a escrita evidencia sua natureza simbólica e, como corolário, seu ritmo próprio. Em outras palavras, trataremos da indiciação que os sinais de pontuação fazem tanto do que definimos como a espacialização típica da escrita quanto do que definimos como seu caráter *não-espontâneo*.

Para tratarmos da espacialização da escrita, tematizaremos duas maneiras pelas quais, a nosso ver, os sinais de pontuação podem demonstrar essa propriedade – e, conseqüentemente, indiciar o ritmo próprio a esse código de expressão verbal.

A primeira delas diz respeito aos diferentes modos pelos quais um sinal de pontuação marca a espacialidade da produção gráfica, a saber: delimitando fragmentos discursivos na escrita; desempenhando o papel de morfemas; e revelando aspectos relativos às condições em que se deu a emergência desse código de expressão verbal. A outra maneira pela qual os sinais de pontuação demonstram a espacialização da escrita diz respeito ao papel que eles cumprem de traçarem lugares, na continuidade da escrita, em que determinados aspectos da oralidade poderiam ser evocados, o que remete à propriedade que a escrita tem de transcodificar – e assinalar por meio de marcas que lhe são próprias, como os sinais de pontuação – características da fala.

No que se refere à primeira maneira pela qual a pontuação indicia a espacialização da escrita, como já destacamos várias vezes no decorrer de nosso trabalho, os sinais de pontuação têm a característica de demarcarem fragmentos discursivos da *escrita* – fato que não passa despercebido, por exemplo, para Cunha (1978, p. 334): "ao ponto que encerra um enunciado escrito dá-se o nome de ponto final". Essa demarcação de fragmentos discursivos aponta também, no que nos interessa neste momento, para a *disposição linear no espaço* que tais fragmentos terão na escrita, evidenciando, conseqüentemente, esse aspecto essencial da sintagmatização da linguagem em sua expressão gráfica.

Mas, além de delimitar unidades que se dispõem linearmente no espaço, um sinal de pontuação, como bem observa Catach (1980a, p. 4), pode se comportar na frase "como um verdadeiro morfema, com o qual ele pode a todo instante comutar"; ou seja, a espacialização da língua que a pontuação pode indiciar diz respeito também ao fato de que uma marca de pontuação pode ter o mesmo valor de uma palavra escrita.

Ainda a propósito da primeira forma pela qual a pontuação demonstra a espacialização da escrita, aspectos mais diretamente ligados às condições nas quais emergiu esse código de expressão verbal devem ser considerados. Os sinais de pontuação dizem respeito à escrita, isto é, "a um sistema *segundo*[39] de comunicação" (Catach, 1980b, p. 16), produzido num momento dado da história, e, a um só tempo, estão ligados "à língua e à tipografia" (Gruaz, 1980, p. 8, retomando Catach). De acor-

---

39. A palavra *segundo* está em itálico também no texto da autora.

do com Tournier (1980, p. 36), são unidades *discretas* comuns "ao manuscrito e à imprensa" (Catach, *op. cit.*, p. 21). Além disso, a criação dos sinais pode ser associada à "passagem progressiva de uma cultura da voz e do ouvido a uma cultura do olho (...), do livro" (Catach, *apud* Gruaz, *op. cit.*, p. 15).

Desse modo, o papel que os sinais de pontuação desempenham de delimitarem unidades na continuidade do texto escrito e de se comportarem como correspondentes de morfemas, assim como os estreitos laços que eles mantêm com todos os fatos que cercam a emergência da escrita num momento dado da história, evidenciam, de antemão, não apenas a ligação orgânica dos sinais com o código escrito mas também com uma das propriedades essenciais desse código: sua natureza espacial.

A outra maneira pela qual os sinais de pontuação marcam o caráter espacial da escrita diz respeito, como já antecipamos, ao papel que eles cumprem de traçarem lugares, na continuidade da escrita, nos quais determinados aspectos da oralidade poderiam ser evocados.

Essa propriedade da pontuação, sob diferentes formulações, parece ter sido percebida por Silva e por Savioli, dentre outros autores. Silva (1981), ao tratar do emprego do ponto de exclamação, afirma que uma frase como "Ele veio me buscar!" poderia ser parafraseada, na escrita, como "Que bom que ele veio me buscar!", como "Eu não acreditava, mas ele veio me buscar!" ou como "Infelizmente ele veio me buscar!" (*op. cit.*, p. 101). No caso das paráfrases, é possível afirmar que a modalização que antecede a frase original funcionaria como uma forma de recuperação verbal do contexto de enunciação. Desse modo, em frases como "Ele veio me buscar", em que elementos do contexto não são verbalizados, o sinal de exclamação – ao imprimir-se em um local característico do espaço ocupado pela frase: o seu final – desempenharia o papel de estabelecer um nexo entre o dito através da escrita e determinadas circunstâncias que envolveriam a emissão da frase na oralidade.

Por sua vez, Savioli (1984) atribui às reticências a propriedade de indicarem "um intervalo de silêncio" (*op. cit.*, p. 113), associando a esse intervalo aspectos que interpreta como expressivos: " (...) hesitação, (...) descontrole emocional, (...) fazer reflexão" (*id.*, *ibid.*). Como se pode observar, o intervalo mencionado por Savioli é demarcado espacialmente na escrita, e funciona, a nosso ver, como um lugar a partir do qual características da oralidade (definidas, pelo autor, como da ordem da expressividade) poderiam ser recuperadas – sem serem verbalizadas. A pontuação demarcaria, pois, lugares nas frases "com o objetivo de fazer passar para o texto (...) os sentimentos" (Lorenceau, 1980*a*, p. 56).

Silva, Savioli e também Lorenceau, a partir de suas afirmações, permitem-nos destacar um modo característico de transcodificação da oralidade que se pode verificar na escrita – e que estaria na base do ritmo que lhe é próprio. Ao ocuparem determinados lugares na continuidade espacial da escrita, os sinais de pontuação funcionariam como índices – ou como uma espécie de apreensão metonímica – de características da fala que, não estando lexicalmente presentes na escrita, poderiam ser presentificadas por meio desses sinais. Nas palavras de Meschonnic (1982, p. 300), "a pontuação é a própria inserção do oral no visual".

Além de poder localizar espacialmente, na continuidade da escrita, a expressividade, as modalizações e demais elementos pragmático-enunciativos não-verbalizados que acompanham a atividade oral, há, ainda, uma outra maneira pela qual a pontuação insere o oral no gráfico. Observemos, por exemplo, o que Kury (1982) sugere em suas considerações sobre os parênteses. Uma de suas ocorrências típicas, segundo o autor, é "nas indicações cênicas, em peças de teatro ou similares" (*op. cit.*, p. 80). Nesses casos, a espacialização de elementos contextuais ocorre de dupla forma, ao mesmo tempo construída por palavras e demarcada pela pontuação e freqüentemente impressa com tipo diferente de letra. Não há, porém, redundância: a espacialização feita pelos parênteses parece ter como função demarcar a espacialização que os vários fragmentos discursivos fazem dos diferentes planos com os quais se constrói o texto teatral, uma vez que as palavras, nesse tipo de texto, além de construírem o dito, constroem também as circunstâncias do próprio dizer.

Em síntese, como vimos, na indiciação que os sinais de pontuação fazem da espacialização típica da escrita, podem-se verificar diversas maneiras pelas quais eles desempenham tal papel. Seu caráter gráfico (ou tipográfico) e seu vínculo com o estabelecimento do código escrito fazem com que os sinais *imprimam* na escrita a demarcação de fragmentos discursivos. Mas não apenas isso. Assinalam, ainda, os lugares nos quais determinados fatos que cercam a oralidade – e que, muitas vezes, escapam à lexicalização na escrita – podem ser recuperados. É justamente esse papel de espacialização não-lexicalizada próprio aos sinais de pontuação que nos permite dizer que eles, ao operarem na transcodificação que a produção gráfica faz da oralidade, indiciam o ritmo da escrita.

Mas, como já antecipamos, ao operarem na transcodificação que a escrita faz da oralidade, os sinais de pontuação indiciam, além do caráter espacial, também o que definimos como o caráter *não-espontâneo* da escrita.

Silva (*op. cit.*, p. 101) propõe *passos* para o ensino da pontuação aos estudantes que estão iniciando a aprendizagem da escrita. Esses sinais, segundo a autora, "seriam (...) introduzidos com base no valor significativo que emprestam à frase". Haveria, portanto, um percurso didático a ser seguido na aprendizagem – institucionalizada – das funções que a pontuação desempenha na escrita. Aprender a empregar sinais de pontuação significa, pois, em certa medida, aprender a escrever, o que nos remete aos vínculos entre a pontuação e o caráter "não-espontâneo" da escrita enquanto código semiótico.

A recomendação de Silva constitui, a nosso ver, um tipo de alicerce para afirmações que vários autores fazem acerca da compreensão do emprego dos sinais de pontuação. Nascimento (s/d, p. 173), por exemplo, denomina os sinais como "notações sintáticas" e associa diretamente seu emprego ao conhecimento formal da língua: "sem um conhecimento perfeito do período e seus elementos não se pode pontuar com precisão". A associação direta entre pontuação e conhecimentos de sintaxe pode ser verificada também em Pereira (1909): "as palavras e as frases se combinam ou relacionam para formarem o PERÍO-

DO GRAMATICAL, que praticamente se conhece por terminar em PONTO FINAL (.), e, às vezes, em PONTO DE INTERROGAÇÃO (?) ou de EXCLAMAÇÃO (!)" (*op. cit.*, p. 212). Savioli (*op. cit.*, p. 56), por sua vez, alerta ser enganoso "pressupor que toda pausa da língua oral corresponde a uma vírgula na língua escrita". Isso porque "a língua oral é mais livre de convenções e mais sujeita à individualidade do falante, ao passo que a língua escrita é mais vigiada por normas e mais apegada a usos adquiridos ao longo da tradição" (*id., ibid.*). Este mesmo autor estabelece "como pré-requisitos para o estudo da vírgula", por exemplo, conhecimentos sobre ordem direta e inversa, num contexto argumentativo em que alega estar abrindo "um espaço para estudar o uso da vírgula entre os termos da oração, assunto diretamente ligado à análise sintática desses termos" (*id., ibid.*).

Os vínculos entre o emprego da pontuação e a compreensão formal da língua são também tematizados, em outro contexto, por Lorenceau (1980*a*). Ao tratar do aumento na quantidade de sinais ocorrido a partir do século XIX, a autora destaca que, nesse século, abandona-se "uma concepção oral da pontuação para adotar uma concepção gramatical e sintática" (*op. cit.*, p. 51). O que passa a contar, segundo a autora, "acima de tudo, é a análise gramatical" (*id., ibid.*).

Como se pode verificar, a partir das considerações feitas por esses autores, a pontuação vincula-se diretamente ao caráter "não-espontâneo" da escrita, na medida em que está intimamente relacionada ao aprendizado formal da língua em sua expressão gráfica. É o conhecimento das estruturas gramaticais características da escrita que deve servir como referência ao emprego da pontuação.

Mas a vinculação da pontuação com a história parece indicar, no domínio da reflexão lingüística mais recente, um caminho que tem ido preferencialmente da frase em direção ao texto. Atualmente, a abordagem da pontuação não se limita a sua circunscrição ao conhecimento formal das estruturas gramaticais; mesmo o ensino das condições de emprego dos sinais de pontuação parece estar sendo vinculado, cada vez mais, ao ensino da produção textual e da leitura. Representativa dessa tendência é a compreensão que Smith (1993) tem dos sinais de pontuação: trata-se, para a autora, de "recursos importantes para a produção do texto escrito, na medida em que orientam leituras, desfazem ambigüidades, estabelecem ênfases, estruturam frases e parágrafos" (*op. cit.*, p. 54).

Como se pode ver, mais do que a estruturação formal do período, o que se está levando em conta no tratamento à pontuação é seu vínculo com a própria construção do texto escrito – o que não deixa, porém, de representar um novo modo de se estabelecerem laços entre a pontuação e o caráter *não-espontâneo* da linguagem em sua expressão gráfica. De um modo ou de outro, contudo, ao se ligar diretamente à *não-espontaneidade* característica da escrita, a pontuação está diretamente relacionada também a essa forma pela qual a escrita ostenta seu estatuto simbólico – sua natureza *não-espontânea* –, revelando aspectos dessa sua natureza e indiciando o ritmo que lhe é próprio.

* * *

Como vimos, os sinais de pontuação são marcas características do estatuto simbólico por meio do qual a escrita se funda como código de expressão verbal – são marcas típicas desse código e só dele.

Como tais, por um lado, os sinais de pontuação: operam na delimitação de fragmentos discursivos na escrita, equivalem a morfemas e acompanham as transformações pelas quais a escrita tem passado ao longo de seu estabelecimento como código semiótico; e operam também na assinalação de lugares em que fatos da oralidade podem ser evocados no processo de transcodificação que a escrita faz da utilização oral da linguagem. Em resumo, a pontuação não pode ser desvinculada de uma das propriedades essenciais a partir das quais a escrita se define como tal: a espacialização da linguagem.

Por outro lado, os sinais de pontuação ligam-se diretamente às condições que determinam o aprendizado da escrita, uma vez que seu emprego é regulado por regras que são aprendidas institucionalmente e que, de modo especial, dizem respeito à construção do discurso através da escrita. Em outros termos, a pontuação não pode ser desvinculada de outra das propriedades essenciais a partir das quais a escrita adquire estatuto simbólico: sua "não-espontaneidade".

Conseqüentemente, na medida em que o caráter ao mesmo tempo espacial e "não-espontâneo" da escrita, como já discutimos, está na base do ritmo que lhe é próprio e na medida em que a pontuação indicia esse caráter, já que a atividade de pontuar "constitui a rigor um caráter próprio da exposição escrita" (Câmara Jr., 1972, p. 71), os sinais de pontuação confirmam, mais uma vez, serem marcas muito apropriadas de detecção do ritmo da escrita.

A pontuação e as dimensões da linguagem na escrita

Nas discussões que fizemos, no capítulo 2, sobre as dimensões da linguagem que mais diretamente estariam envolvidas com a construção do ritmo da escrita (e, por conseguinte, com o estatuto simbólico da escrita), observamos que, sem exceção, os autores enfocados tematizaram a recuperação, sob forma representada, que a escrita faz de propriedades da matéria fônica da oralidade. Foram, ainda, tematizadas, por um ou mais autores, as dimensões sintática, textual e enunciativa da linguagem, esta última, mais especificamente, centrada nas relações entre o escrevente e a atividade verbal que executa.

Passaremos a tratar dos liames que a pontuação estabelece com cada uma dessas diferentes dimensões da linguagem, no sentido de indiciar a participação de todas elas na construção de um ritmo próprio à escrita. Embora acreditemos que a atuação da pontuação se dê simultaneamente em várias dimensões da linguagem, seguiremos, em nossa exposição, o tratamento isolado dado a cada uma dessas dimensões. Obedeceremos à seguinte ordem: dimensão fônica, dimensão sintática, dimensão textual e dimensão enunciativa (ou expressiva).

A dimensão fônica

Quando se observam as considerações dos estudiosos, é possível verificar que eles estabelecem vínculos entre a pontuação e vários aspectos da dimensão fônica da linguagem. Esses vínculos são mais lembrados quando se trata de tematizar o papel que a pontuação teria de assinalar PAUSAS e de delimitar CONTORNOS ENTONACIONAIS.

A ligação entre a pontuação e a indiciação de pausas parece remeter diretamente à finalidade principal com a qual, no passado, os textos eram produzidos: a leitura em voz alta. Esse fato é observado por Gruaz (1980a), ao comentar a relação preferencial que os gramáticos dos séculos XVIII e XIX estabelecem entre os sinais de pontuação e as pausas respiratórias. Exemplo em língua portuguesa é Barboza (1830, p. 83), para quem a finalidade da pontuação "é mostrar a quem lê as pausas menores e maiores que deve fazer". Segundo Gruaz, o estabelecimento desse tipo de relação "traz a marca de sua época, época da cultura da leitura em voz alta" (*op. cit.*, p. 12).

Mas, com a progressiva diferenciação ocorrida nos modos de leitura, a assinalação das pausas pela pontuação passa a ser vista principalmente como uma representação que a escrita faz de características da oralidade. Para Cunha (1978), por exemplo, "quando se passa de um grupo a outro grupo de idéias, costuma-se marcar a transposição com um maior repouso da voz, o que na escrita se representa pelo ponto parágrafo" (*op. cit.*, p. 333). Por sua vez, Lima (1978) observa que os sinais de pontuação assinalam *na escrita* "pausas rítmicas" que podem ser de três espécies: pausa que "não quebra a continuidade do discurso"; pausa que "indica o término do discurso ou de parte dele"; e pausa que serve "para frisar uma intenção ou estado emotivo" (*op. cit.*, p. 422). Nos dois autores, verifica-se, portanto, a assinalação de pausas relacionada à construção do *discurso escrito*, que se dá, conforme se pode deduzir das considerações dos autores, a partir da reconfiguração que a produção gráfica faz de certas características da linguagem falada.

A ligação entre a pontuação e a delimitação de contornos entonacionais é também, como antecipamos, bastante tematizada pelos estudiosos. Para Barboza, além da finalidade de orientar a respiração na leitura, a pontuação deve mostrar a quem lê "o tom e inflexão de voz" com que deve pronunciar "as diferentes partes e membros da oração" (*id., ibid.*).

Partes delimitadas, por exemplo, por parênteses, que, segundo Pereira (1909), "separam palavras ou frases explanatórias intercaladas no período", são caracterizadas por "tom mais baixo" (*op. cit.*, p. 387). Partes como orações adjetivas explicativas, delimitadas por sinais que indicam "que o enunciado não termina no lugar em que, em outras circunstâncias, a estrutura oracional poderia marcar o fim de uma oração" (Bechara, 1977, p. 195), caracterizam-se por sua "entoação suspensiva"[40] (*id., ibid.*)[41].

Também a delimitação dos períodos é quase sempre vinculada à melodia que as frases teriam na oralidade. Conforme Pereira (*op. cit.*): o ponto final "indica a finalização do período gramatical, com pausa correspondente à entoação própria"[42] (*id.*, p. 385); o ponto de interrogação, colocado no fim da sentença, "indica uma pergunta direta, com entoação apropriada" (*id., ibid.*); o ponto de exclamação, colocado no fim da sentença ou após uma interjeição, "designa surpresa, com modulação apropriada da voz" (*id.*, p. 386); os chamados, pelo autor, pontos de reticências "indicam suspensão ou interrupção do pensamento, com a entoação de quem se interrompe" (*id.*, p. 387).

Os próprios termos que tradicionalmente designam os tipos de frase, ao lado de seu apelo mais visível a tipos de atos que podem ser realizados pelos enunciados, remetem também a características estruturais que identificam esses tipos de atos (e de frases) com uma certa entoação. Veja-se, a propósito, a observação que Cunha faz sobre o ponto, remetendo-o, de mo-

---

40. Ou "pausal", segundo o mesmo autor – o que nos remete à delimitação ao mesmo tempo por uma pausa e por um contorno entonacional característico com os quais se identificam, na escrita, esses tipos de estrutura.

41. Cunha (*op. cit.*, p. 335) também se refere à "entoação suspensiva". Para o autor, ela é característica da delimitação que as vírgulas, os dois-pontos e o ponto-e-vírgula fazem de períodos que não se completaram.

42. Como se pode perceber, para o autor, a delimitação do período se dá ao mesmo tempo por uma pausa e por uma "entoação própria".

do relacionado, a características entonacionais da oração e a seu tipo declarativo: "o PONTO assinala a pausa máxima da voz depois de um grupo fônico de final descendente. Emprega-se, pois, fundamentalmente, para indicar o término de uma ORAÇÃO DECLARATIVA" (1986, p. 598). De modo ainda mais direto, os vínculos entre as designações dos tipos frasais e características entonacionais são estabelecidos por Kury (1973) e por Bechara (*op. cit.*). Para Kury, a "entoação das orações" é de três tipos básicos: "Enunciativa (...) Exclamativa (...) Interrogativa (...)" (*op. cit.*, pp. 17-8). Com um acréscimo e com uma diferença terminológica, para Bechara, as orações caracterizam-se, a partir de sua linha melódica, pela "entoação" assertiva, interrogativa, exclamativa e suspensiva ou pausal (*id.*, pp. 194-5).

Como se vê, o modo pelo qual unidades da escrita – tais como frases, orações ou períodos – têm sido identificadas vincula-se diretamente à tentativa de, ao escrever, evocar-se, por meio da pontuação, o conjunto de características com as quais essas frases e períodos seriam emitidos (e identificados) na oralidade. Inscritas na própria designação que os gramáticos dão aos tipos frasais, essas características estão presentes também na indiciação que os sinais de pontuação fazem da memória dos inúmeros atos verbais praticados pelo escrevente (e leitor) em sua atividade enunciativa enquanto falante.

Mas, além das pausas e dos contornos entonacionais, outros aspectos da oralidade podem ser verificados quando se observam os vínculos que os estudiosos estabelecem entre a pontuação e a dimensão fônica da linguagem.

Ao tratar da demarcação que os parênteses fazem de frases intercaladas, Pereira destaca que, "quando a frase intercalada é curta", esse sinal é "geralmente substituído por vírgulas, como acontece com as proposições interferentes" (*op. cit.*, p. 387). O mesmo autor recomenda o emprego de ponto-e-vírgula para "separar orações INDEPENDENTES COORDENADAS, quando estas têm certa extensão" (*id.*, p. 381). Como se pode observar, a EXTENSÃO da frase ou da oração é o critério que orienta o emprego dos sinais de pontuação.

Esse critério está presente também em Poças & Athanasio (1973) e em Olívia (1982). As orações reduzidas de infinitivo, para Poças & Athanasio, "quando pospostas à principal, virão precedidas de vírgula quando forem de grande extensão, omitindo-se essa pontuação em caso contrário" (*op. cit.*, p. 37). Para Olívia, "dispensam vírgula E, NEM se ligarem palavras ou orações curtas" (*op. cit.*, p. 62). Mais uma vez, portanto, é a maior ou menor extensão das orações que determinará o emprego ou não de um sinal de pontuação.

Além da extensão, outra característica da dimensão fônica da linguagem é associada pelos estudiosos ao emprego da pontuação: a INTENSIDADE. Para Sacconi, o ponto de exclamação pode ser repetido no final de uma frase quando se pretende "marcar um reforço (...) na intensidade da voz" (s/d, p. 347). Também Nogueira (1947) parece destacar essa propriedade ao explicar os efeitos da diferença de pontuação entre, de um lado, "Se todos concordam, eu não! discordo!" e, de outro, "Se todos concordam, eu não: discordo". Para o autor, a primeira forma indica que alguém teria "falado com energia (...) talvez zangado", ao passo que a segunda "indica certa moderação por parte de quem proferiu a sentença" (*op. cit.*, p. 24). A nosso ver, tanto nos dois casos destacados por Nogueira quanto na recomendação de Sacconi, trata-se da representação gráfica que a pontuação tenta fazer de como a frase teria soado se emitida na oralidade. Como já dissemos, numa época em que a escrita é produzida não necessariamente para ser lida em voz alta, não é a indicação de como a frase escrita deve ser emitida mas a transcodificação gráfica dessa emissão que é mais destacada pelos sinais de pontuação. É o ritmo da escrita (ou seja, tudo quanto esteja envolvido na transcodificação gráfica da atividade oral) e não a oralidade enquanto tal que a pontuação permite indiciar. Não se trata, pois, de uma deficiência da escrita em sua representação da oralidade, mas de um novo papel da escrita, no qual o registro gráfico, a partir das alternâncias rítmicas da oralidade tomadas como referência, insinua suas próprias alternâncias espaço-temporais.

Vimos que as pausas, a entonação, a extensão e a intensidade são vinculadas, pelos estudiosos, ao emprego da pontuação. Mas pelo menos Sacconi faz referência a mais uma característica da dimensão fônica da linguagem ao tratar da pontuação: a DURAÇÃO. Para o autor, além de marcar a intensidade, o ponto de exclamação é costumeiramente repetido "quando a intenção é marcar um reforço na duração (...) da voz" (*id.*, *ibid.*). Como exemplificação, Sacconi apresenta as frases "Quantas mulheres!!" e "Viva eu!!", nas quais, além de indiciar a intensidade com a qual elas poderiam ter sido emitidas na oralidade, a repetição do ponto de exclamação poderia estar indiciando, conforme deduzimos das palavras do autor, alongamentos na duração das vogais – especialmente das vogais acentuadas. Portanto, os sinais de pontuação podem evocar também características da oralidade como a duração.

Finalmente, sugestões de vínculos entre o emprego da pontuação e o destaque ao RITMO são tematizadas por alguns estudiosos. Contudo, a concepção de ritmo que se pode depreender dessas tematizações, de modo geral, é a do ritmo/regularidade, ritmo/medida. A título de exemplo, observemos as recomendações de Olívia para o emprego da vírgula em orações subordinadas adverbiais proporcionais. Para a autora, esse sinal é indicado "para separar orações subordinadas proporcionais, quando existirem dois termos correlatos de proporção" (*op. cit.*, p. 76); no caso da ausência de correlação, ou seja, "quando as construções forem diferentes", seu uso é dispensado. A mesma concepção pode ser verificada em Kury, para quem a vírgula deve ser usada "para separar os membros paralelos de um dito proverbial" (1982, p. 71). Alguns autores referem-se explicitamente ao ritmo quando tratam da pontuação. No entanto, nessas referências, o ritmo não aparece – conforme o concebemos – como um elemento organizador da linguagem: ou ele é mencionado como uma característica exclusiva da oralidade que a pontuação pode indicar, ou então, de modo difuso, é remetido à prática da escrita, associado apenas a uma dentre as várias propriedades com as quais o temos caracterizado neste trabalho. Kury, por exemplo, associa-o diretamente à oralidade: "na tentativa de reproduzir as pausas, as cadências, o ritmo, a entoação da linguagem falada, utiliza a escrita certos SINAIS DE PONTUAÇÃO" (*op. cit.*, p. 65). Já Borges (1986) tematiza-o a propósito da escrita, mais especificamente a propósito da prosa de Silviano Santiago. Mas, ao abordar a pontuação desse autor, Borges, a nosso ver, depreende do fenômeno rítmico apenas aspectos temporais: "o ritmo da frase (...) se iniciou mais lento por causa das divisões e vai-se acelerando" (*op. cit.*, p. 33). Finalmente, Poças & Athanasio tematizam-no ao tratarem de determinados recursos de pontuação que vêm sendo utilizados na escrita mais atual. Nesse contexto, as autoras observam que "a fragmentação dos períodos compostos em orações absolutas ou mesmo a transformação de alguns termos da oração em novas unidades de pensamento faz com que o leitor se detenha mais entre os grupos fônicos de certo texto, modificando-lhe o ritmo e, conseqüentemente, o próprio sentido" (*op. cit.*, p. 43). Como se vê, o ritmo, em Poças & Athanasio, embora tematizado a propósito da escrita, é visto apenas no que tem de ligação com os fatos do sentido. Contudo, pelo menos em Borges e em Poças & Athanasio, o ritmo é algo que se pode dizer também a propósito da escrita – e não apenas em referência à oralidade.

Abordamos diferentes aspectos da oralidade que, transcodificados pela escrita, podem ser vinculados aos vários empregos dos sinais de pontuação. Vimos que as pausas, a entoação, a extensão, a intensidade, a duração e – de modo difuso – o ritmo são aspectos da dimensão fônica da linguagem que, reconfigurados na atividade gráfica e demarcados, nessa atividade, pela pontuação, contribuem para atribuir-lhe um ritmo próprio.

Mas, conforme antecipamos, outras dimensões da linguagem podem ser vinculadas ao emprego da pontuação e à construção do ritmo da escrita. A sintaxe é a próxima que tematizaremos.

A dimensão sintática

O vínculo entre a sintaxe e os sinais de pontuação é tão forte que autores como Nascimento (s/d, p. 173) e Pereira (*op. cit.*, p. 376) não hesitam em chamá-los "notações sintáticas". Esse vínculo é exemplarmente descrito por Ribeiro (1919), para quem: "A pontuação é para a syntaxe o que a accentuação é para a lexeologia; a accentuação faz distinguir a significação das palavras isoladas; a pontuação discrimina o sentido dos membros, clausulas e sentenças do discurso. Os accentos são, pois, signaes lexeologicos; as notações da pontuação, signaes syntacticos" (*op. cit.*, p. 316).

Esses "signaes syntacticos", para a maioria dos estudiosos, delimitam unidades (da escrita) que se definem principalmente pela composição sintática e pelo papel que exercem na continuidade (também entendida sintaticamente) do texto escrito. A delimitação que os sinais de pontuação fazem de estruturas sintáticas é destacada, por exemplo, por Pereira, ao definir a pontuação. Com efeito, para esse autor, "a pontuação é o conjunto dos sinais gráficos [também chamados por esse autor, como vimos, *notações sintáticas* ou ainda *lógicas*] que têm por fim discriminar os diversos elementos sintáticos da frase" (*id., ibid.*).

Por sua vez, Barboza observa, além da delimitação, também a concatenação de estruturas sintáticas que os sinais promovem. Tal observação se dá no momento em que a pontuação é definida por Barboza como "a arte de na escritura distinguir com certas notas as diferentes partes e membros da oração e a subordinação de uns aos outros" (*op. cit.*, p. 83). Como se vê, sobretudo na tradição gramatical, a sintaxe está na base da própria caracterização da pontuação.

Mas o vínculo entre essa dimensão da linguagem e o emprego dos sinais de pontuação pode ser observado também nas considerações que os autores fazem sobre as funções da pontuação. Para Bueno (1964), além de um papel mais afetivo, de "externar o escritor a sua vida interior" (*op. cit.*, p. 131), os sinais de pontuação teriam um papel mais intelectivo, na medida em que operariam "como auxiliares do pensamento, em sua função lógica e intelectual, assunto das gramáticas" (*id.*, *ibid.*). Sob ótica lingüística, Catach (1980b), ampliando o papel da sintaxe, destaca, dentre outras, a função que a pontuação desempenha na "união e separação das partes do discurso, em todos os níveis" (*op. cit.*, p. 17), função que, segundo a autora, a pontuação cumpre na "organização sintática (...) dos planos do discurso" (*id.*, *ibid.*).

Os vínculos entre a pontuação e a sintaxe são, pois, tematizados pelos estudiosos não só ao definirem a pontuação como também ao abordarem as funções que a pontuação desempenha na escrita. E podem ser tematizados, ainda, a propósito de outros fatos da atividade gráfica, como, por exemplo, a questão da ordem das palavras ou da função sintática. Conforme já destacamos quando tratamos das relações entre a pontuação e o caráter "não-espontâneo" da escrita, autores como Nascimento (*op. cit.*) e Savioli (1984) vinculam estreitamente o emprego dos sinais a conhecimentos sobre sintaxe. Savioli, como vimos, supõe conhecimentos sobre ordem direta e inversa como "pré-requisitos para (...) estudar o uso da vírgula entre os termos da oração", assunto a seu ver "diretamente ligado à análise sintática desses termos" (*op. cit.*, p. 56). Analogamente a esses dois autores, ao tratar do emprego de vírgulas "para separar ITENS DE UMA MESMA SÉRIE", Telles (1984) usa como justificativa para esse emprego o fato de que tais itens são "palavras de uma mesma classe gramatical ou expressões da mesma função sintática" (*op. cit.*, p. 316). Vale ressaltar que Telles discute o emprego da pontuação no contexto mais amplo de distinções que faz entre falar e escrever: "a linguagem falada é espontânea e improvisada", ao passo que "a linguagem escrita (...) exige treino constante, maior concentração" (*id.*, p. 61).

De modo geral, como se pode depreender das considerações de todos os autores mencionados, são bastante estreitos os laços que unem pontuação e sintaxe. Contudo, algumas observações finais sobre esses laços devem ser feitas.

A sintaxe de que vimos falando a todo tempo é uma sintaxe típica da escrita; não deve, portanto, ser confundida com o aspecto mais genérico do relacionamento entre palavras ou expressões verificado, este sim, tanto na expressão oral quanto na expressão gráfica da linguagem. Trata-se de uma sintaxe *da escrita* porque se refere diretamente à transcodificação que a escrita faz, através de estruturas que se definem (também) sintaticamente, de circunstâncias que, na oralidade, muitas vezes não são verbalizadas – embora estejam presentes e sejam apreensíveis por meio das outras modalidades de expressão que freqüentemente acompanham a fala.

Conseqüentemente, nas recomendações que muitos gramáticos fazem de, por exemplo, se delimitarem por vírgulas as orações subordinadas adverbiais ou as orações subordinadas adjetivas explicativas, é da circunstancialização de fatos que, na oralidade, poderiam perfeitamente ser apreensíveis sem que fossem construídos por palavras que se está, com freqüência, tratando. Ou seja, a possibilidade de expressar – tão cara aos gramáticos – todas as "unidades do pensamento" de que se compõem as orações e os períodos nada mais é do que a explicitação, na escrita, por meio de lexicalização, daquilo que, na oralidade, seria compreensível sem explicitações verbais. Da indiciação que a pontuação faz de categorias da escrita e na medida em que os vínculos entre a pontuação e a sintaxe se estabelecem justamente quando a escrita, ao construir o seu estatuto simbólico, transcodifica a oralidade, podemos dizer que a relação pontuação/sintaxe revela também um ritmo próprio à escrita.

A dimensão textual

Outra dimensão da linguagem que também pode ser vinculada à pontuação é a dimensão textual. Os vínculos entre a pontuação e a organização textual, quando estabelecidos, o são, em geral, por estudiosos de orientação lingüística. No caso dos estudiosos que se inscrevem na tradição gramatical, os vínculos, na maioria das vezes, só podem ser inferidos, já que, para esses estudiosos, as ligações entre estruturas lingüísticas obedecem a princípios que, de acordo com a tradição gramatical, têm natureza predominantemente sintática. Entretanto, várias considerações que fazem sobre a pontuação manifestam, a nosso ver, percepções do que poderíamos definir como o estabelecimento de vínculos entre o emprego dos sinais de pontuação e procedimentos textuais.

Além de Corrêa (1994*a*) – que, conforme expusemos no capítulo 2, tematiza diretamente o papel que a pontuação tem de marcar graficamente as relações entre o ritmo da escrita e a coesão textual –, outros autores de orientação lingüística vinculam, de modo explícito, a pontuação a características da organização textual. Embora para Catach (1980*b*, p. 17) a pontuação marque, na escrita, sua organização sintática e sua correspondência com o oral, além de funcionar como complemento semântico com respeito à informação alfabética, em outro trabalho (1980*a*), a autora não deixa de perceber que os sinais de pontuação atuam "sobre toda uma porção de texto" (*op. cit.*, p. 4). Védénina (1980), ao tratar da pontuação de partes inseridas em orações, relaciona a distribuição das palavras que é feita nesses casos à sua distribuição em categorias chamadas pela autora de "parte-tema" e "parte-propósito" (*op. cit.*, p. 63). Na mesma direção de Védénina, Perrot (1980) distingue entre uma pontuação ligada, a seu ver, à sintaxe e outra a "fenômenos relativos à estrutura da mensagem" (*op. cit.*, p. 73), dentre os quais o autor destaca o tema e o rema. Smith (1993), por sua vez, em crítica que faz ao ponto de partida tradicional para a análise e descrição da pontuação – a frase –, propõe que a pontuação seja analisada "no espaço que é a razão e a conseqüência de sua existência – o texto" (*op. cit.*, p. 56). Rosa (1993), ao analisar a pontuação de textos impressos em português no período do Renascimento, afirma que, embora "estranha ou perturbadora aos olhos de um leitor moderno", a pontuação desses textos "constituía um sistema baseado numa análise lingüística elaborada, que não tomava a sentença como unidade básica, mas o próprio texto" (*op. cit.*, p. 65). Finalmente, Quirk *et al.* (1985), ao vincularem pontuação e prosódia, destacam que a recuperação de aspectos prosódicos na leitura, na medida em que estão envolvidos na construção da informação, "é um fator importante na coerência textual" (*op. cit.*, p. 1443).

Como se pode verificar a partir das considerações de todos esses autores, os vínculos entre pontuação e fenômenos textuais são estabelecidos de forma direta por todos eles. Mas vínculos entre os sinais de pontuação e aspectos lingüísticos que entendemos como da ordem da organização textual também podem ser depreendidos de considerações que os estudiosos fazem a propósito de outros fatos (que não estritamente textuais) que cercam a pontuação.

É o caso de Ferreiro & Teberosky (1987), que transcrevem o comentário de uma criança de cinco anos sobre o ponto que é altamente revelador, a nosso ver, da intuição da função textual da pontuação. Para a criança, de acordo com as autoras, o ponto é simplesmente um ponto, e o colocam "porque segue no outro lado" (*op. cit.*, p. 57). Ao que poderíamos contrapor um pensamento de Ferreira (*apud* Mattos e Silva, 1993) que funcionaria quase como uma explicação para essa intuição da criança: é função do ponto "antes coordenar que separar" (*op. cit.*, p. 79).

Do mesmo modo, outros autores fazem considerações sobre a pontuação que, a nosso ver, remeteriam diretamente a aspectos gerais da organização textual. Para Poças & Athanasio, "os pensamentos estão separados por um PONTO SIMPLES quando, encadeados, sucedem-se uns aos outros" (*op. cit.*, p. 41). Catach (1980*b*) atribui "uma função separadora e organizadora" aos sinais de pontuação (*op. cit.*, p. 21). Smith, ao tratar da pontuação de estruturas intercaladas, comenta sua "natureza paradoxal de estar na frase e a rigor a ela não pertencer integralmente" (*op. cit.*, p. 80). Gruaz destaca como um dos princípios da pontuação do século XVIII "a unidade do pensamento total" (*op. cit.*, p. 12), o que, a nosso ver, remete o emprego da pontuação a um tipo de unidade, na escrita, que transcende os limites tradicionais do período.

É possível, pois, com base nas considerações desses autores, inferir, de um lado, o papel da pontuação na ligação de elementos textuais que não são definidos sintaticamente – como ocorre na descrição de Ferreiro & Teberosky e nas observações de Ferreira, Poças & Athanasio e Catach – e, de outro, a definição de um elemento, delimitado pela pontuação, relativamente à globalidade do texto – como se pode deduzir das observações de Smith e de Gruaz.

Vimos, até agora, comentários dos estudiosos que, de modo direto ou por inferência, remetem-nos a aspectos *gerais* da organização textual e de sua demarcação por meio da pontuação. Mas os comentários que os estudiosos fazem sobre a pontuação apontam também para aspectos que consideramos como mais *específicos* da organização textual. Dois desses aspectos parecem se destacar: a TOPICALIZAÇÃO e a COESÃO. Mais uma vez, porém, os vínculos entre o emprego da pontuação e, de um lado, a topicalização e, de outro, a coesão textual nem sempre são intencionalmente feitos; a norma é que possam ser estabelecidos a partir de considerações variadas que os estudiosos fazem sobre a pontuação.

No que se refere às relações entre a pontuação e a TOPICALIZAÇÃO, trataremos inicialmente dos vínculos que podem ser inferidos a partir dos comentários dos estudiosos.

É freqüentemente recomendado pelos gramáticos delimitarem-se por meio de vírgulas estruturas "transpostas de sua ordem natural" (Ribeiro, 1955, p. 711). A mesma recomendação pode ser vista em Barboza (*op. cit.*, p. 90): "a todas as palavras e orações transpostas da sua ordem natural é de razão pôr-se-lhes vírgula". Nessas recomendações podem-se antever os vínculos entre o emprego da pontuação e fenômenos que poderíamos definir como de topicalização. Com efeito, para Barboza, as inversões são feitas "para apresentar e pôr desde logo à vista uma idéia importante que nos ocupa e queremos ocupe também o espírito dos ouvintes" (*id.*, p. 427).

De modo indireto, também a topicalização parece estar na base do comentário que Savioli (*op. cit.*) faz sobre o que estabelece como um "princípio básico" para o emprego de vírgulas. Para o autor, "estando a oração em ordem direta, isto é, sem inversões ou intercalações, o uso da vírgula é, de modo geral, desnecessário" (*op. cit.*, p. 56). Portanto, a delimitação por vírgulas de estruturas que, de algum modo, quebrariam a ordem direta da frase traz para a escrita problemas ligados à construção de todo o texto, problemas que interfeririam na própria disposição com que os elementos verbais se organizam em unidades como frases.

Fato interessante a se destacar é que nem sempre o que estamos definindo como topicalização deve ser, segundo os estudiosos, assinalado por pontuação. É o que se pode deduzir dos comentários de Cunha (1986) sobre a demarcação de adjuntos adverbiais antepostos. Para o autor, "quando (...) são de pequeno corpo (...) costuma-se dispensar a vírgula" (*op. cit.*, p. 593), que deverá, contudo, ser usada "quando se pretende realçá-los" (*id., ibid.*). No caso de a topicalização ser feita por meio de elementos antepostos de curta extensão, não basta, portanto, a anteposição; é de seu jogo com a representação de características fônicas da oralidade e com a intensificação do sentido que resultará sua demarcação pelos sinais de pontuação.

Vínculos diretos entre a pontuação e a topicalização são estabelecidos por Mandryk & Faraco e por Mollica.

Mandryk & Faraco (1987) recomendam a separação, por meio de vírgulas, de "circunstâncias com que acrescentamos informações ao 'foco da notícia'" (*op. cit.*, p. 334). Por outro lado, ao tratarem da pontuação de frases como "Ele, foi subindo (...) subindo (...)", os mesmos autores observam que a palavra *ele*, na frase dada, não exerce o papel de sujeito "mas funciona como uma espécie de 'complemento' [sem definição na gramática tradicional]" (*id.*, p. 338). Como justificativas para essa afirmação, os autores argumentam que "poderíamos ter: (...) Ele, ele foi subindo (...)" e que "a entonação caracteriza aí perfeitamente dois conjuntos de informação" (*id., ibid.*).

Mollica (1993), por sua vez, ao tratar da grande incidência de vírgulas entre sujeito e predicado em textos de escolares, observa que essa incidência é maior "quando o referente é topicalizado, é contrastado ou conectado a outros no discurso" (*op. cit.*, p. 99). Com base nesse fato, a autora caracteriza a vírgula como dêixis altamente eficaz, como processo anafórico e catafórico, "abrangendo pois os limites do texto" (*id., ibid.*). Na conclusão de seu trabalho, Mollica destaca que a pontuação "parece assumir claramente a função de marcar categorias sintáticas e/ou discursivas, como é o caso de tópico de sentença e de tópico do discurso" (*id.*, p. 101).

Em Mandryk & Faraco e em Mollica é, pois, possível verificar a estreita relação que a pontuação mantém com certas categorias da escrita as quais melhor se definem pelo papel que desempenham na totalidade do texto do que por sua função sintática.

No que se refere às ligações entre a pontuação e a COESÃO, os autores que mais diretamente estabelecem tais ligações são Corrêa e Rosa. As relações entre a pontuação e a coesão em Corrêa já foram discutidas no capítulo 2 deste estudo. Por sua vez, em Rosa, essas relações são tematizadas em considerações que a autora faz, como já mencionamos, sobre a pontuação de textos impressos em português no Renascimento. Tais considerações são feitas, no que mais especificamente nos interessa, quando a autora comenta a percepção de Cavaleiro[43] de que o emprego do sinal denominado *período* indicaria que "aquilo que está em questão é a pressuposição da existência de um elemento no texto, vinculado a outro, também aí presente" (*op. cit.*, p. 69). Conseqüentemente, para Rosa, a percepção de Cavaleiro trata "não de fronteiras de sentenças ou de orações, mas de coesão, que se pode dar no interior da oração, mas que pode transcender o nível da sentença" (*id.*, *ibid.*). Nos demais autores consultados, os vínculos entre pontuação e coesão são inferidos, como passaremos a ver, de comentários variados que os estudiosos fazem sobre a natureza e as funções da pontuação.

De modo geral, o emprego de dois-pontos explica-se em função de fenômenos que poderíamos interpretar como sendo de coesão textual. Observe-se, a propósito, a descrição das condições de emprego desse sinal feitas por Pereira: "indicar algum DESENVOLVIMENTO ou EXPLANAÇÃO da sentença antecedente" (*op. cit.*, p. 384). Semelhantemente, para Savioli, esse sinal deve ser usado "para esclarecer, desenvolver ou explicar melhor uma passagem anterior" (*op. cit.*, p. 112). Também para

---

43. O "introdutor da 'nova gramática' renascentista" em Portugal (Rosa, *op. cit.*, p. 67).

Poças & Athanasio, essa mesma marca de pontuação "assinala, na escrita, a pausa de uma frase não concluída, deixando antever, entretanto, que alguma coisa de essencial será dita" (*op. cit.*, p. 53). Por sua vez, para Bueno (1958), "os dois pontos indicam sempre que logo após virá a explicação, o esclarecimento do que foi enunciado" (*op. cit.*, p. 108).

Em todos esses autores, como se vê, esse sinal de pontuação serve para vincular uma porção de texto a outra. Nem sempre os autores explicitam qual é a natureza formal dos elementos que se vinculam através do emprego de dois-pontos; realça-se sobretudo o fato de que dois fragmentos textuais podem ser vinculados, de modo característico, por um sinal de pontuação.

Emblemática do papel que a pontuação pode desempenhar no estabelecimento da coesão textual é, ainda, a observação de Catach (1980*a*) de que um sinal de pontuação pode se comportar "como um verdadeiro morfema, com o qual ele pode a todo instante comutar" (*op. cit.*, p. 4). Especialmente quando cotejada com o comentário que Nogueira faz sobre o emprego de dois-pontos na frase "Se todos concordam, eu não: discordo." Com efeito, para este último, "aqueles DOIS-PONTOS indicam que a oração seguinte é uma conseqüência da precedente; eles suprem a falta de um POR ISSO, que se poderia intercalar ali" (*op. cit.*, p. 24). É fácil verificar que esse sinal não estabelece o vínculo textual entre as duas partes relacionadas apenas pelo fato de sua presença; também por evocar uma ausência, a de um típico articulador textual, sua presença é significativa no estabelecimento de relação entre os fragmentos.

Outro modo pelo qual a pontuação estabelece, a nosso ver, a coesão textual diz respeito a um emprego característico de vírgulas abordado pelos gramáticos: o de assinalar elipses. A título de exemplo, para Bechara, a vírgula é empregada "para indicar, às vezes, a elipse do verbo" (*op. cit.*, p. 338). Do mesmo modo, para Lima, usa-se a vírgula "para marcar a supressão do verbo" (*op. cit.*, p. 424). A relação entre a pontuação e a assinalação de elipse é tematizada também por Védénina, sob enfoque lingüístico. Para a autora, "nas frases elípticas, a pontuação anuncia a ruptura sintática assinalando o caráter não sintático da vizinhança das palavras que resulta dessa supressão" (*op. cit.*, p. 61). Na medida em que, nos casos de elipse, a pontuação cria vizinhança entre termos que não estão efetivamente presentes na frase, ou ainda, na medida em que indica a existência de "um vocábulo ou um sintagma implícito" entre os termos efetivamente presentes na frase (*id.*, p. 62), mais uma vez deparamos, vindo por outro caminho, com o papel que a pontuação tem de estabelecer a coesão textual.

Ainda um outro caminho que nos leva aos vínculos entre a pontuação e a coesão é aberto com freqüência pela tradição gramatical. A propósito dos parênteses, Sacconi destaca-lhes a função de "intercalar num texto qualquer comentário ou indicação acessória" (s/d, p. 348). Destaca também o autor que esses sinais devem ser usados principalmente "para separar qualquer indicação que se julgar conveniente, de ordem explicativa ou não" (*id.*, *ibid.*). Observe-se, portanto, o caráter dêitico do uso dos parênteses, implícito nos termos *comentário* e *indicação*. O próprio desdobramento do sujeito escrevente que se deduz da utilização dos parênteses é responsável pelo estabelecimento de relações entre fragmentos do texto que se explicam antes por sua natureza textual do que por sua composição sintática.

Em outras palavras, a delimitação, por meio da pontuação, de estruturas às quais os gramáticos atribuem caráter explicativo (que incluiria o que eles designam como comentários, citações, reflexões etc.) remete diretamente ao papel coesivo da pontuação, na medida em que tais estruturas têm como particularidade voltarem-se sobre outras estruturas, estabelecerem nexos – nem sempre sintáticos – com fragmentos textuais.

Uma observação que Poças & Athanasio fazem sobre a utilização de vírgulas em inversões remete-nos a mais uma forma pela qual a pontuação indicaria a coesão textual. Conforme as autoras, para tornar a frase mais clara, deve-se usar a vírgula "quando houver grande inversão de termos" (*op. cit.*, p. 24). O que nos chama a atenção na observação das autoras é que, quando se observam, na escrita, situações em que ocorrem grandes inversões, com freqüência se pode verificar que as inversões revelam a retomada formal de vários elementos do texto antes de seu prosseguimento. Trata-se, pois, nesses casos, não especificamente de um fato da sintaxe das frases, como se poderia inicialmente supor, mas de retomadas coesivas de elementos textuais, o que, a nosso ver, remete, mais uma vez, ao papel de que, nas inversões, os sinais de pontuação teriam de estabelecer a coesão textual.

Mas a assinalação das inversões pode estar indicando, além do fato de que a pontuação estabelece nexos ou recuperações *formais* de elementos textuais, o fato de que a coesão se daria através da reconfiguração que a escrita faz de propriedades da oralidade. Essa forma de coesão pode ser depreendida de considerações que Barboza faz sobre o papel das inversões. Para esse autor, além de "ajuntar em hum pensamento total muitas parciais", outra utilidade das inversões é "evitar a monotonia" (*op. cit.*, p. 427). Observe-se TOM em *monotonia*: há algo da matéria *fônica* da linguagem subjacente às inversões. Em outras palavras, além de serem recuperados pelo que têm de formal, os nexos coesivos estabelecidos pelas inversões são recuperados também pelos contornos fonéticos (obviamente reconfigurados na escrita) de que se investem as porções textuais que se ligam nessas inversões.

O mesmo autor, ao tratar das orações subordinadas, parece confirmar essas nossas observações: "quando as subordinadas começam o período, sempre ficam suspensas, fazendo esperar a principal; e quando o terminam, supõem aquela d'antes" (*id.*, pp. 367-8). Se se pode afirmar que tal suspensão diz respeito ao sentido, pode-se igualmente afirmar que diz respeito à recuperação da entonação com que as orações podem ser apreensíveis na escrita; a suposição de outra oração remeteria, por sua vez, ao vínculo coesivo entre subordinada e principal, freqüentemente demarcado pela pontuação. Conseqüentemente, os nexos entre subordinadas e principais, demarcados pelos sinais de pontuação, podem ser estabelecidos também pelas características entonacionais com que essas orações, por um lado, se identificam e, por outro, se relacionam. Vale, pois, pensar esse nexo sintático (via sentido e/ou via entonação) como sendo da mesma natureza das retomadas textuais, natureza que ao mesmo tempo define a relação sintática no domínio da frase e o suplanta.

O estabelecimento de nexos entre fragmentos textuais através da representação que a pontuação faz de características entonacionais pode ser deduzido também de considerações que Sacconi (1987) faz sobre o ponto-e-vírgula. Para Sacconi, esse sinal "indica pausa maior que a da vírgula e deve ser empregado para manter a entoação usada na oração anterior" (*op. cit.*, p. 343). Portanto, a coesão que o ponto-e-vírgula estabelece entre fragmentos textuais se dá não apenas pelo sentido mas também pela reconfiguração que a escrita faz de aspectos fônicos da emissão oral. Também no caso tratado por Sacconi, a coesão que vislumbramos pode se dar entre unidades que, além do sentido, repartem aspectos sonoros.

Do mesmo modo, os nexos entre fragmentos textuais podem ser estabelecidos pelas pausas que os delimitariam se emitidos na oralidade – pausas que, na escrita, seriam transcodificadas por meio de sinais de pontuação. Sacconi, como acabamos de ver, faz menção às pausas ao tratar do que entendemos como função coesiva do ponto-e-vírgula. Além desse autor, Ribeiro (1919) também as menciona, ao tratar do emprego do travessão. Para este último, o travessão indica "uma pausa maior que a do ponto e vírgula, e ao mesmo tempo pedido de attenção para as palavras que seguem" (*op. cit.*, p. 321). Como se vê, os nexos entre a parte que vem entre travessões e as partes com as quais ela se relaciona são estabelecidos por um jogo entre a continuidade dos fragmentos e as pausas que os delimitam. Esse jogo, insistimos, é transcodificado, na escrita, pela representação gráfica tanto das pausas (por meio da pontuação) quanto da continuidade sonora dos fragmentos (por meio da transcrição ortográfica tanto de elementos lexicais como de elementos não-lexicais, estes últimos na qualidade de características típicas da oralidade, submetidas à lexicalização na escrita).

Como se pode observar, os vários empregos da pontuação remetem, a nosso ver, a diferentes fatos da organização textual da linguagem na escrita. Alguns autores, sobretudo os de orientação lingüística, referem-se explicitamente aos vínculos entre a pontuação e a organização textual; mas uma leitura atenta dos autores que enfocam a linguagem sob prisma gramatical também pode revelar inúmeras intuições do que hoje podemos entender como papel textual da pontuação.

Voltemos aos objetivos desta parte de nosso trabalho. Como antecipamos, trataríamos dos liames que a pontuação estabelece com diferentes dimensões da linguagem no sentido de indiciar a participação de todas elas na construção de um ritmo próprio à escrita. Abordamos já os vínculos entre a pontuação e as dimensões fônica, sintática e textual da linguagem. Finalizaremos esta etapa fazendo algumas considerações sobre os vínculos entre a pontuação e a enunciação.

A dimensão enunciativa

Na verdade, esses vínculos já mereceram fartas considerações na primeira parte deste mesmo capítulo, ao tratarmos das relações entre a pontuação e as conclusões a que chegamos em nossas discussões sobre o ritmo da linguagem. Um aspecto, porém, foi deixado de lado nessas considerações sobre a pontuação e a enunciação: a expressividade na escrita.

A expressividade a que nos referimos diz respeito ao envolvimento do escrevente com a construção de seu objeto de escrita, ou, mais especificamente, ao fato de o escrevente organizar e manifestar seus estados subjetivos por meio de outro código de expressão verbal que não a oralidade. Tais estados, além de construídos e expressos na escrita por meio de palavras, são construídos e expressos, nesse código, também por meio da pontuação.

Essa percepção já vem da tradição gramatical. Bueno (1958), por exemplo, relaciona pontuação e expressividade, ao tratar da interpretação oral de textos escritos. Segundo esse autor, para ler de modo interpretativo um texto, primeiramente estuda-se a reunião de "fonemas em palavras, formando frases, contendo pois a parte intelectual do nosso assunto, aprendendo a maneira de torná-las mais expressivas por meio da pontuação, e, enfim, depois de bem compreender as idéias que essas frases encerram, depois de bem nos capacitarmos dos sentimentos que esses períodos ocultam, dar-lhes então toda a interpretação de que forem capazes" (*op. cit.*, p. 67). O próprio Bueno conclui: a pontuação é "uma interpretação e esta tem de ser subjetiva" (*id.*, p. 130). O mesmo autor, em outra obra, distingue entre um uso "lógico" e um uso "literário" da pontuação. Neste último, conforme o autor, "representam os sinais de que dispomos, as emoções, as mudanças da linguagem afetiva" (1964, p. 131).

Não apenas os usos, mas os próprios sinais remeteriam, segundo os estudiosos, à expressividade. Kury, a propósito, caracteriza como "subjetivos" o ponto de exclamação e as reticências. Segundo o autor, esses sinais são "próprios da linguagem expressiva, permitem maior margem de flutuação e liberdade, e é muito pessoal a sua utilização" (*op. cit.*, p. 65). O ponto de exclamação, para Ribeiro (1919), também é associado à expressividade, uma vez que deve ser empregado "no fim das phrases que exprimem affectos subitos, considerações vivas" (*op. cit.*, p. 320). As reticências, por sua vez, são empregadas, de acordo com Savioli, por "razões expressivas", denotando "hesitação (...) descontrole emocional (...) reflexão" (*op. cit.*, p. 113). Pereira, por fim, destaca a reunião, em finais de frases, de um ponto de interrogação e um ponto de exclamação ("notações subjetivas", para o autor) "para exprimir os dois movimentos da alma de quem pergunta e se admira" (*op. cit.*, p. 386).

Como se vê, a pontuação, de acordo com os gramáticos, teria no texto papel fortemente expressivo, na medida em que remeteria ao envolvimento com o qual o escrevente constrói o objeto de sua escrita. Barboza legitima essa nossa conclusão de forma exemplar. Ao tratar das elipses (que, conforme vimos, são, em geral, assinaladas por pontuação), o autor realça sua importância na escrita "para dar mais fogo e vivacidade ao discurso, e assim imitar melhor a marcha precipitada das paixões" (*op. cit.*, pp. 409-10). Semelhantemente, ao tratar das interjeições – também, em regra, assinaladas por ponto de exclamação –, o mesmo autor as define como partículas exclamativas "que exprimem os transportes da paixão com que a alma se acha ocupada" (*id.*, p. 100)[44]. Remete-as à linguagem primitiva, "que a natureza mesma ensina a todos os homens logo que nascem para indicarem o estado, ou de dor ou de prazer interior, em que sua alma se acha" (*id.*, pp. 100-1). Portanto, embora de modo limitado e impreciso, a pontuação é na escrita um recurso essencial para a transcodificação das emoções com as quais o escrevente se expressaria na oralidade.

Conseqüentemente, ao pontuar, o escrevente imprime emoções que, embora estreitamente ligadas à atividade oral, orientariam sua atividade escrita. Lembremo-nos de que Luria já caracteriza a pré-escrita como expressiva, na medida em que, conforme deduzimos de suas palavras, revelaria a tentativa das crianças de imprimirem graficamente (de modo reprodutivo, ainda) sua percepção de aspectos da oralidade. Na escrita adulta, porém, o escrevente já deve ter-se dado conta do caráter simbólico da atividade gráfica e de suas restrições quanto a reproduzir a oralidade. Com isso, a escrita passa a ser um recurso segundo para a organização e manifestação de seus estados subjetivos, os quais, como dissemos, embora fortemente vinculados à expressão oral da linguagem, nem por isso deixam de ser transcodificados na escrita por meio de procedimentos de lexicalização e, como acabamos de expor, por meio da pontuação.

* * *

44. A propósito de partículas exclamativas e do ponto de exclamação, esse sinal, a nosso ver, remete de modo especial à reconfiguração que a escrita faz de como as ações verbais seriam realizadas na oralidade. Os sentidos de "exclamar", de acordo com Ferreira (Ferreira, A. B. de Holanda, *Novo dicionário Aurélio da língua portuguesa*. 2ª ed. Rio de Janeiro, Nova Fronteira, 1986), apontam principalmente para a configuração fonética das ações verbais: "1. Pronunciar em voz muito alta; bradar. (...) 2. Bradar, gritar, vociferar, clamar (...)" (*op. cit.*, p. 739). Mas um sentido mais etimológico de *exclamar* ("clamar para fora") parece destacar, na configuração fonética das ações verbais, a exteriorização das emoções com que são vividas – e transpostas para a escrita.

Tratamos dos vínculos entre a pontuação e as diferentes dimensões da linguagem que, segundo considerações de Luria, Holden & MacGinitie, Abaurre e Corrêa, estariam na base da construção do caráter simbólico da escrita e, conseqüentemente, de seu ritmo próprio.

Contudo, considerações prévias de Meschonnic evidenciaram-nos que o ritmo da linguagem se estabelece empiricamente, mostrando-se através da organização das unidades lingüísticas *no episódio concreto de um ato enunciativo*. Mais ainda, evidenciaram-nos que o ritmo não é apenas mais um elemento da linguagem; ao contrário, pode ser tomado como uma organização multidimensional da linguagem, na qual unidades multifaciais ao mesmo tempo se definem e se relacionam (cf. capítulo 3). Trata-se, sem dúvida, de uma radicalização muito produtiva aplicável ao caráter relacional estabelecido entre marcas gráficas/dimensões da linguagem, de um lado, e marcas gráficas/ritmo da escrita, de outro.

É nesse sentido que acreditamos que o emprego da pontuação indicia a organização rítmica do texto escrito *em seu conjunto*, já que é em função da atividade enunciativa da escrita que as unidades a serem pontuadas se definirão e se integrarão. Em suma, a enunciação é o eixo organizador do ritmo, onde quer que o ritmo se mostre na linguagem e onde quer que ele possa ser indiciado pela pontuação. Se a delimitação de uma unidade coincidir com o que tradicionalmente se conhece como domínio sintático, por exemplo, não é esse domínio em si mesmo, de modo autônomo, que estará operando a identificação dessa unidade nem, tampouco, definindo os sinais de pontuação que podem delimitá-la; como vimos, nenhum nível da linguagem pode requerer para si o fornecimento exclusivo de normas para o emprego da pontuação.

Além disso, mesmo aquela pontuação entendida como mais sintática (ou mais fonológica) não pode ser definida, como se sabe, de modo consensual pelos estudiosos. O consenso, a nosso ver, quando existe, mais revelaria empregos consagrados e institucionalizados da pontuação nas práticas enunciativas do que a ligação direta entre uma categoria lingüística, definida sintática ou fonologicamente, e determinada marca de pontuação. É, pois, na prática da linguagem que o ritmo se estabelece (e se institui) e a pontuação o denuncia.

A pontuação e a detecção do ritmo da escrita

Ao tratarmos das tematizações que Abaurre e Corrêa fazem sobre o ritmo da escrita, observamos que o processo de escrita é registrado graficamente através de marcas específicas. Dentre essas marcas, conforme vimos, os sinais de pontuação se destacam, na medida em que, segundo Corrêa, colocam em evidência categorias textuais que, em virtude de sua relação, promovem um movimento para o texto escrito.

Nesse sentido, pode-se atribuir aos sinais de pontuação papel decisivo na detecção do ritmo da escrita, já que, ao delimitarem unidades da escrita, simultaneamente as relaciona na continuidade da produção gráfica.

Cremos já ter demonstrado a eficácia da pontuação no que se refere a indiciar o ritmo da escrita. Com efeito, procuramos destacar, durante cada parte desta etapa de nosso trabalho, de que modo a pontuação se vincula estreitamente aos vários aspectos do ritmo da linguagem (de modo geral) e do ritmo da escrita (de modo específico) de que tratamos. No entanto, para finalizar este capítulo, gostaríamos de realçar, uma vez mais, o mérito de muitos dos estudiosos da tradição gramatical que manifestam, a nosso ver, não só a intuição do que estamos identificando como ritmo da escrita como especialmente do papel fundamental da pontuação na indiciação dessa propriedade definidora da escrita. É o que se pode ver, a título de exemplo, em Nogueira (1947), para quem a pontuação "é a representação gráfica da delimitação dos juízos contidos em um discurso e da sua inter-relação" (*op. cit.*, p. 22). Ainda o mesmo autor, ao tratar do emprego da vírgula, observa que esse sinal "só se deve aplicar para indicar orações que de algum modo estejam dependendes umas das outras, ou pela forma, ou pelo sentido", especificando, inclusive, as várias naturezas dessas dependências: "relatividade (...) integração (...) oposição (...) paralelismo (...) etc." (*id.*, p. 29).

Nogueira, de modo exemplar, manifesta, pois, a percepção de que a pontuação não apenas delimita mas também estabelece nexos (formais e semânticos) entre unidades da escrita, o que, segundo o que pensamos, significa intuir seu papel na indiciação de um ritmo que é próprio à produção verbal escrita e só a ela.

3. Considerações finais

Retomemos, para finalizar, os objetivos deste capítulo.

Nossa principal preocupação foi demonstrar que as marcas gráficas que escolhemos como indiciadoras do ritmo da escrita podem, com sucesso, contribuir para a operacionalização da análise da produção escrita dos vestibulandos (nosso próximo passo).

Num primeiro momento, procuramos checar a compatibilidade dos sinais de pontuação com as principais conclusões a que chegamos em nossas discussões sobre o ritmo da linguagem em geral. Vimos, então, que a pontuação indicia o papel organizador do ritmo em toda a extensão da linguagem, assinalando a construção multidimensional que o ritmo faz dos elementos lingüísticos e destacando, especialmente, as funções que o ritmo desempenha no estabelecimento da significação, na configuração da atividade enunciativa e no funcionamento temporal da linguagem.

Num segundo momento, buscamos ver a compatibilidade entre as marcas de pontuação e o produto das discussões que fizemos sobre as intuições a partir das quais o ritmo da escrita é percebido pelos autores que, de algum modo, sugeriram ou tematizaram sua existência. Nesta etapa, observamos, primeiramente, que a pontuação indicia os vínculos entre a escrita e a oralidade, na medida em que revela tentativas de reprodução da língua falada e na medida em que funciona como um recurso de interpretação para o texto escrito. Observamos, também, que a pontuação indicia a constituição da escrita como um código particular de expressão verbal, já que revela, no processo de representação simbólica próprio da escrita, a espacialização da linguagem, bem como sua "não-espontaneidade". Observamos, finalmente, que a pontuação indicia a construção do próprio estatuto simbólico da escrita, uma vez que denuncia a transcodificação que, na atividade expressiva, as dimensões fonológica, sintática e textual operam de características da oralidade.

As bases de nosso método de análise estão postas. Seguiremos, pois, no rastro deixado pela pontuação, a indiciação do papel organizador do ritmo na linguagem, em sua expressão gráfica. Buscaremos, no *corpus* a ser analisado, o modo pelo qual, ao organizar a linguagem num ato enunciativo, o ritmo, ao mesmo tempo em que a fragmenta em unidades multidimensionais, promove sua integração num fluxo discursivo (visto, este último, num movimento entre o que é produto e o que é processo na atividade verbal).

Partiremos dos efeitos dessa organização, os quais, na produção gráfica, se fazem sentir especialmente pela maneira como o escrevente, ao se constituir como tal no processo de escrita, assinala seu texto por marcas de pontuação. Conseqüentemente, chegaremos ao modo pelo qual essas marcas definem, além da organização da atividade gráfica, a própria constituição do sujeito nessa atividade.

Capítulo 4 **Unidades rítmicas da escrita: constituição e movimento**

Este capítulo, conforme antecipamos na *Introdução* de nosso trabalho, será consagrado à análise do *corpus* que escolhemos para verificar o ritmo da escrita: 109 redações do Vestibular UNICAMP. Todas elas foram produzidas para o exame de 1991 e fazem parte da amostra (desse ano) constituída, segundo critérios estatísticos de aproveitamento para cada tema e para cada tipo de texto solicitado, pela Comissão de Estatística do Vestibular.

Essas redações apresentam, ainda, como elemento comum o fato de terem sido produzidas como textos argumentativo-persuasivos, o que, em termos do Vestibular UNICAMP, significa que seus produtores, dentre três propostas temáticas, optaram pela produção de um texto em formato de carta, obedecendo às condições que passaremos a transcrever:

TEMA C

Como você deve saber, o novo Congresso, eleito no dia 3 de outubro, deverá rever a Constituição promulgada em 1988. Um aspecto que certamente merecerá a atenção dos congressistas é o da obrigatoriedade do voto, uma vez que foi extraordinariamente alto o índice de votos em branco e nulos nas últimas eleições.

Tomando como base as informações e opiniões contidas na coletânea abaixo, escreva uma carta a um congressista argumentando contra ou a favor da manutenção da obrigatoriedade do voto e solicitando que ele, na condição de representante do povo, defenda essa posição em plenário.

1. O alistamento eleitoral e o voto são:
   I – obrigatórios para os maiores de dezoito anos;
   II – facultativos para:
      a) os analfabetos;
      b) os maiores de setenta anos;
      c) os maiores de dezesseis e menores de dezoito anos.
   (Constituição da República Federativa do Brasil, art. 14, § 1º)

2. O voto em branco é uma manifestação mais que perfeita do eleitor que foi votar apenas para cumprir a obrigação e evitar as penalidades que a lei impõe. Já nos casos dos nulos, seria preciso distinguir quem realmente não sabe votar e quem quis, por expressões e rabiscos, se rebelar contra esse processo eleitoral. (...) Mas continuo defendendo o voto obrigatório até como fator de educação cívica. O número de eleitores seria muito pequeno se o voto fosse facultativo.
(Aristides Junqueira, procurador-geral da República, em entrevista publicada no jornal *O Estado de São Paulo*, 21.10.90)

3. O deputado reeleito Roberto Cardoso Alves (PTB-SP) criticou o também reeleito Maurílio Ferreira Lima (PMDB-PE) pela proposta da emenda constitucional que torna o voto facultativo:
– Só irão votar os eleitores de esquerda, porque os nossos, só pagando.
(*O Estado de São Paulo*, "Coluna 3", 18.10.90)

4. O resultado das eleições demonstrou que a não-obrigatoriedade do voto deve se transformar na próxima conquista da liberdade democrática, inclusive como fato revelador da importância da própria função política. Assim, seria melhor dizer que todo o poder emana do povo, que o exerce por meio de representantes eleitos pelo voto consciente, livre e facultativo, sem qualquer coação.
(J. I. Souza, em carta publicada no "Painel do Leitor", *Folha de São Paulo*, 23.10.90)

5. O número mais novo da cantora Madonna, 32 anos, é um anúncio de TV em que ela aparece enrolada na bandeira dos Estados Unidos. Não se trata de algum escândalo envolvendo símbolos nacionais. Madonna é a nova arma do governo americano para reduzir a abstenção nas eleições do país, onde o voto não é obrigatório e a metade dos

eleitores ignora as urnas. "Votar é tão importante quanto ter relações sexuais. Sem ambas as coisas, não existe futuro", diz ela.
(*Veja*, ano 23, n.º 43, 31.10.90)

ATENÇÃO: Ao assinar sua carta, use apenas as iniciais do seu nome.

Conforme vimos insistindo no decorrer de todo nosso trabalho, é na enunciação que deveremos buscar não apenas a fragmentação da linguagem em unidades rítmicas como também a inter-relação entre essas unidades num fluxo discursivo. Com vistas ao trabalho de análise rítmica de nosso *corpus*, passaremos, pois, a destacar aqueles aspectos enunciativos que se mostram como mais gerais na produção dos textos que compõem o nosso material.

1. Aspectos enunciativos

É constitutiva do próprio tipo de texto solicitado a construção de uma interlocução explícita entre duas figuras textuais. No caso dos textos em análise, o escrevente deve construir essa interlocução assumindo a figura de um eleitor (que deve ser marcado como uma pessoa sintonizada com os eventos políticos que se destacaram em 1990, especialmente a revisão constitucional e o resultado das eleições) relativamente à criação da figura de um parlamentar.

Como se trata de uma prova em que o candidato deverá ser avaliado não apenas por sua capacidade de escrita mas também por sua capacidade de leitura, faz parte das condições que presidem a enunciação por escrito dos candidatos seu confronto com fragmentos discursivos de um modo ou de outro relacionados com a proposta temática que deve orientar a produção da carta a um parlamentar. Tais fragmentos mostram-se como preferencialmente informativos (como se pode notar especialmente no fragmento 1) ou funcionam como elementos de uma polêmica, na medida em que evidenciam diferentes posições assumidas por seus produtores com relação ao que é proposto como tema (como se pode notar especialmente nos fragmentos 2, 3, 4 e 5).

O candidato, ao construir o jogo enunciativo entre a figura do eleitor e a figura do parlamentar, deve, pois, fazê-lo em função das diferentes perspectivas enunciativas que se podem ler nos fragmentos discursivos – os quais, obrigatoriamente, devem servir de base para sua produção textual. Desse modo, a figura de eleitor que o candidato construirá deverá definir-se não apenas em relação a um Outro marcado textualmente (o parlamentar) mas também relativamente às diferentes perspectivas enunciativas com as quais o candidato se defronta na coletânea que acompanha a proposta temática.

Mas a produção textual do candidato não se baseia apenas na leitura da coletânea que lhe é apresentada no momento da prova. Sua produção também é atravessada pelo que já pôde ler (de textos e do mundo) e pelo modo como pôde fazê-lo, leitura que se caracteriza, pois, como constitutiva da atividade enunciativa do candidato. Conseqüentemente, a criação de um jogo entre figuras textuais na enunciação por escrito do vestibulando é produto do cruzamento entre as diferentes perspectivas enunciativas com as quais ele se defronta no momento da produção textual e a singularidade de seu modo de leitura, constituído na própria história do candidato.

A produção escrita dos candidatos é atravessada, ainda, por determinações como a de sua inserção no tempo-espaço "real" da enunciação; notadamente, a constituição de sua subjetividade relativamente aos eventos que compõem o cenário político-econômico de dezembro de 1990, quando se deu a produção dos textos de nosso *corpus*.

Nesse tempo-espaço "real" e organizando a construção de todos esses fatos sob forma de uma carta, encontra-se a situação do vestibular em si mesma. Assim, a criação da figura do eleitor em função da figura do parlamentar se dará sem que o candidato se esqueça da sua condição de vestibulando e da situação de competição à qual está submetido. Vai se dar, pois, sem que o candidato se esqueça de que sua carta é, de fato, o que, de modo genérico, lhe soa como uma redação a ser corrigida, uma espécie de passaporte para sua entrada na universidade.

Uma interlocução "de fato" preside, portanto, a construção da interlocução marcada textualmente. O vestibulando define-se como tal relativamente à banca de correção de sua redação (e, em grau talvez menos consciente, relativamente à banca de elaboração da prova de redação e, por extensão, à própria instituição Vestibular UNICAMP).

Por sua vez, essa interlocução "de fato" pode ser entendida como uma interlocução indireta pelo menos por dois motivos: o primeiro deles porque se trata de uma interlocução à distância, característica não apenas do tipo de texto que o vestibulando deve produzir, mas de qualquer exemplar de enunciação via escrita; o segundo, porque, como qualquer forma de interlocução, independentemente do meio pelo qual ela se processa, as relações inter-subjetivas são atravessadas pelo que Pêcheux (1990) chama de formações imaginárias e de antecipações. Em suma, à distância, o vestibulando projeta em seu texto (ao construir a figuração entre um eleitor e um parlamentar) o produto do imaginário que faz daqueles que ele constitui como seus interlocutores "de fato": a banca de correção de sua redação, a banca de elaboração da prova e a instituição Vestibular UNICAMP.

Na medida em que o propósito que nos orienta nesta etapa de nosso trabalho é a análise rítmica dessa produção específica, o que mais diretamente nos interessa desse processo de escrita é buscar, num primeiro momento, o modo como ele se marca através de unidades rítmicas. Num segundo momento, nosso interesse se voltará para o jogo entre essas unidades no interior do produto textual. Em outras palavras, buscaremos, nesses dois momentos, o modo pelo qual o ritmo revela sua propriedade antitética *descontinuidade/continuidade* ao estabelecer a organização multidimensional da linguagem – cujo efeito, conforme discutimos no primeiro capítulo, pode ser descrito como a sistematização de fragmentos descontínuos de linguagem na continuidade própria a um fluxo verbal.

2. A constituição das unidades rítmicas

Conforme ficou, por diversas vezes, antecipado, as pistas que seguiremos para a detecção das unidades rítmicas da escrita são as marcas de pontuação. Isso significa que, na busca às unidades rítmicas dos textos que compõem o nosso *corpus*, vamos nos orientar pelos rastros do processo de escrita desses textos que foram deixados por seus produtores sob a forma de sinais de pontuação.

Uma análise geral da utilização de sinais de pontuação nesses textos revela que os sinais mais empregados por seus produtores são a vírgula e o ponto. Como seria de esperar, tendo em vista o flagrante que esses textos apanham no processo de aquisição da escrita por parte de escreventes já em situação de vestibular, esses dois sinais, além de serem utilizados um número de vezes muito maior do que qualquer outro tipo de sinal, constam de absolutamente todas as redações de nossa amostra. Na medida em que os espaços em branco correspondentes à delimitação de parágrafos podem ser considerados como marcas de pontuação (cf. Goes e Palhano, 1965, p. 248), esse tipo de marca, ao lado da vírgula e do ponto, ocorre também com grande freqüência, já que constatamos ter sido, mais de uma vez, empregada em todos os textos, sem exceções. Em número reduzido, constam, ainda, de alguns textos os pontos de interrogação e de exclamação, os parênteses, os travessões e as aspas. Um único caso de emprego de reticências foi verificado.

Dois fatos relativos à utilização dos sinais de pontuação nas redações merecem destaque.

Com alguma freqüência, podem ser notadas nos textos demarcações em locais em que, de acordo com as normas mais gerais do emprego da pontuação, não deveriam existir. De modo geral, essas demarcações propõem quebras entre membros de um único constituinte sintático, como se pode verificar nos exemplos seguintes:

> Não porque sou um sujeito irresponsável, que queira aproveitar este dia de feriado, mas sim por razões, que com o tempo observei e cheguei a esta conclusão. (L 097; S 056)[45]

> Isto demonstra claramente, que o povo, apesar de sua pouca instrução, tem consiência[46] do que está acontecendo na política nacional. (L 107; S 015)

Também com bastante freqüência verifica-se a seleção de um sinal de pontuação que não o mais adequado, de acordo com as normas gerais de pontuação, para o tipo de demarcação pretendida. É o que se pode observar nos exemplos abaixo:

> Uma das frases que me deixou entrigado foi: "Como posso votar se não tenho nem casa pra morar." (L 067; S 046)

> mas enquanto não houver candidatos que agradem a população, o voto será apenas uma obrigação, deixando de ter sua função básica, a de simbolizar a vontade da sociedade. (L 136; S 034)

Independentemente, porém, da obediência às normas que regulam o emprego da pontuação, o que, a nosso ver, se torna digno de nota é a necessidade que o escrevente tem de demarcar, por meio de sinais, determinadas unidades estruturais de seu fluxo verbal escrito. Desse modo, o que nos é particularmente significativo é o próprio fato de se delimitarem estruturas por meio da pontuação, independentemente de essa delimitação estar ou não de acordo com normas de pontuação. Levaremos, portanto, em consideração, para o propósito de análise, toda e qualquer demarcação de estruturas por meio da pontuação, já que o ato de demarcar supõe, por parte de quem o faz, a percepção da existência de algum limite – que entendemos como rítmico.

Quanto à natureza básica dos limites identificados, conforme já discutimos ao tratarmos das relações entre a atividade de pontuar e a demarcação de aspectos enunciativos na escrita

---

45. As redações que compõem a amostra são catalogadas pelo número dos LOTES (L) em que foram agrupadas e pelo número da SEQUÊNCIA (S) em que foram dispostas nesses lotes.
46. Todos os trechos serão transcritos com os problemas ortográficos e estruturais com que os vestibulandos os produziram.

(cf. capítulo 3), os sinais de pontuação, ao assinalarem limites no fluxo enunciativo, fazem-no basicamente de três maneiras: *a*) interrompem o fluxo; *b*) suspendem o fluxo; e *c*) demarcam o que é sentido pelo escrevente como correspondendo a um fluxo completo, com início e final.

Como exemplos de unidades rítmicas que constituem uma interrupção de fluxo, em nosso *corpus*, observemos aquelas em destaque nas seguintes seqüências:

> Diante dos fatos que essas ultimas eleições (*para governador e presidente*) nos apresentaram, o voto obrigatório deveria ser eliminado da Constituição. (L 335; S 020)

> Acho eu que o povo cansou-se de ouvir promessas e mais promessas – *muitas infundadas* – de melhorias do nível de vida e sobre segurança, que na verdade nunca ocorreram. (L 005; S 056)

Como exemplos de unidades que caracterizam uma suspensão de fluxo, observem-se aquelas destacadas nas seqüências abaixo:

> *Para que isso não volte a acontecer*, defendo mais uma conquista democrática, (L 346; S 026)

> Venho por meio desta, *na condição de eleitor deste país*, fazer uma solicitação ao senhor: (L 348; S 047)

Finalmente, como exemplos de unidades rítmicas que são percebidas como correspondentes a um fluxo completo, com início e final, temos:

> É sem dúvida alarmante o fato das estatísticas das últimas eleições acusarem um número tão alto de votos brancos e nulos. (L 133; S 034)

> Será que somos obrigados à votar? (L 107; S 015)

Evidentemente, as unidades que são sentidas como fluxos completos, com início e final, podem, em seu interior, sofrer suspensões ou interrupções – na verdade, raras são as unidades produzidas como completas que, como as duas acima destacadas, não apresentem sequer uma suspensão ou uma interrupção. O mais freqüente, portanto, é que tais unidades apresentem uma constituição mais complexa, como a que se verifica nos seguintes exemplos:

> Não é fazendo greves, passeatas ou revoluções que o país ira prosperar. (L 070; S 076)

> Mando-lhe esta carta com o intento de transmitir um desejo, que além de meu, deve ser (acredito eu) de parte significativa da população brasileira. (L 080; S 099)

Mas assim como ocorre com as unidades rítmicas que são sentidas como correspondendo a fluxos completos, também as unidades que se marcam como interrompendo ou suspendendo fluxos podem apresentar uma composição complexa, no sentido de que os elementos que as compõem são também, por sua vez, unidades rítmicas – portanto, sentidos e demarcados como tal por meio da pontuação. É o que nos mostram as partes destacadas dos exemplos abaixo:

> além de omitir-se da realidade problemática (*inflação, recessão, desemprego*) foge ao que se refere à política, (L 034; S 073)

> Lembre-se, Senhor Congressista, que em um horário político gratuito, *que leva de 30 segundos à meia hora, dependendo do candidato*, não se é possível saber quais são os benefícios que este poderá trazer; (L 137; S 072)

Desse modo, no que se refere à natureza básica dos limites de unidades rítmicas identificados pelo escrevente, uma unidade pode ser sentida com o caráter geral de interrupção de fluxo, de suspensão de fluxo ou de fluxo completo. Por sua vez, esse caráter geral seria melhor definido por estruturas que poderíamos classificar como *simples* (na medida em que, em sua composição, não entrariam elementos intuídos como unidades rítmicas) ou como *complexas* (na medida em que, em sua composição, necessariamente entrariam elementos intuídos, eles também, como unidades rítmicas).

Tratamos da percepção que o escrevente tem de uma relação entre os limites de unidades e três tipos de delimitação de um fluxo enunciativo, com base na qual ele identifica unidades rítmicas e as demarca por meio da pontuação. Mas, além da percepção dessa relação, a identificação de unidades rítmicas por parte do escrevente tem a ver também, segundo o que pensamos, com a percepção que ele tem das características da organização formal daquilo que ele identifica como unidade.

Em sua constituição, as unidades delimitadas por meio de pontuação apontam para uma interferência simultânea entre diferentes dimensões da linguagem. Isso significa que – de acordo com discussões que fizemos sobre o papel do ritmo na organização multidimensional da linguagem – as unidades se caracterizam por uma conjunção entre aspectos de natureza semântica, aspectos de natureza morfossintática e aspectos de natureza prosódica, marcados pelas inflexões pragmáticas do dizer. Uma unidade rítmica revela, portanto, uma integralização de diferentes dimensões da linguagem estabelecida pelo sujeito em sua atividade enunciativa.

As marcas de pontuação, ao assinalarem unidades rítmicas, evidenciam, conseqüentemente, a intuição que o escrevente teria dessa integralização e do caráter multifacial de que essas unidades se revestem. É o que se pode notar, por exemplo, na delimitação de "ao contrário" na seqüência "Aqui em Piraruama, ao contrário, convivêmos com a falta de escolas e de boa informação." (L 355; S 017), em que a unidade em destaque se caracteriza, ao mesmo tempo, por sua contraposição a determinada linha argumentativa, por sua estruturação como sintagma nominal preposicionado e por sua entonação suspensiva. É o que se pode notar, também, na delimitação de "Apesar de eu não estar ciente de sua posição em relação à este fato" na seqüência "Apesar de eu não estar ciente de sua posição em relação à este fato, imagino que seus eleitores retornariam à urna, a seu favor." (L 140; S 084), em que a unidade destacada se marca por sua contraposição à direção argumentativa do restante da seqüência, por sua estrutura oracional e por sua entonação suspensiva.

No entanto, não se pode postular uma isomorfia total entre as diversas faces das unidades rítmicas, no sentido de que qualquer demarcação de limite seja, simultaneamente, uma delimitação semântica, morfossintática e prosódica. Já Nespor & Vogel (1986), ao se centrarem na identificação dos constituintes prosódicos da gramática, observam que, apesar de os princípios que definem os vários constituintes prosódicos fazerem referência a noções não-fonológicas, "é de crucial importância que os constituintes prosódicos... não sejam necessariamente isomórficos a quaisquer constituintes encontrados em outro lugar na gramática" (*op. cit.*, p. 2).

Isso pode muitas vezes ser verificado na maneira pela qual as unidades rítmicas são demarcadas em nosso *corpus*. Observem-se as seguintes seqüências, organizadas por um mesmo escrevente:

> Mas, uma coisa imposta, obrigatória, é democrática?
>
> Uma democracia cedida, não conquistada, não assume seu verdadeiro significado, mas sim, dá a falsa idéia às camadas menos esclarecidas de poder nas decisões do país. (L 094; S 024)

Vê-se que a palavra "Mas", na primeira seqüência, e as palavras "mas sim", na segunda, são intuídas como unidades rítmicas e, portanto, delimitadas por vírgulas. Embora se possa postular que as vírgulas estejam delimitando, sobretudo, o contorno entonacional dessas unidades, é sua face *argumentativa* que parece ser mais perceptível para o escrevente, na medida em que uma acentuação do caráter prosódico de tais unidades, pela entonação suspensiva, não necessariamente caracteriza seu valor argumentativo; ou seja, essas palavras poderiam, sem problemas, ser sentidas sem entonação suspensiva, integrando as unidades que as seguem nos exemplos citados.

Mas, às vezes, é uma *conjunção entre aspectos argumentativos e prosódicos* que parece prevalecer na demarcação de estruturas. É o que se pode verificar na delimitação das unidades "e até Exmo. Presidente da República" e "O que quero dizer" nas seqüências:

e até Exmo. Presidente da Republica, já se declarou ter entendido esse recado. (L 162; S 079)

O que quero dizer, é que o voto deveria ser dirigido à aqueles que quisessem mesmo votar, (L 097; S 056)

Como se vê, a se basear nas normas de emprego da pontuação, nenhuma das estruturas destacadas deveria ser delimitada por sinais de pontuação, ou seja, não é o caráter estrutural dessas unidades rítmicas que prevalece na delimitação. A percepção do papel argumentativo que essas estruturas podem desempenhar no texto, somado ao contorno prosódico (subida de tom, no caso da primeira; entonação suspensiva no final da segunda) com o qual elas se marcam em circunstâncias tais como as exemplificadas, é que pode ter levado o escrevente a delimitá-las, mesmo que, segundo as normas, essa delimitação não seja necessária.

Outras vezes é especialmente a percepção de *aspectos prosódicos* que parece prevalecer na delimitação do que soaria, ao escrevente, como uma unidade rítmica. A delimitação da primeira unidade de cada uma das seqüências abaixo é exemplar do que estamos dizendo:

Claro, que se eles vissem a sua atuação em benefício da liberdade e democracia. (L 140; S 084)

Tendo em vista, o resultado das últimas eleições, (L 345; S 022)

Observe-se que o aspecto prosódico é tão determinante na demarcação dessas unidades que a sua constituição desrespeita os limites sintáticos estabelecidos pela tradição lingüística. De modo um tanto exacerbado, é também o que se pode ver nas demarcações feitas nos seguintes trechos:

Veja, o senhor que apesar de o governo apelar a estes atrativos, os EUA é um país, onde a máquina administrativa funciona, (L 292; S 000)

É mesmo uma incoerência, que, um país que se diz democrático, obrigue, que um indivíduo, exerça seu direito de cidadania. (L 338; S 056)

Desse modo, como todas essas seqüências parecem demonstrar, embora as unidades rítmicas definam-se por uma interferência mútua entre aspectos lingüísticos de natureza semântica, morfossintática e fonológica, nem sempre seus limites assinalam-se por uma isomorfia entre essas três ordens da organização dos elementos verbais. A demarcação que os escreventes fazem dessas unidades em seus textos evidencia sua percepção de que essas unidades definem-se antes por serem "massas organizadas", conforme postula Saussure (1974, p. 149), do que por corresponderem às unidades autônomas que a própria lingüística acaba por estabelecer ao analisar em campos separados a matéria verbal.

Isso significa não atribuir nenhuma definição *a priori* (seja, como acabamos de ver, no que se refere à natureza do elemento que mais pesa em sua composição formal; seja, como veremos a seguir, no que se refere a sua extensão) a qualquer unidade rítmica – ao contrário do que faria a teoria métrica do ritmo, por exemplo. Como uma unidade rítmica se constitui num ato de enunciação, conforme vimos enfatizando, é só em função dos fatos que determinam a operacionalização desse ato que poderemos definir a constituição dessa unidade.

Assim, no que se refere mais especificamente à extensão (ou domínio) de uma unidade rítmica, ou seja, no que se refere à *duração* de que se reveste a descontinuidade de uma unidade rítmica – e aqui estamos retomando discussões que fizemos, no capítulo 1, sobre o papel do ritmo na organização multidimensional da linguagem e sobre a dimensão temporal do ritmo –, seu aspecto durativo, pontual tem a ver principalmente com o jogo que ela manterá com outras na continuidade de um fluxo verbal.

Nesse jogo, portanto, uma unidade pode assumir a duração correspondente ao que, *em termos estruturais*, tradicionalmente se definiria como uma frase, como uma oração, como uma parte de oração ou como um elemento de conexão entre orações, conforme pode ser observado nos exemplos abaixo:

A não obrigatoriedade do voto depositaria o futuro do país em quem realmente tem uma opinião e que vê possíveis soluções. (L 155; S 080)

Mas o verdadeiro motivo que me leva a escrever esta carta é o problema do voto obrigatório. (L 189; S 030)

Vejo com bons olhos o voto facultativo, (L 065; S 011)

Caso o senhor e seus companheiros do congresso temam a abstenção numerosa, (L 038; S 023)

Este assunto, nunca foi tratado com a atenção que merece no país, (L 207; S 077)

Para uns, esta idéia é profundamente assustadora. (L 143; S 093)

Portanto, não se trata, em absoluto, da implantação do voto facultativo. (L 133; S 034)

embora, isto deva ser encarado como um alerta e não um risco. (L 005; S 056)

Pode, ainda, uma unidade rítmica assumir a duração correspondente ao que, *em termos prosódicos*, de acordo com a hierarquia proposta por Nespor & Vogel (*op. cit.*), poderia ser definido sobretudo como o domínio de enunciados fonológicos e sintagmas entonacionais, descritos pelas autoras como não necessariamente isomórficos a constituintes de outras dimensões da linguagem. Com efeito, na série imediatamente acima, as unidades destacadas nos primeiros três exemplos corresponderiam a enunciados fonológicos, na medida em que apresentam "uma extensão média em termos de timing, ... devida provavelmente a considerações fisiológicas" (*id.*, p. 240) e na medida em que sua constituição enquanto unidade rítmica "depende não apenas de fatores fonológicos e sintáticos mas também de fatores de natureza lógico-semântica " (*id.*, p. 221). Por sua vez, as unidades rítmicas destacadas nos últimos cinco exemplos corresponderiam a sintagmas entonacionais, na medida em que o término do contorno entonacional com o qual elas se definem "coincide com posições em que pausas podem ser introduzidas num enunciado" e na medida em que, em sua constituição, observam-se "também fatores semânticos relacionados à proeminência" (*id.*, p. 187).

Além de aspectos de ordem estrutural e de ordem prosódica, uma unidade rítmica pode assumir a duração correspondente ao que, *em termos semânticos*, se poderia definir como a manifestação de determinada orientação argumentativa. É o que se pode ver nas seqüências que se seguem, em que a parte em destaque corresponde a uma linha argumentativa enquanto que a parte não-destacada corresponde a uma linha argumentativa que é colocada como em contraposição com a anterior:

> *Acredito que o voto facultativo seria uma maneira simples de se evitar tais fatos. Só iria votar quem realmente estivesse com vontade.* As opiniões contrárias alegam que o voto facultativo apenas aumentaria o desinteresse dos eleitores. (L 205; S 061)

> *Vossa Excelência tem consciência de que poderíamos transformar esta Nação em uma verdadeira democracia*, se não houvesse obrigatoriedade de voto e o povo pudesse expressar livremente seu sentimento político. (L 208; S 062)

Finalmente, outro aspecto que também é constitutivo da determinação do caráter pontual de uma unidade rítmica diz respeito à própria prática da escrita. Considerada a forma tradicional pela qual os elementos verbais dispõem-se na enunciação via escrita, uma unidade rítmica pode assumir a duração correspondente ao que, *em termos gráficos*, se pode definir como um parágrafo, isto é, uma organização gráfica dos elementos verbais em função do que, segundo a tradição, corresponderia a um grupo de idéias. É o que nos mostram os trechos abaixo:

> O grande número de votos brancos e nulos, como o sr. deve estar ciente, mostrou desinteresse e muito descontentamento por parte do povo, com relação a política e aos homens que a exercem no país. O povo brasileiro esta passando por uma fase onde é muito difícil aceitar propostas com efeito a longo prazo e talvez satisfatório, e o que nos propoem de imediato é demais vago e impossibilitado. (L 231; S 000)

> Eu sei que se o voto passar a ser facultativo, o número de abstenções será muito grande, mas isso deverá ficar a cargo da consciência de cada um, pois a partir do momento em que o cidadão, que se absteve de uma eleição, chegar a conclusão de que está sendo prejudicado pela escolha

feita por outros, ele vai fazer valer o seu direito de voto, vai procurar a urna e defender o que é seu. É claro que isso leva tempo, mas democracia não se faz em um ano ou dois. A população demora para assimilar a importância que tem o voto para o futuro do seu país e da sua vida. (L 325; S 060).

Como procuramos demonstrar, não se pode definir *a priori* nem qual dos elementos da linguagem poderia orientar a percepção de um fragmento de linguagem como uma unidade rítmica nem uma duração para essa unidade que se baseasse num padrão exterior e independente de um ato enunciativo. É, pois, em função dos aspectos que determinam a enunciação (ou como produto de múltiplos atos enunciativos, no caso de unidades – por assim dizer – mais cristalizadas) que se pode aferir a descontinuidade da linguagem temporalmente inscrita no caráter durativo, pontual, por meio do qual as unidades rítmicas se dão a conhecer.

Ainda no que se refere aos fatos relativos à constituição das unidades rítmicas – além daqueles já abordados e que estão subjacentes à busca de sentido, de estruturação e de colorido prosódico para as unidades rítmicas que se depreendem da fragmentação da linguagem –, um último aspecto da enunciação merece especial destaque: sua heterogeneidade.

Como mencionamos no início deste capítulo, na produção de seu texto no momento do vestibular, o candidato se defronta com vários fragmentos verbais, os quais ele deve levar em consideração para desenvolver o tema que escolheu. Desse modo, seu texto será produto do cruzamento entre os sentidos que ele projeta nesses fragmentos e o que ele traz como modo pessoal de leitura de textos e do mundo. Em outras palavras – e retomando considerações feitas no capítulo 1 sobre o papel do ritmo na constituição da subjetividade –, esse cruzamento vai ativar, na produção do escrevente, todo um entrelaçamento de dizeres, que, de acordo com Authier-Revuz (1990), remete tanto à concepção de que o discurso sofre determinações de seu exterior, de sua rede interdiscursiva, quanto à concepção de que o sujeito "não é uma entidade homogênea exterior à linguagem, mas o resultado de uma estrutura complexa, efeito da linguagem: sujeito descentrado" (*id.*, p. 28).

A heterogeneidade de todo ato enunciativo passará, então, nesse ato, por um processo singular de organização e, de modo não-automático e não-transparente, se mostrará na própria constituição das unidades rítmicas. Assim, no produto da enunciação, as unidades rítmicas mostrarão as "diferenciações, disjunções, fronteiras interior/exterior pelas quais o *um* – sujeito, discurso – *se delimita na pluralidade dos outros*, e ao mesmo tempo afirma a figura dum enunciador exterior ao seu discurso" (*id*., p. 32).

Com efeito, além de unidades que são construídas com base naquilo que a proposta temática e os fragmentos da coletânea suscitam do interdiscurso para o escrevente, de modo geral, muitas das unidades rítmicas dos textos são construídas como "diálogos" entre os lugares enunciativos que o escrevente atribui ao seu dizer e os lugares que ele atribui aos dizeres da proposta temática e dos fragmentos que a acompanham. Essas unidades se mostram, pois, como reconfigurações de elementos do enunciado da proposta temática, como reconfigurações de elementos dos fragmentos da coletânea ou como reconfigurações de ajustes entre elementos de mais de um fragmento da coletânea.

Destacaremos, a seguir, unidades rítmicas que ilustram, de várias maneiras, os principais tipos de relações dialógicas que se verificam na inserção de elementos da proposta temática e dos fragmentos da coletânea na construção que o escrevente faz de seu fluxo discursivo. Evidentemente, não daremos exemplos de todos os tipos, uma vez que são muito numerosas as possibilidades combinatórias tanto entre elementos dos próprios fragmentos quanto entre estes e elementos não diretamente localizáveis da história pessoal do escrevente.

Iniciaremos com exemplos de unidades que se mostram como reconfigurações da proposta temática:

> É por esses motivos que humildemente peço ao deputado que defenda o voto facultativo. (L 355; S 017)
>
> É de meu conhecimento que o novo Congresso se reunirá, sendo a obrigatoriedade do voto uma das questões a serem discutidas. (L 149, S 000)

Continuaremos com exemplos de unidades que se mostram como reconfigurações de elementos de cada fragmento da coletânea:

a) primeiro fragmento:

Em vista do antidemocrático Artigo 14, (L 220; S 002)

É indiscutível a necessidade de manter-se o artigo acima mencionado, (L 116; S 027)

b) segundo fragmento:

o ato de votar pode servir como importante meio de conscientização das massas, (L 133; S 034)

Os votos nulos também representam pessoas que não desejariam votar, (L 079; S 020)

c) terceiro fragmento:

Caso o senhor e seus companheiros do congresso temam a abstenção numerosa, (L 038; S 023)

Não pense que tal atitude levará o país nas mão dos mais radicais, (L 032; S 023)

d) quarto fragmento:

Somente com o voto livre e facultativo, pessoas conscientes, e atentas a cada resolução política, irão exercer este direito, fazendo dele uma legítima expressão da vontade popular. (L 005; S 056)

Outro motivo para a não manutenção do voto obrigatório é que este tira uma grande liberdade democrática, (L 023; S 003)

e) quinto fragmento:

Com uma falta de respeito daquelas para com o Pavilhão Nacional, (L 160; S 024)

Por que da mesma maneira as pessoas não terão interesse em praticar o voto, como ocorreu nos Estados Unidos da América do Norte. (L 163; S 007)

Finalizaremos com alguns exemplos de unidades que se mostram como ajustes entre elementos da proposta temática e de algum fragmento da coletânea ou ajustes entre elementos de mais de um fragmento da coletânea, atravessadas pela construção do próprio fluxo discursivo do escrevente:

a) proposta temática × fragmento 1:

venho requerer ao Ilustríssimo Senhor Deputado Federal que defenda em plenário a manutenção da lei que define a obrigatoriedade do voto e alistamento eleitoral aos maiores de dezoito anos, (L 131; S 020)

b) proposta temática × fragmento 2:

O grande número de votos brancos e nulos retrata fielmente o desprezo pelas eleições. (L 091; S 006)

c) fragmento 2 × fragmento 3:

estas defendem a obrigatoriedade do voto como antídoto contra uma provável indiferença e uma não participação democrática, (L 094; S 024)

d) fragmento 2 × fragmento 4:

O ato de ir às urnas não significa uma efetiva participação no processo político nacional. (L 080; S 099)

e) fragmento 3 × fragmento 4:

só comparecerá as eleições, quem realmente sabe o que é votar: (L 015; S 000)

f) fragmento 5 × fragmento 1:

grande parte dos países realmente democráticos não têm o voto como um dever. (L 059; S 054)

Sob diferentes modalidades, observam-se, portanto, na própria constituição das unidades rítmicas, as marcas do jogo dialógico que o escrevente, ao se assumir como eu, mantém com os Outros que constituem o seu dizer. Seja ao dialogar com elementos da proposta temática e da coletânea que a acompanha, transformando esse diálogo em unidade rítmica, seja ao estabelecer diálogos entre os vários elementos da própria coletânea que recebe para a produção de seu texto, transformando-os, igualmente, em unidades rítmicas, o escrevente, nesse processo, vai construindo sua subjetividade ao reconhecer formas possíveis de diálogo e confrontá-las com possibilidades dialógicas concretas ligadas a elementos de sua história pessoal, delimitando-se, definindo-se e, sobretudo, marcando-se por meio de unidades rítmicas em função desses Outros aos quais, de um modo ou de outro, ele atribui existência em seu dizer.

* * *

Na análise que fizemos da constituição de unidades rítmicas na produção textual do escrevente, procuramos destacar os principais elementos que concorrem tanto para sua delimitação quanto para sua definição.

Conforme enfatizamos, os índices de unidades rítmicas que perseguimos em nosso *corpus* foram as marcas de pontuação. Independentemente do fato de essas marcas estarem ou não de acordo com as normas gerais do emprego da pontuação, todas elas foram por nós levadas em consideração, uma vez que evidenciam as intuições que o escrevente tem da presença de limites em seu fluxo verbal.

Detectamos, inicialmente, que os limites que o escrevente percebe na continuidade de seu ato enunciativo correspondem, de modo geral, a momentos em que ele sente o fluxo verbal se interromper ou suspender, ou, ainda, a momentos em que ele sente esse fluxo como tendo um início e um final. Observavamos, também, que as unidades correspondentes a esses tipos de fluxos podem apresentar uma constituição simples (se não apresentarem elementos constituintes percebidos e demarcados como unidades rítmicas) ou uma constituição complexa (se, necessariamente, se compõem de elementos percebidos e demarcados como unidades rítmicas).

Destacamos, também, que a identificação de limites no fluxo verbal – e, conseqüentemente, a demarcação e a definição de uma unidade rítmica – tem a ver com a percepção, por parte do escrevente, de uma integração entre elementos de diferentes dimensões da linguagem, integração que é produzida e transformada em unidades rítmicas no momento da enunciação via escrita. Classificamos essa integração como uma conjunção não-isomórfica entre aspectos semânticos, morfossintáticos e prosódicos, intuídos e demarcados pelo escrevente ora por sua conjunção, ora pela proeminência de algum deles.

Destacamos, por fim, uma outra maneira pela qual a enunciação está na base da definição de uma unidade rítmica. Na medida em que todo ato enunciativo caracteriza-se pela ativação de uma rede interdiscursiva e pelo descentramento do sujeito que o torna possível, um número praticamente infindável de diálogos pode vir a ser ativado e mostrado no produto enunciado. Caracterizamos, então, algumas das maneiras pelas quais esses diálogos (que, de modo não-diretamente localizável, sempre se estabelecem na rede interdiscursiva constitutiva da produção de qualquer escrevente) se mostram sob a forma de unidades rítmicas – de modo especial, a partir da recuperação de alguns elementos com os quais, marcadamente, o escrevente se defronta no momento da produção de seu texto.

3. A alternância entre as unidades rítmicas

Conforme propusemos mais atrás, primeiramente tratamos, em nossa análise, do modo como o processo de escrita se marca na própria constituição das unidades rítmicas, em sua descontinuidade. Nesta etapa, trataremos do jogo que essas unidades estabelecem entre si na produção textual, ou seja, buscaremos as formas preferenciais em função das quais a descontinuidade das unidades rítmicas se acoberta pela disposição, em forma contínua, que elas recebem no fluxo verbal do texto escrito.

De acordo com discussões que fizemos no capítulo 1 ao tratarmos da dimensão temporal do ritmo, a alternância entre unidades rítmicas na continuidade da escrita revela aquele aspecto temporal do ritmo que chamamos de *movimento*. Desse modo, ao buscarmos as possibilidades de relacionamento (de alternância) entre as unidades rítmicas da escrita, estaremos localizando os processos em função dos quais se pode dizer que o texto possui um movimento.

Como é na enunciação que as unidades rítmicas ao mesmo tempo se constituem e se movimentam, a alternância entre elas deve, pois, ser buscada nas formas pelas quais a atividade enunciativa integra ritmicamente as diferentes dimensões da linguagem. No entanto, para fins de análise e, sobretudo, com o propósito de uma apresentação mais didática, por assim dizer, das formas de alternância, vamos nos centrar em jogos rítmicos que nos parecem destacar, no produto da enunciação, aspectos mais pontuais dos elementos que se mostram em alternância. Daremos relevo, portanto, à maneira pela qual a enunciação se marca ritmicamente em jogos entre unidades rítmicas e elementos constitutivos (e não necessariamente verbais) da atividade enunciativa, em jogos entre unidades rítmicas e elementos enunciativos mais característicos da enunciação via escrita e em jogos entre unidades rítmicas nos quais o papel da enunciação pode ser evidenciado na organização semântica, na organização sintática ou na organização textual da atividade verbal escrita.

O leitor perceberá, sobretudo ao tratarmos das alternâncias em que destacaremos essas três últimas formas de organização rítmica da escrita, que uma alternância destacada por seu aspecto sintático, por exemplo, poderia igualmente ser destacada por seu aspecto textual, semântico ou por qualquer forma de conjugação entre eles – uma vez que, conforme ficou dito, a organização rítmica da linguagem é *multidimensional*, fenômeno que exclui a consideração de níveis estanques de análise lingüística. Esclarecemos, pois, ao leitor que a ênfase dada em cada um desses aspectos (vistos, de modo isolado, somente em razão do uso desse artifício da ênfase) não significa que apenas o aspecto privilegiado define a alternância. Em nossa exposição, o privilégio de um aspecto a cada vez – insistimos – é sobretudo um recurso metodológico. Para evitarmos repetição a cada exemplo, é importante ter em mente que, nas alternâncias, as unidades rítmicas – sejam elas simples ou complexas – aparecem demarcadas por sinais de pontuação.

Alternância entre unidades rítmicas e elementos da enunciação

No produto textual, muitas unidades rítmicas, além da alternância que estabelecem entre si, alternam-se também com elementos não diretamente localizáveis no texto mas facilmente identificáveis se se recuperam elementos das condições, imediatas ou não, de produção do ato enunciativo. Vários são esses elementos e, conseqüentemente, várias são as formas de alternância que as unidades rítmicas podem estabelecer com eles.

Um desses elementos é *a própria situação de estar enunciando*. Em outras palavras, em sua produção textual, o escrevente pode estabelecer jogos rítmicos entre os elementos verbais e o próprio fato de ele estar enunciando, como se pode verificar nos exemplos abaixo, em que as unidades rítmicas que remetem ao fato de enunciar aparecem em destaque:

> Vejo também que, com o passar do tempo, os eleitores omissos ou insatisfeitos com suas obrigações acabarão por reconhecer a importância de eleger seus representantes, para que, *como estou fazendo agora*, entre em contato com eles para que façam valer as opiniões daqueles que os elegeram. (L 000; S 074).
>
> *Termino por aqui*, na esperança de uma Constituição que, sem privilegiar nenhuma classe social, assegure nossos direitos de cidadãos brasileiros. (L 220; S 002)

Outro elemento da enunciação com o qual pode haver alternância rítmica é a *ocasião em que se dá a presentificação do ato enunciativo*, fato que se pode observar nos exemplos a seguir, com as unidades destacadas:

> *Nas últimas três eleições*, trabalhei como mesário e isto me permitiu ver como é grande o desinteresse da maior parte dos eleitores. (L 189; S 030)
>
> O ideal seria que o voto fosse facultativo, mostrando que o país estaria dando mais um passo rumo à democracia, *mas o momento não é este*. (L 285; S 001)

Além da ocasião, também o *espaço que define a presentificação da enunciação* pode funcionar como elemento em função do qual ocorrem alternâncias rítmicas, como se observa nos trechos que se seguem:

> No Brasil isso não ocorre, *aqui vigora a lei das selvas*, (L 272; S 086)
>
> *aqui no estado de São Paulo*, eu, desde pequeno, ouço falar em Paulo Maluf, Mário Covas, Lula, Almino Afonso, etc. (L 132; S 062)

A própria *situação imediata* de produção textual pode funcionar como um elemento da enunciação com o qual as unidades rítmicas podem se alternar. É o que se dá com a unidade destacada do trecho abaixo:

> *Estou lhe enviando essa carta como forma de expressar o meu ponto de vista político*, do qual tenho direito pois ajudei a elege-lo. (L 091; S 006)

que remete ao contato do escrevente com a proposta temática no momento da prova, fato que se pode observar também no trecho a seguir:

> O voto obrigatório, em alguns casos, *faz do eleitor um candidato ao vestibular*. (L 278; S 032)

A alternância pode se dar também com a *figura dos interlocutores do circuito enunciativo*, que é marcada no texto. As unidades em destaque nos trechos abaixo teriam, desse modo, na base de seu movimento, a remissão à figura do *eu*:

> *na minha opinião*, o voto além de um direito é sobretudo um dever do cidadão e como os demais deveres deve ser cumprido. (L 133; S 034)

> *É de meu conhecimento que o novo Congresso se reunirá*, sendo a obrigatoriedade do voto uma das questões a serem discutidas. (L 149; S 000)

A propósito, o próprio *desdobramento da figura do eu* é construído ritmicamente, como nos mostram os exemplos que se seguem:

> Mando-lhe esta carta com o intento de transmitir um desejo, que além de meu, deve ser (*acredito eu*) de parte significativa da população brasileira. (L 080; S 099)

> Também, gostaria de citar, que existem certos políticos que se elegem e reelegem por meios escusos, por coação, *falando mais francamente, comprando votos de pobres proletariados*. (L 223; S 075)

Ao lado da figura do *eu*, também a figura do *tu* funciona como referência para a alternância de unidades rítmicas, como as que vêm em destaque nos exemplos:

> *Desculpe-me dizer*, mas o grande problema está com as pessoas que fazem parte da classe política do país. (L 163; S 007)

> Despeço-me, *agradecendo-lhe desde já a sua colaboração*. (L 118; S 010)

Ainda com respeito à esfera da interlocução no ato enunciativo, também a *construção da figura dos interlocutores* está na base da alternância entre unidades rítmicas. Em outras palavras, o ritmo opera na *construção da figura do eleitor*, que, de acordo com a proposta temática, deverá ser assumida pelo *eu*:

> *Como jovem e estudante pré-universitária*[47] *e sobretudo como cidadã brasileira preocupada com os problemas do nosso país*, venho por meio desta fazer algumas colocações a respeito da obrigatoriedade do voto nas eleições. (L 133; S 034)

---

47. Pode-se detectar, neste ponto, um limite entre unidades rítmicas. A não-assinalação desse limite por meio de um sinal de pontuação pode ser atribuída à recomendação geral, freqüente nas escolas, de jamais se colocar vírgula antes da conjunção "e" – recomendação que é uma simplificação em relação àquela feita pelos gramáticos, que distinguem entre casos em que essa vírgula deveria ser empregada e casos em que não deveria. Uma outra hipótese – mais provável – para a não-assinalação de um limite neste local é a de que o escrevente assinala apenas o ponto em que termina a unidade complexa que o identifica.

Apesar de filho de um período ditatorial em que não havia liberdade de expressão, apesar de ter recebido um legado de passividade diante da guilhotina política, apesar de ter sido indiferente em prol da vida que corria risco, sou um jovem idealista e sonhador. Convicto do papel de cada um e da importância do significado da palavra "democracia", venho, através desta carta, manifestar minha indignação diante do uso indescriminado desta palavra em relação às recentes eleições. (L 21; S 024)

assim como opera na *construção da figura do parlamentar*, em função da qual, de acordo com a proposta temática, deve dar-se a construção da figura do *eu*:

Esperançoso, envio esta, *para que o senhor*[48] *munido de sua capacidade política, ética e moral, contando com o apoio de mais alguns congressistas*, possa agir em torno dessa circunstância. (L 044; S 006)

como seu eleitor, *fiquei muito contente com o sucesso da sua campanha a deputado federal. Tenho certeza de que sua atuação em oposição ao governo do presidente Collor será tão implacável como foi com relação ao governo Quércia.*
Mas o verdadeiro motivo que me leva a escrever esta carta é o problema do voto obrigatório. (L 189; S 030)

Alguns destaques devem ser dados à construção da figura do eleitor, o que será feito a partir dos fragmentos que compõem os dois trechos abaixo. Em se tratando de trechos de textos argumentativo-persuasivos, os desdobramentos rítmicos através dos quais se processa essa construção costumam assumir forte característica argumentativa, no sentido de que as alternâncias rítmicas são estruturadas de modo a levar o *tu* (marcado textualmente como um parlamentar) a se convencer da posição que o *eu* (que, ora se marca como tal, ora por suas dispersões) proporá quanto à obrigatoriedade ou não do voto.

O primeiro desses trechos é composto por dois parágrafos. Neles, ao lado da alternância com o fragmento temático, o

---

48. De acordo com as normas de pontuação, neste ponto, seria recomendável a presença de uma vírgula. A ausência desse sinal em situações como a exposta é atribuída por Quirk *et al.* (1985, p. 1626) à inexperiência com a prática da escrita, já que, segundo os autores, na oralidade, as unidades interpostas não são, quanto à prosódia, necessariamente separadas da parte prévia do enunciado, sendo-o, contudo, da parte seguinte.

eu se define ritmicamente em função do conjunto de todos os brasileiros – alternância em que as unidades rítmicas são convenientemente demarcadas por sinais de pontuação. Vale ressaltar que a última unidade de cada parte do trecho (que transcreveremos em caixa alta) sintetiza esse jogo rítmico:

> Venho me manifestar através desta à cerca de um assunto que, <u>penso eu, todos os brasileiros pensam</u>, é a respeito da obrigatoriedade do voto. O senhor deve ter visto a quantidade de votos brancos e nulos, uma coisa absurda, desta ultima eleição, <u>isso significa que existe brasileiros, como eu</u>, QUE NÃO ESTAMOS SATISFEITOS COM O VOTO OBRIGATÓRIO;
> (...)
> Por isso venho pedir a V. Exc. que quando o congresso for rever a nossa constituição, o senhor defenda, <u>não só o meu pedido, pois sei que não é só meu, mas o pedido de milhares de brasileiros, que como eu</u>, ESTAMOS INSATISFEITOS COM A OBRIGATORIEDADE DO VOTO. (L 089; S 061)

Já o segundo trecho que abordaremos compõe-se de três parágrafos:

> Como brasileiro preocupado com o ocorrido nessas últimas eleições, em que houve um grande número de votos brancos e nulos, resolvi, por intermédio da minha família, ter a liberdade de escrever-lhe.
> Sou estudante, tenho dezessete anos, portanto possuía o direito do voto facultativo, mas mesmo assim tirei meu título eleitoral, pela motivação de votar pela primeira vez.
> (...)
> Outro motivo que leva o brasileiro a perder vontade de votar, votar em branco ou nulo é que há praticamente uma eleição por ano. Para mim eleição tem que ser de tempos em tempos, para que refaça a vontade da população pelo ato de votar. (L 040; S 033)

No primeiro parágrafo, de modo semelhante ao que ocorre no exemplo anterior, além da alternância com o fragmento temático, o *eu* se define ritmicamente em função da condição de ser cidadão do Brasil e da condição de ser integrante de uma família – e veremos que, nessa alternância, as unidades rítmicas estão também convenientemente demarcadas por sinais de pontuação:

> Como brasileiro preocupado com o ocorrido nessas últimas eleições, em que houve um grande número de votos brancos e nulos, *resolvi*, POR INTERMÉDIO DA MINHA FAMÍLIA, ter a liberdade de escrever-lhe.

No segundo parágrafo, a definição se processa por meio de um jogo entre a condição de estudante e elementos reconfigurados do fragmento 1 da coletânea. Igualmente essa alternância é delimitada por sinais de pontuação:

> Sou estudante, tenho dezessete anos, portanto possuia o direito do voto facultativo, mas mesmo assim tirei meu título eleitoral, pela motivação de votar pela primeira vez.

Finalmente, no terceiro parágrafo, além da alternância com elementos do fragmento 2 da coletânea, a definição é construída por meio de um jogo entre o *eu* e sua inclusão no conjunto dos brasileiros. Essa alternância se dá entre duas grandes unidades rítmicas, cada uma correspondendo a uma frase:

> Outro motivo que leva o brasileiro a perder a vontade de votar, votar em branco ou nulo é que há praticamente uma eleição por ano. *Para mim eleição tem que ser de tempos em tempos, para que refaça a vontade da população pelo ato de votar.* (L 040; S 033)

Ainda a propósito da construção da figura do eleitor e do caráter argumentativo de que se revestem os desdobramentos rítmicos dessa figura, temos a destacar que mesmo aquelas unidades rítmicas que, à primeira vista, se definiriam por seu valor expressivo podem, em textos argumentativo-persuasivos, assumir caráter acentuadamente argumentativo. É o que nos mostra a unidade em destaque do primeiro trecho que destacamos na discussão que estamos fazendo sobre a construção da figura do eleitor:

> Venho me manifestar através desta à cerca de um assunto que, penso eu, todos os brasileiros pensam, é a respeito da obrigatoriedade do voto. O senhor deve ter visto a quantidade de votos brancos e nulos, *uma coisa absurda*, desta ultima eleição, isso significa que existe brasileiros, como eu, que não estamos satisfeitos com o voto obrigatório; (L 089; S 061)

É o que nos mostra, também, a unidade destacada no trecho abaixo:

> *É sem dúvida alarmante o fato das estatísticas das últimas eleições acusarem um número tão alto de votos brancos e nulos.* Trata-se de uma realidade de que não se pode fugir e que, pelo seu implicamento na legitimidade do poder, espero ser conhecida e reconhecida pelo senhor como representante do povo. (L 133; S 034)

Um outro processo que está na base da alternância entre unidades rítmicas, também relativo à esfera da enunciação, diz respeito às *formações imaginárias e antecipações* que atravessam a construção do círculo de interlocução na atividade enunciativa. Observe-se que as unidades destacadas nos trechos abaixo, além de sua alternância com outras unidades, parecem remeter sobretudo à antecipação que o escrevente faz da imagem que seu interlocutor pode fazer dele (escrevente):

> Sou um jovem eleitor seu, que acreditou nas suas palavras ditas em campanha e que muito se orgulha de sua escolha para a Camara dos Deputados em Brasília: *Mesmo jovem*, me preocupo com a vida politica do Brasil e sem mais demora entrarei logo no motivo real destas mal traçadas linhas. (L 062; S 073)
>
> Antes de tudo, gostaria de dizer-lhe que sou contra o voto obrigatório. *Não que viesse a me ausentar em caso de facultatividade*, mas a verdade é que primo pelo direito à liberdade. (L 038; S 023)
>
> O que venho lhe dizer nesta carta e que defenda, como um representante do povo, a não obrigatoriedade do voto.
> *Não porque sou um sujeito irresponsável, que queira aproveitar este dia de feriado*, mas sim por razões, que com o tempo observei e cheguei a esta conclusão. (L 097; S 056)

Por sua vez, ainda na esfera da atividade enunciativa, pode-se observar, na base da alternância entre unidades rítmicas, o papel do ritmo na *organização do heterogêneo* na linguagem. Uma forma bastante comum de alternância nesse caso é aquela entre uma unidade rítmica e algo que poderíamos classificar, de acordo com Authier-Revuz (1990), como *intromissão do Outro*. É o que se pode ver em toda a série em destaque no trecho a seguir:

É por meio desta que trago à tona um problema visível e atroz que invadiu a sociedade brasileira nas últimas eleições. *Sim, refiro-me aos inconseqüentes, ou talvez conscientes, não sei, votos anulados pelos eleitores.* (L 029; S 054)

que tanto funcionaria como uma forma de resposta a uma possível "pergunta" do interlocutor (do tipo: *Você está se referindo ao problema dos votos nulos nas últimas eleições?*) quanto funcionaria como uma forma de adequação vocabular ao imaginário sobre o modo pelo qual esse interlocutor interpretaria o que é colocado como problema (especialmente no trecho correspondente à unidade rítmica que interrompe o fio do discurso, a saber, "ou talvez conscientes, não sei,").

É interessante notar que o Outro que "se intromete" na atividade enunciativa do escrevente pode, às vezes, ser localizado na apresentação da proposta temática ou na coletânea que a acompanha. Exemplo de resposta a um Outro localizável na proposta temática seria a seguinte unidade rítmica:

> penso que a questão que se coloca não é a do voto facultativo ou obrigatório, (L 133; S 034)

que remete à exigência de argumentar contra ou a favor da manutenção da obrigatoriedade do voto. Por sua vez, exemplo de resposta a um Outro localizável na coletânea seria a unidade abaixo:

> A obrigatoriedade do voto não é compatível, a nosso vêr, com a democracia representativa em sua mais plena forma de ser. (L 143, S 093)

Observe-se que esta unidade responde, de modo geral, a todas as vozes que, na coletânea, assumiriam a manutenção da obrigatoriedade do voto. Digno de nota é também o fato de que, no interior dessa unidade complexa, uma unidade menor aparece interrompendo o seu fluxo, antecipando, no plano imaginário, sob a forma da assunção pessoal de um ponto de vista, uma resposta a alguma reação do Outro – Isso é o que *você* acha! –, por exemplo. Note-se que essa assunção recorre a uma forma genérica de pessoalização, em que há o apagamento do escrevente em favor do destaque à perspectiva na qual ele pretende se situar.

Como se trata da produção de textos de natureza argumentativo-persuasiva, a organização rítmica das redações que compõem o nosso *corpus* é feita de tal modo que a presença do Outro é quase onipresente, já que freqüentemente *mostrada* por meio de unidades rítmicas. Mas além dos mecanismos de respostas que exemplificamos até o momento, ocorre ainda, com bastante freqüência, um outro tipo de mecanismo por meio do qual se responde à intromissão do Outro sob forma de unidades rítmicas. Trata-se da construção de séries, formadas por unidades rítmicas de caráter suspensivo, que parecem funcionar, nos textos, sobretudo como classes argumentativas. É o que se pode ver nos seguintes exemplos:

> *Muitos eleitores votam no nome mais conhecido, no mais bonito, mais jovem e conseqüentemente no mais corrupto e incompetente.*
> É por essa e outras razões que o voto obrigatório não deveria existir. (L 041; S 014)

> *Aqueles que não se interessam, não querem votar*, não precisam ser obrigados, é um direito deles. (L 043; S 047)

> Eleição após eleição, *e milhares de votos, de opiniões*, continuam sendo perdidos, e tudo devido a obrigatoriedade do voto, *obrigatoriedade para maiores de dezoito anos e menores de setenta, obrigatoriedade para a população economicamente ativa, obrigatoriedade imposta pelo artigo 14 da constituição.* (L 247; S 091)

Para encerrarmos nossas considerações sobre os vários modos pelos quais a intromissão do Outro é respondida (e, conseqüentemente, mostrada) sob forma rítmica, gostaríamos de trazer à tona duas questões: *a*) a da antecipação das reações – verbais ou não-verbais – do interlocutor; e *b*) a das diferentes formas que indiciam a percepção do escrevente quanto à *intromissão do outro* em seu discurso.

No que se refere à primeira questão, de acordo com Pêcheux (1990), no desenvolvimento de um discurso na oralidade, "o ouvinte, ou o auditório, pode bloquear o discurso ou, ao contrário, apoiá-lo por meio de intervenções diretas ou indiretas, verbais ou não-verbais" (*op. cit.*, p. 78). Isso significa que, na oralidade, além das formações imaginárias e antecipações que atravessam a produção de qualquer discurso, o produtor orienta-se por essas intervenções diretas (que ocorrem simultaneamente ao ato discursivo) para organizar, conjuntamente com seu auditório, sua atividade verbal. No caso da produção textual escrita, essa intervenção direta não é a regra; portanto, também ela deve ser antecipada pelo escrevente. E como *necessidade*, uma vez que (conforme afirmamos repetidas vezes ao longo de nosso trabalho) é constitutiva da atividade gráfica sua dialogia com a oralidade, já que, como realçamos, a escrita se caracteriza pela reconfiguração que seu produtor faz de estratégias da construção do discurso na oralidade. Desse modo, quando dizemos que determinadas unidades rítmicas da escrita estariam se alternando com a antecipação da presença do Outro, essa antecipação deve necessariamente ser entendida *também* como representações de reações diretas (verbais ou não-verbais, mas, indubitavelmente *fáticas*, no sentido de Jakobson) que o escrevente projeta no Outro que ele antecipa.

No que se refere à segunda questão, pode parecer mais evidente que a intromissão do Outro é preferencialmente mostrada, no fluxo enunciativo, por aquelas unidades rítmicas que correspondem a quebras de fluxo – dois dos exemplos que trouxemos acima poderiam reforçar essa crença, a saber: "ou talvez conscientes, não sei," e "a nosso vêr,". Contudo, um olhar mais atento revelará que, independentemente do modo pelo qual os sinais de pontuação assinalam limites no fluxo enunciativo, tanto o que é sentido como interrupção de fluxo quanto o que é sentido como suspensão de fluxo, e quanto o que é sentido como correspondendo a um fluxo completo, com início e final, pode estar indicando momentos em que a intromissão do Outro é sentida pelo escrevente. É o que se pode ver em exemplos acima, nos quais a resposta ao Outro tanto correspondeu a unidades rítmicas sentidas como tendo início e final – por exemplo: "penso que a questão que se coloca não é a do voto facultativo ou obrigatório," (p. 230) – quanto a unidades sentidas como de suspensão de fluxo – por exemplo: *"Aqueles que não se interessam, não querem votar,* não precisam ser obrigados, é um direito deles" (p. 231).

Além do que classificamos como a *intromissão do Outro*, há outras formas pelas quais se pode localizar, na base da alternância entre unidades rítmicas, o papel do ritmo na organização do heterogêneo na linguagem. Destacaremos, a seguir, a *organização rítmica que o escrevente faz do material que recebe como suporte* para sua produção textual. Nesse caso, as possibilidades de alternância são praticamente inumeráveis, uma vez que são possíveis alternâncias, por exemplo: *a*) entre elementos da proposta temática e elementos de cada item da coletânea; *b*) entre elementos da proposta temática e elementos agrupados de mais de um item da coletânea; *c*) entre elementos de dois itens da coletânea; *d*) entre elementos de agrupamentos de itens da coletânea; *e*) e mesmo entre desdobramentos de elementos de um mesmo item da coletânea. Todas essas possibilidades sem que estejamos considerando, nessas formas de alternância, as diferentes maneiras pelas quais o escrevente se posiciona com respeito às posições enunciativas que se podem localizar em todo o material, de forma a estabelecer, por exemplo, relações de cumplicidade, de contraposição, de justificativa etc.

A título de ilustração, destacaremos, portanto, apenas alguns desses tipos de alternância – primeiramente, alternâncias entre elementos de diferentes partes do material em que são mantidas as linhas argumentativas básicas dos elementos que o escrevente aproveita do material.

A alternância entre, por exemplo, elementos da proposta temática e elementos (em destaque) do fragmento 4 ocorre em:

Com base no fato decorrido, solicito que fosse levado à plenário, a não obrigatoriedade do voto, *tendo em vista que esta deve ser tida como uma liberdade democrática.* (L 147; S 061)

Exemplificada por um jogo entre unidades rítmicas que assumem a estrutura de frases, a alternância entre elementos do fragmento 3 e elementos do fragmento 4, respectivamente, pode ser vista em:

> Quero lhe dar meus parabéns por sua proposta ao voto facultativo. *Concordo que essa é a melhor maneira para se conquistar a democracia por inteiro.* (L 302; S 065)

Por sua vez, a alternância entre elementos de um mesmo fragmento – mantendo-se igualmente as orientações argumentativas com que figuram na coletânea – pode ser vista nos dois trechos abaixo. No primeiro deles, que remete a elementos do fragmento 2, a alternância se dá entre unidades rítmicas que se mostram como frases; no segundo, que remete a elementos do fragmento 5, a alternância se dá entre unidades que se caracterizam como orações:

> Acredito que o ato de votar desenvolva uma consciência política. No estado em que o Brasil se encontra a visão política é importantíssima para o desenvolvimento do país. A partir do voto exercita-se a democracia. Precisamos votar para aprender. (L 218; S 053)

> Para que isso não acontecesse, seriam feitas grandes campanhas de conscientização, alertando a população sobre a importância deste ato cívico. (L 205; S 061)

Já a alternância entre elementos de diferentes partes do material – alterando-se a orientação argumentativa com que figuram originalmente – pode ser ilustrada nos dois trechos que se seguirão.

No primeiro trecho, observa-se, na alternância entre as unidades rítmicas que se mostram como a primeira e a segunda frase, a construção de uma polêmica em relação a elementos dos fragmentos 2 e 3, respectivamente:

> <u>Quem não quer votar mas tem medo das penalidades impostas pela lei, vai às urnas e marca com um "X", pelo "uni-duni-tê", a cédula.</u>
> *É claro que se o voto passar a ser facultativo, muitos brasileiros deixarão de votar.* Não vejo problema quanto a isso. (L 278; S 032)

No segundo trecho, por sua vez, a polêmica é estabelecida entre elementos dos fragmentos 3, 1 e 2, respectivamente. Essa polêmica é mostrada sob a forma de alternância entre três unidades rítmicas, a primeira das quais aparece apenas em redondo, a segunda sublinhada e a terceira em itálico:

Caso o senhor e seus companheiros do congresso temam a abstenção numerosa, <u>digo-lhes que uma lei pode obrigar o povo a votar</u>, *mas ainda não existe lei capaz de impedir os eleitores de anularem seus votos*. (L 038; S 023)

Com respeito à alternância construída com base entre elementos de um mesmo fragmento – alterando-se as orientações argumentativas com que figuram na coletânea –, vamos vê-la nos três trechos que se seguem.

No fragmento 2 da coletânea, é construída uma distinção para a explicação de votos em branco e votos nulos. Mas, no trecho que apresentaremos, essa distinção é desfeita, e a polêmica resultante aparece sob a forma da alternância entre duas unidades rítmicas – a segunda delas em destaque:

> Os votos nulos também representam pessoas que não desejariam votar, *e que já que são obrigados manifestam-se com expressões e rabiscos.* (L 079; S 020)

O fragmento 1 é apresentado na coletânea com orientação sobretudo informativa. No trecho que se segue, porém, o escrevente utiliza elementos desse fragmento de modo a construir uma polêmica entre eles, marcada sob a forma de uma alternância entre duas unidades rítmicas – a segunda em destaque:

> É de se entender que os idosos não sejam obrigados a votar pelas suas condições de saúde e outros fatores, *mas os analfabetos tem o mesmo direitos de um cidadão comum.* (L 277; S 079)

O fragmento 5, dentre outros fatos, mostra uma relação entre a não-obrigatoriedade do voto e a grande ausência às urnas. Não há, porém, nenhuma defesa da obrigatoriedade do voto, apenas a abstenção é colocada em questão. No trecho que veremos a seguir, o escrevente se utiliza, contudo, dos elementos dessa relação para a defesa da não-obrigatoriedade do voto, sob a forma da alternância entre duas unidades rítmicas que se mostram como frases:

> É claro que com a não obrigatoriedade do voto, as abstenções cresciriam vertiginosamente, como se constata em países onde o voto é facultativo, como por exemplo os Estados Unidos. *Seria necessário o empenho do governo, através de campanhas informativas sobre o direito do voto e a conscientização da população da presença nas urnas.* (L 055; S 063)

Dando prosseguimento a nossa exemplificação das formas pelas quais a alternância entre unidades rítmicas mostra a organização da heterogneidade na linguagem, destacaremos um tipo de alternância que nos parece bastante singular: aquela entre uma unidade rítmica e o *manual do candidato ao vestibular*. Ilustraremos essa forma de alternância com dois trechos, em que a remissão ao manual aparece em destaque.

No primeiro deles:

> *Depois desta breve exposição do meu ponto de vista,* peço-lhe que defenda junto aos seus colegas, no Congresso, a abolição da obrigatoriedade do voto, (L 325; S 060)

a unidade em destaque, além de sua alternância com as demais, procura responder à exigência de demonstração de capacidade de "desenvolver uma linha argumentativa, de expor e discutir pontos de vista, de tirar conclusões" (Vestibular Nacional UNICAMP 92, p. 53).

Quanto ao segundo trecho:

> Tenho 22 anos e me preparo para prestar o vestibular. *Por isso venho acompanhando as eleições e seus resultados durante os meses anteriores.* (L 278; S 032)

a unidade em destaque parece responder, além de outras exigências, sobretudo àquela de demonstração de "boa capacidade de *leitura e de elaboração de dados e argumentos*" (*id., ibid.*).

Observe-se que, além de resposta a elementos do Manual do Candidato, as duas unidades destacadas podem estar respondendo também a informações que a própria Comissão Permanente para os Vestibulares fornece, sob forma de encontros, aos professores de 2º grau, informações que – somadas a eventuais especulações sobre o caráter das provas – chegam aos vestibulandos nas escolas e, especialmente, nos cursinhos que eles freqüentam.

Prosseguindo nossa abordagem das formas pelas quais se pode localizar, na base da alternância entre unidades rítmicas, o papel do ritmo na organização do heterogêneo na linguagem, passaremos a destacar a *organização rítmica que o escrevente faz de elementos da rede interdiscursiva ativada pelo material que recebe como suporte* para sua produção textual. Essa ativação mostra-se sob forma de alternância entre unidades rítmicas que diretamente remeteriam ao material da prova e unidades rítmicas que remeteriam a elementos associados (ou associáveis) a esse material. É o que veremos nos quatro trechos que se seguirão.

No primeiro trecho, elementos da proposta temática e do fragmento 2 mobilizam elementos de crítica a determinadas formas de protesto. O jogo rítmico que mostra essa mobilização se caracteriza, como veremos, pela alternância entre três unidades rítmicas (que adquirem a forma de frases). Nesse jogo, a primeira unidade remete ao fragmento temático; a segunda unidade, ao elemento mobilizado; e a terceira unidade, ao fragmento 2:

> Senhor deputado e membro do Congresso Nacional, venho por meio desta, explicar-lhe porque sou a favor do voto obrigatorio neste país.
> Não é fazendo greves, passeatas ou revoluções que o país ira prosperar.
> A melhor forma forma (sic) para exigir os direitos é através do voto.
> (L 070; S 076)

No segundo trecho, um elemento do fragmento 1 (o voto facultativo aos analfabetos) mobiliza no escrevente uma crítica ao direito do voto por parte dos analfabetos, seguida da proposição de uma ação para diminuir o analfabetismo. Essa mobilização é mostrada sob forma de alternância entre várias unidades rítmicas, todas elas convenientemente assinaladas por meio da pontuação:

> Os analfabetos não deveriam em hipotese alguma votar, eles deveriam ser foçados a se instruir, a se alfabetizar se quisessem votar. Com isso, diminuiria o número de analfabetos. (L 120; S 033)

No terceiro trecho, elementos do fragmento 2 mobilizam no escrevente o clamor pela recuperação da escola pública. O jogo que cerca essa mobilização é ritmicamente construído, como veremos, pela alternância entre três unidades rítmicas. Nessa alternância, a primeira unidade e a segunda unidade (a qual sublinharemos) reconfiguram, de modo polêmico, os elementos do fragmento da coletânea, ao passo que a terceira, em contraposição com as duas anteriores, remete ao elemento mobilizado por elas:

> A preparação para a cidadania não está na obrigatoriedade do voto, <u>como defendem alguns</u>, mas na educação política que pressupõe ao reerguimento da escola pública. (L 022; S 097)

Por fim, no quarto trecho, elementos do fragmento temático mobilizam no escrevente a discussão de questões relativas ao quadro político mais amplo do país. Essa mobilização é construída pela alternância entre duas grandes unidades rítmicas – a primeira delas em destaque. Na composição da primeira dessas grandes unidades, verifica-se uma alternância entre duas unidades rítmicas, isoladas por uma vírgula, ao passo que, na composição da segunda, observa-se uma série de unidades rítmicas em processo de alternância, as quais, como veremos, em suas mais diferentes composições, mostram-se convenientemente delimitadas por sinais de pontuação:

> *Antes de mais nada, acho pertinente lembrar que a taxa elevada de votos nulos e brancos nas últimas eleições não pode ser considerada um fato isolado.* Deve, sim, ser vista como reflexo da profunda crise que se vem processando no Brasil nas últimas décadas. Crise marcada pelo descrédito nas instituições políticas, por um déficit público crescente e por uma política social que não garante a maior parte da população o acesso aos direitos básicos de todo cidadão (educação, saúde, trabalho, habitação). (L 133; S 034)

Encerrando nossa abordagem sobre o papel que o ritmo desempenha de, no curso de um ato enunciativo, organizar o heterogêneo na linguagem, veremos alternâncias rítmicas que primam pelo estabelecimento de *relações entre o material que* o escrevente recebe e a ativação de elementos de sua história pessoal. Esse fato pode ser ilustrado pelos dois trechos que se seguirão, nos quais unidades rítmicas que remetem especialmente a elementos do fragmento temático (figurando com destaques) são alternadas com unidades rítmicas que remetem a elementos da própria história do escrevente.

No primeiro trecho – que, no texto do escrevente, corresponde a um parágrafo –, uma grande unidade rítmica, composta por uma série integrada de três outras unidades, alterna-se com outra grande unidade rítmica, também composta, por sua vez, pela integração entre outras três unidades. Ressalte-se que tanto as unidades maiores quanto as menores que as integram são convenientemente delimitadas por pontuação, como se pode verificar:

> *Nas últimas eleicões* (sic), para Presidente e governador, houve uma *manifestação popular com grande número de votos brancos e nulos*, sei disso, pois participei diretamente das apurações de minha cidade, onde fui escrutinador de uma mesa apuradora. (L 067; S 046)

O segundo trecho também é composto por duas grandes unidades rítmicas (no texto do escrevente, correspondendo, cada uma, a um parágrafo) em alternância. A primeira unidade, como veremos, é sentida como correspondendo a um único fluxo, com início e final. Já a segunda é composta por uma série de unidades rítmicas em alternância, que se mostram tanto com composição simples quanto com composição complexa, sendo todas elas convenientemente delimitadas por sinais de pontuação:

> *Mas o verdadeiro motivo que me leva a escrever esta carta é o problema do voto obrigatório.*
> Nas últimas três eleições, trabalhei como mesário e isto me permitiu ver como é grande o desinteresse da maior parte dos eleitores. Por falta de informação e de ideologia, essas pessoas acabam sendo sucetiveis aos brindes e à boca de urna e geralmente acabam votando em candidatos que abusam do poder econômico, candidatos de direita. Outros, irritados pela obrigatoriedade, votam nulo, dizendo que "todos os políticos são iguais, ninguém presta e eu não tenho nada a ver com isso". (L 189; S 030)

Nesse segundo trecho, é digno de nota que o cruzamento entre elementos do material que o escrevente recebe e elementos de sua história pessoal é configurado de tal modo que não apenas dados mais factuais dessa história são mobilizados mas também fatos relativos a sua informação (e avaliação) política. Com esse trecho, encerramos nossa análise sobre o papel do ritmo na organização de fatos que – mostrados sob forma de unidades rítmicas – são mobilizados e postos em alternância no fluxo de um ato enunciativo.

Alternância entre unidades rítmicas e elementos da enunciação via escrita

Nesta etapa de nossa análise, vamos buscar aquelas formas de alternância que se explicam – além do jogo que as unidades rítmicas estabelecem entre si no interior do texto – também pelo jogo entre unidades rítmicas e elementos mais característicos da enunciação escrita – portanto, não diretamente localizáveis no texto, mas recuperáveis a partir dele.

Como a enunciação escrita é, antes de mais nada, ENUNCIAÇÃO, muitas formas de alternância entre unidades rítmicas e elementos enunciativos que se verificam na escrita podem ser explicadas especialmente pelo fato de que a prática da escrita é uma prática enunciativa. É o que vimos na parte anterior de nossa análise, em que todas as formas de alternância entre unidades da escrita e elementos da enunciação que enumeramos parecem destacar, acima de tudo, que um ato de escrita, por ser de natureza verbal, é, por isso mesmo, um ato enunciativo.

Mas a especificidade da escrita, enquanto código semiótico, se faz mostrar na maneira como o escrevente categoriza sua atividade enunciativa, transformando-a num elemento em função do qual se estabelecerá a alternância rítmica. Nos exemplos abaixo, observamos, primeiramente, uma remissão ao ato de apropriação da enunciação *pela escrita*; nos dois exemplos finais, além da remissão a esse ato, o elemento pelo qual a atividade enunciativa é enfocada tem a ver especificamente com o imaginário sobre o produto escrito, ora voltado para a construção da figura do eleitor que o próprio escrevente representa, ora voltado para a figura do parlamentar, a quem o escrevente se dirige:

> Então, *sinto-me impelida a escrever-lhe agora*, não só com o encargo de defender a opção do voto facultativo, (L 326; S 000)

> Mesmo jovem, me preocupo com a vida politica do Brasil[49] *e sem mais demora entrarei logo no motivo real destas mal traçadas linhas.*[50] (L 062; S 073)

> Talvez tal aspecto deva ser responsabilizado a seus antecessores que abusaram um pouco do poder atribuido a eles por esse mesmo povo que o elegeu (o que espero que não venha a acontecer com o Sr.), mas essa discussão não vem ao caso no momento. *Quem sabe em outra missiva expor-lhe-ei tal assunto.* (L 000; S 074)

Essa especificidade da escrita se mostra, ainda, no imaginário que cerca o fato de enunciar por escrito numa situação como a de vestibular, transformando o fato de enunciar nessa situação num elemento em função do qual se pode verificar a alternância rítmica:

> Sabendo que o senhor foi um dos mais votados nos, *digo*, candidatos a Deputado Federal mais votado nas últimas eleições da Região de Campinas, (L 162; S 079)

A respeito desse exemplo, é interessante observar, ainda, que nele a escrita se especifica pela maneira como os elementos verbais escritos, ritmicamente configurados, podem se voltar para a natureza espacial da atividade gráfica e para aspectos da construção textual convencionalmente mais relaciona-

---

49. É possível perceber, neste ponto, um limite de unidade rítmica, não-assinalado por pontuação talvez em razão de ser imediatamente anterior à presença da conjunção "e" – limite freqüentemente não demarcado, conforme observamos em nota anterior.

50. Ao remeter à atividade enunciativa escrita, essa unidade rítmica (bem como a que é destacada no exemplo seguinte a esse) o faz de modo especial: remete, como veremos adiante, simultaneamente ao *gênero* do produto final dessa atividade.

dos a essa forma de atividade verbal – basta lembrar o caso dos escritos com valor jurídico, em que a correção lexicalizada é preferida à rasura.

No que se refere a sua *natureza espacial*, na reconfiguração que a escrita faz da oralidade, uma das maneiras pelas quais, tradicionalmente, ela espacializa o que, na oralidade, corresponderia a tópicos conversacionais é delimitando, por meio de marcas gráficas, o conjunto de unidades rítmicas que comporiam a reconfiguração desses tópicos[51]. Essas marcas gráficas correspondem aos espaços em branco que delimitam o produto rítmico de tal reconfiguração: o parágrafo.

Desse modo, as alternâncias entre unidades rítmicas que, graficamente, corresponderiam a parágrafos, tais como as que seguem:

> Na maioria dos países desenvolvidos, as autoridades que se encontram no poder, devem satisfações em relação aos seus atos, enquanto governantes, à toda população.
> *No Brasil isso não ocorre, aqui vigora a lei das selvas, onde o mais forte domina e os mais fracos sofrem as conseqüências.* (L 272; S 086)

> Muitos acham que o voto facultativo seria desastroso, pois a evasão às urnas atingiria níveis altíssimos. Exemplo disso, foram as eleições aos governos estaduais onde ficou claro o descontentamento da população pelo voto, espelhado nos altos índices de votos nulos e brancos.
> *Entretanto, o direito ao voto não deve ser uma obrigação, pois isso acentua ainda mais a antipatia pelas urnas. O povo deve votar por amor à Pátria, pela vontade de ver seu país dirigido pelas melhores pessoas.*
> (L 055; S 063)

devem ser entendidas também como remissões à *espacialização própria à escrita*, na medida em que essas formas de alternância se explicam também em função da característica da enunciação escrita de distribuir os chamados grupos de idéias – correspondentes aos tópicos conversacionais – em unidades como parágrafos.

No que se refere aos aspectos da *construção textual* convencionalmente mais relacionados à enunciação escrita, além da disposição gráfica que essa construção assume, algumas de

---

51. Cf., a propósito, considerações feitas no capítulo 3.

suas características de natureza mais formal podem estar servindo como referência ao movimento textual produzido pela alternância entre unidades rítmicas. Com base nos textos que compõem o nosso *corpus*, é fácil perceber que essas características formais dizem respeito sobretudo ao próprio *tipo de texto* em função do qual os elementos verbais se dispõem na escrita. Em outras palavras, determinadas unidades rítmicas, além de se alternarem com outras na continuidade do texto, alternam-se também com o próprio gênero de texto a ser produzido.

No caso em questão, em que os textos devem ser construídos sob forma de carta, a alternância rítmica das unidades destacadas explica-se também em função desse requisito da produção textual:

> Peço também, *que ao terminar de ler esta simples carta*, atenda o pedido desta leitora que tanto lhe admira. (L 162; S 079)

> Finalmente, *termino esta carta*, (L 177; S 002)

Além do distanciamento próprio à interlocução escrita, na carta a ser produzida, esse distanciamento torna-se mais pronunciado, uma vez que o escrevente deve dirigir-se a um interlocutor com o qual supõe poder manter apenas um tipo assimétrico de interação. O grau de formalidade exigido para esse tipo de situação enunciativa funciona, como se sabe, como uma das condições da produção escrita, tornando-se, portanto, um elemento em função do qual as unidades rítmicas também se alternarão. Há várias maneiras pelas quais o elemento "produção de carta formal" funciona como pólo de alternância rítmica de unidades rítmicas da escrita, conforme veremos a seguir.

Algumas unidades rítmicas que figuram no início dos textos, além de se alternarem com a disposição gráfica convencional dos elementos verbais em uma carta – canto superior esquerdo da primeira página –, alternam-se também com o fato de a atividade enunciativa escrita ser, em seu produto final, uma carta de natureza formal. É o que exemplificam as fórmulas vocativas e suas variações:

Prezado Senhor, (L 005; S 056)

Sr. Congressista:
    Ref: "Voto Facultativo". (L 207; S 077)

À sua excelência deputado José Dirceu, (L 189; S 030)

Ao Ilmo. Sr. Congressista: (L 012; S 088)

Outros tipos de unidades rítmicas, que convencionalmente costumam figurar no primeiro parágrafo do texto, além da alternância (marcada lexicalmente) com o próprio meio físico pelo qual se processa a atividade enunciativa escrita, alternam-se também com o tipo específico de texto em que devem figurar, de tal modo que acabam por lhe serem próprias. Como exemplos, temos:

venho, por meio desta, solicitar a V.S., que defenda em plenário a manutenção do voto obrigatório, (L 132; S 062).

venho por meio dessa carta, manifestar meu apoio à emenda constitucional que torna o voto facultativo, (L 104; S 001)

Analogamente, determinados tipos de unidades rítmicas, que convencionalmente costumam figurar no último parágrafo do texto, além dessa alternância com o caráter gráfico da atividade enunciativa escrita, alternam-se também com o tipo específico de texto em que devem figurar, de modo a lhe serem próprias. Como exemplos, temos:

Grata por sua atenção, (L 041; S 014)

Sem mais para o momento, subscrevo-me. (L 141; S 064)

Certa de sua atenção, desde já agradeço-lhe. (L 149; S 000)

Antecipadamente gratos,
    subscrevemo-nos (L 143; S 093)

Outro elemento da enunciação escrita dos textos que estamos analisando e em função do qual se pode observar a alternância de unidades rítmicas é a natureza argumentativo-persuasiva desses textos. Dessa maneira, determinadas unidades rítmicas dos textos, além de sua alternância com outras no interior do próprio texto, alternam-se com a própria institucionalização da argumentação pela escrita, de modo a ressaltarem, nos textos, essa sua especificidade. É o que veremos com as unidades em destaque nos trechos abaixo:

> Primeiramente, é necessária a conscientização de que vivemos uma fase de transição da ditadura militar para a democracia liberal e consequentemente ainda não estamos habituados ao processo político dessa fase que termina na consagração dos direitos democráticos como voto e alistamento eleitoral facultativos, fim da censura promovida pelo governo. (...)
>
> Concluindo[52] a finalidade do voto obrigatório é adaptar os eleitores a este novo período que atravessamos, criando deste modo as condições favoráveis para o surgimento da plena democracia consagrando ao povo o chamado voto facultativo. (L 131; S 020)
>
> Isto demonstra claramente, que o povo, apesar de sua pouca instrução, tem consiência do que está acontecendo na política nacional.
> (...)
> Pense bem, se o voto fosse facultativo à todos brasileiros e não só à aqueles que não sabem ler e escrever, o índice de votos brancos e nulos teria uma queda. (L 107; S 015)
>
> Se o senhor considera que, com a não obrigatoriedade do voto, apenas os eleitores de esquerda façam uso de seus direitos é porque não há nos outros candidatos de direita ou de centro nada que leve o povo a confiar neles.
> (...)
> E, além disso, os candidatos teriam que se esforçar muito mais para levar os eleitores às urnas. (L 118; S 010)
>
> Pôde-se observar, no processo eleitoral realizado em todo território nacional, o elevadíssimo índice de votos anulados e em branco.
> Ora, V. Sa. há de convir que tal acontecimento revela o profundo descontentamento da população em relação ao processo político do país.[53]

---

52. É importante que se ressalte que, por razões semelhantes àquelas que levam o escrevente a omitir uma letra ou saltar uma palavra – normalmente atribuídas à distração, mas que poderiam ser melhor explicadas –, neste caso o escrevente omitiu uma vírgula. Neste ponto, embora não-assinalado por pontuação, pode-se perceber um limite rítmico, na medida em que o termo "concluindo" teria como possível objeto *a própria argumentação* e não o conjunto de palavras que o segue no texto. Uma hipótese mais explicativa para esse fato seria a de que o escrevente supõe que o caráter descontínuo dessa unidade em relação ao fluxo que se inicia na seqüência já está cristalizado no próprio item lexical, fato que dispensaria a marcação gráfica com vírgula.
53. Diferentemente das outras unidades destacadas, esta grande unidade rítmica organiza-se, heterogeneamente, pelo cruzamento entre marcar-se argumentivamente e expor um fato a ser construído como argumento.

Revela, também, que milhares de eleitores compareçam ao dever cívico, somente coagidos pelas forças da lei.
Constatou-se, ademais, que a luta por votos leva as campanhas eleitorais a níveis pessoais, (L 185; S 014)

Como se vê, o fato de enunciar pela escrita apresenta certas especificidades. Tais especificidades, assim como ocorre em qualquer ato enunciativo, são ritmicamente organizadas, conforme acreditamos ter demonstrado. Conseqüentemente, se, ao observarmos o movimento textual, quisermos compreender o modo pelo qual as unidades rítmicas se alternam na continuidade da enunciação escrita, não poderemos deixar de buscar também os elementos que conferem a esse tipo de enunciação uma certa especificidade, na medida em que a alternância na produção escrita (e não só nela) não se dá apenas entre unidades rítmicas que se marcam no produto final dessa atividade – movimento rítmico no funcionamento interno do texto –, mas também entre estas e aqueles elementos da enunciação que lhe são constitutivos – movimento rítmico em seu funcionamento não "integralmente lingüístico" (no sentido de Pêcheux, *op. cit.*, p. 78).

Alternância entre unidades rítmicas e relações semânticas

Ao tratarmos, no capítulo 1, das relações entre ritmo, organização multidimensional da linguagem e sentido, destacamos que as unidades, de natureza multidimensional, que se alternam na continuidade verbal só o fazem porque sua alternância é, de algum modo, significativa. Em outras palavras, a busca do sentido orienta a *impulsão rítmica* (expressão usada por Brik, *apud* Meschonnic, 1982, p. 147) – assim como "o ritmo é gerador de sentido, os dois inseparáveis" (*id.*, p. 215).

O movimento textual é definido, portanto, além de outros fatos, pela busca de relações de sentido entre as unidades rítmicas, que, por sua vez, só são dotadas de sentido pelo trabalho que o ritmo desempenha de organizar "multidimensionalmente" a linguagem num ato enunciativo. Organizadas, pois, no fluxo da atividade verbal escrita, sob diferentes configurações estruturais – mas convenientemente sinalizadas pela pontuação –, as alternâncias entre unidades rítmicas apontam para diferentes aspectos da significação na atividade gráfica.

Um desses aspectos é o que se poderia definir como o das *relações lógico-semânticas*, concebidas, na tradição gramatical, principalmente como relações entre orações. Definidas, em nosso *corpus*, em função da organização dos elementos que compõem o tipo particular de produção textual que estamos analisando, várias relações lógico-semânticas podem ser vistas sob forma de alternâncias rítmicas. Nesses jogos rítmicos, pelo menos uma das unidades será percebida, em sua alternância com a(s) outra(s), com caráter de argumento inclusivo, ou de condição, ou de causa, ou de conseqüência, ou de conclusão, como se pode ver, respectivamente, nos exemplos que se seguem:

É essa falta de ideologia que leva o eleitor a estar em dúvida entre um candidato de direita ou de esquerda, *ou mesmo a eleger as duas classes quando isto é possível (governador de direita e senador de esquerda, por exemplo)*. (L 290; S 045)

se esta política for revista e melhorada, o povo vai querer votar, (L 086; S 125)

O senhor deve estar perguntando-se: "Porque alguém escrever me-ia?" *Em primeiro lugar sou militante do PTB, e em segundo votei no senhor.* (L 248; S 079)

A posição tomada pelos eleitores mostra que a maioria da classe política tem mostrado-se estágnada e com preocupações distantes dos problemas sociais, *assim perdendo o contato com o povo e a função de administradora.* (L 286; S 000)

Não pertenço à nenhum partido político, *portanto não tenho interesse nem de esquerda nem de direita à defender com essa proposta,* (L 255; S 016)

Outro aspecto da significação que pode ser detectado no movimento rítmico dos textos é o que poderíamos definir como *organização das ações verbais*. Em nosso *corpus*, observam-se unidades rítmicas (assinaladas pela pontuação) que, ao se alternarem com outras, assumem caráter de ações verbais –

caráter às vezes tão pronunciado que chega a ser talvez o proeminente na demarcação de uma alternância rítmica. É o que se pode ver, por exemplo, no trecho abaixo (extraído de um texto que sobressai em nossa amostra por sua escassez de sinais de pontuação), em que a unidade em destaque é, a nosso ver, delimitada em função de seu valor explicativo:

> venho por meio desta carta manifestar profundo descontentamento com as eleições ocorridas pelo país nas quais se viram diversos políticos e seus cabos eleitorais numa verdadeira batalha campal, *xingavam uns aos outros não foram mostrados planos de governo convincentes e sim uma avalanche de promessas que o povo já está acostumado a ouvir e na maioria das vezes descrê-las*, e Vossa Excelência deve concordar que é um quadro assustador e que precisa ser mudado, (L 193; S 069)

O valor básico de explicação, ao lado do sentido geral de avaliação, é, a propósito, aquele com o qual, predominantemente, as unidades rítmicas são assumidas ao serem definidas como ações verbais numa alternância rítmica. Vale ressaltar que, também na escrita, os valores ilocucionários não têm, necessariamente, de ser explicitados lexicalmente por um verbo *dicendi* para que se efetivem como tais. Tudo se passa como se se tratasse de um performativo primário, de que é clássico o exemplo dado por Austin (1990): *Cão bravo!* – típica unidade rítmica cuja alternância (via escrita), nesse caso, é feita com a própria situação.

O sentido explicativo com que as unidades se mostram como ações verbais pode ser visto, por exemplo, sob diferentes configurações estruturais, nos trechos que seguem:

> na realidade, esse foi o modo que a população escolheu, *mais pacífico e significativo*, de mostrar seu inconformismo diante a política brasileira. (L 136; S 034)

> Não pense que tal atitude levará o país nas mãos dos mais radicais, *esta liberdade contribuirá para concretizarmos a tão estimada Democracia e nos dará condições de termos verdadeiros pleitos*. (L 032; S 023)

Por sua vez, o valor genérico de avaliação que uma unidade rítmica pode assumir na relação de alternância que estabelece com outras pode ser visto – também sob diferentes configurações estruturais – em casos como:

> Talvez o motivo dessa indiferença tenha sido a descrença do eleitor para com o político; *que na minha opinião foi o motivo supremo.* (L 057; S 064)
>
> haverá uma mobilização muito mais intensa nos meios de comunicação em geral, em pró da concientização politica nesse país, *e isso é muito bom.* (L 062; S 073)
>
> Vamos completar quase um ano de novo governo e a inflação ainda está alta. *Pura promessa eleitoral.* (L 040; S 033)

Retornando ao valor básico de explicação, tal rubrica merece ainda algumas considerações, uma vez que ela inclui variados matizes semânticos – próximos entre si – que poderiam levantados para interpretar o valor ilocucionário com o qual determinadas unidades rítmicas que se marcam como ações verbais poderiam ser compreendidas nas alternâncias que estabelecem entre si.

Dentre esses matizes, e em unidades rítmicas que apresentam diferentes configurações estruturais, destaca-se o de esclarecimento:

> No entanto vem se observando um crescente número de pessoas que estão votando em branco ou anulando seus votos propositalmente. *São pessoas insatisfeitas com as opções de candidatos ou com a situação atual do país, e que vão às urnas única e exclusivamente para fugir das penalidades impostas pela lei.* (L 205; S 061)
>
> Em vez de gastar dinheiro em obras "faraónicas"; investir em educação, saúde, *coisas que não aparecem a curto prazo mais que trazem grande benefícios para a maioria da população.* (L 200; S 013)

Destaca-se também o de especificação, matiz próximo ao de esclarecimento, como se pode perceber nos trechos abaixo:

> Já é esperado que caso o voto venha a ser facultativo uma parte da população com título de eleitor, *hoje representada pelos votos brancos e nulos*, não comparecerá para votar. (L 079; S 020)

> Lá tive a oportunidade de presenciar fatos que me deixaram muito descontente, *como frases que eu mesmo as li*, foi o que me induziu a escrever ao Senhor. (L 067; S 046)
>
> Caso o senhor e seus companheiros do congresso temam a abstenção numerosa, digo-lhes que uma lei pode obrigar o povo a votar, mas ainda não existe lei capaz de impedir os eleitores de anularem seus votos. *Quero dizer, com isso, que de nada adianta a obrigatoriedade do sufrágio, pois os eleitores que anulam os votos ou de outra forma os invalidam são, na maioria das vezes, aqueles que se sentem obrigados a votar,* (L 038; S 023)
>
> Outro motivo para a não manutenção do voto obrigatório é que este tira uma grande liberdade democrática, *a liberdade de querer votar ou não,* (L 023; S 003)

Não tão próximos entre si quanto os de esclarecimento e de especificação, mas possivelmente acobertados pelo sentido geral de explicação, seriam os matizes de justificativa e de exemplificação.

Unidades rítmicas que, em processo de alternância, podem ser detectadas como ações verbais com valor de justificativa seriam unidades como as que estão em destaque nos trechos abaixo:

> O que venho lhe dizer nesta carta e que defenda, como um representante do povo, a não obrigatoriedade do voto.
> *Não porque sou um sujeito irresponsável, que queira aproveitar este dia de feriado, mas sim por razões, que com o tempo observei e cheguei a esta conclusão.* (L 097; S 056)
>
> Apelo para a sua boa vontade e para o seu bom senso para que vote contra a adoção do voto facultativo. *O voto facultativo acabaria de vez com o que resta da consciência política do povo brasileiro.* (L 156; S 082)

Com valor de exemplificação, observemos as unidades em destaque nos trechos que se seguem:

> O povo brasileiro está tomando consciência, e não fica conivente com a situação do país; esta miséria, esta fome. Por este motivo, deixa o voto em branco, ou vota nulo; *eu mesmo deixei o meu voto para Governador em branco, nestas últimas eleições.* (L 157; S 089)

Diante do exposto, fica clara a necessidade de que o voto torne-se facultativo, pois assim, as atrocidades de campanha eleitoral, *tais como: compras de voto, trocas de favores, discursos mentirosos, etc.*; serão dizimadas. (L 185; S 014)[54]

Finalmente, um último aspecto que, no movimento textual, caracteriza a busca de relações de sentido entre as unidades rítmicas num ato enunciativo é aquele mais circunscrito à *esfera argumentativa da organização semântica* da atividade escrita. Em outras palavras, organizadas no fluxo dessa atividade verbal, as alternâncias entre unidades rítmicas, sob diferentes configurações estruturais – mas sem deixarem de ser sinalizadas pela pontuação –, permitem a tematização de fatos diretamente relacionados com a própria condição de se produzirem textos argumentativo-persuasivos.

Três fatos dessa esfera são mais perceptíveis nos textos.

O primeiro deles diz respeito a alternâncias rítmicas nas quais uma unidade pode ser percebida como base argumentativa para outra. É o que se pode observar nas seguintes alternâncias:

Creio que se o voto não fosse obrigatório a abstenção nas eleições seria muito alta. *Tal afirmação pode ser constatada a partir de fatos presenciados em nosso dia-a-dia.* (L 218; S 053)

Não é possível que mantenhamos em nosso país uma Constituição que transforma um direito num dever. *Já que vivemos num país dito "democrático", não cabe a manutenção deste artigo*; (L 220; S 002)

Partindo do princípio que a grandiosidade de um país está fundada na participação e liberdade popular, coloco-me desfavorável à obrigatoriedade do voto. (L 280; S 052)

54. A propósito do caráter básico de explicação que as unidades rítmicas em geral tomam quando lhes é atribuído valor de ação verbal, pode-se observar uma ligação com um ensinamento gramatical, amplamente divulgado entre os escreventes. Trata-se da pontuação do aposto, que em pelo menos duas de suas formas (o explicativo e o enumerativo) estão contemplados no conjunto de exemplos acima. Um fato bastante significativo é que a estrutura do aposto, abordada normalmente como um problema sintático e assimilada como um problema semântico – seria simplesmente uma explicação –, pode, como nos permitem observar os exemplos acima, ser vista como uma unidade rítmica ligada ao valor pragmático que a alternância com outras unidades permite observar. O valor explicativo depreendido da percepção de uma unidade rítmica constitui, provavelmente, o fator que torna a pontuação do aposto uma das mais óbvias para o escrevente, de tal modo que dificilmente há confusões em sua assinalação.

O segundo fato da esfera argumentativa diz respeito a alternâncias nas quais as unidades rítmicas se mostram como argumentos que se movem numa mesma direção de sentido, como se pode ver nas alternâncias abaixo:

> O povo brasileiro esta passando por uma fase onde é muito difícil aceitar propostas com efeito a longo prazo e talvez satisfatório, <u>e o que nos propoem de imediato é demais vago e impossibilitado</u>. (L 213; S 000)

> Nós, os eleitores do dia adia, acompanhando jornais, revistas, televisão, sabemos que atualmente a situação do país não se encontra em condições estáveis, <u>e vemos que o clima de descontentamento entre a população é uma constante</u>. (L 264; S 078)

> Com o voto passando a ser facultativo, a liberdade do cidadão seria ampliada. <u>Além disso, seria possível uma maior distinção de votos de protesto, já que a tendência do desinformado, do desinteressado e dos descrentes radicais seria não comparecer às urnas. Haveria maior estímulo aos seus companheiros de profissão que, no intuito de readquirir a confiança do povo, passaria a representá-lo com maior dignidade, na busca da ascensão do número de votantes a cada ano.</u> (L 227; S 072)

Por fim, em textos que, de modo geral, se caracterizam pela ênfase em sua natureza polêmica, o que não falta são séries de alternâncias – sob as mais variadas configurações estruturais – nas quais as unidades rítmicas se mostram como jogos entre argumentos que assumem orientação contrária. É o que nos mostram as alternâncias que seguem:

> O voto é o meio pelo qual colocamos no poder uma pessoa de confiança, para nos representar e defender nossos interesses, *apesar de hoje em dia muitos acharem esta teoria fracassada*, (L 006; S 070)

> Concordamos que não sendo obrigatório a abstenção seria grande. *Porém a partir do momento que se fosse feita uma conscientização da população, para que esta cumprisse com o dever cívico, por livre e espontânea vontade, os resultados seriam satisfatórios.* (L 167; S 056)

> Senhor Roberto, *mesmo conhecendo sua posição quanto a esse assunto,* apelo para o seu bom senso, (L 177; S 002)

> Analise que o voto branco e nulo não é um fato irrisório, *pelo seu número, representa, isto sim, o fato de o eleitor brasileiro estar cético quanto aos seus direitos de cidadão.* (L 043; S 047)

Como se pôde ver, a busca do sentido, dentre outros fatos, se marca na organização do fluxo enunciativo. Nessa busca, os elementos da linguagem, configurados como unidades rítmicas multidimensionais – indiciadas pelos sinais de pontuação –, estabelecem diversas formas de alternância. Desse modo, as alternâncias que são percebidas na continuidade própria ao produto textual podem ser captadas por seu caráter de relações lógico-semânticas, relações entre ações verbais e relações argumentativas, maneiras pelas quais elas imprimem suas marcas tanto para a detecção da organização do fluxo enunciativo escrito quanto para detecção do movimento textual.

Alternâncias entre unidades rítmicas e relações de natureza sintática

Trataremos, nesta etapa de nossa análise, daquelas formas de alternância que, na produção textual, explicam-se, além de outros fatos, pelo que revelam de uma organização sintática da enunciação escrita.

Não nos deteremos muito nos tipos de alternâncias que podem ser interpretadas como correspondendo ao relacionamento mais genérico entre palavras ou expressões na composição de frases, orações e suas partes, já que, conforme discutimos anteriormente[55], esse tipo de relacionamento está presente em qualquer forma de manifestação da linguagem: oral ou escrita. No entanto, a título de constatação desse tipo mais genérico de alternância nos textos analisados, construído estruturalmente sob forma de alternância entre categorias como frases, sintagmas ou orações, destacaremos alguns exemplos. Alternâncias que envolvem unidades rítmicas que se podem definir estruturalmente como frases ou como orações, convenientemente assinaladas por pontuação, seriam alternâncias como as seguintes:

> Os "votos de cabresto" e a compra dos mesmos ainda fazem com que muitas pessoas percam sua liberdade eleitoral. *Pessoas ruins são elei-*

---

55. Cf. discussões sobre pontuação e sintaxe feitas no capítulo 3.

> tas fazendo este processo transformar-se num ciclo decadente. (L 355; S 017)
>
> Eu votei nulo na eleição presidencial, *mas foi um voto consciente.* (L 104; S 001)
>
> Caso a obrigatoriedade do voto for extinta, *diminuirão os votos brancos e nulos,* (L 149; S 000)
>
> venho, por meio desta, solicitar a V.S., *que defenda em plenário a manutenção do voto obrigatório,* (L 132; S 062)
>
> Depois dessa primeira experiência, *onde votei para presidente,* percebi que foi acabando minha vontade de exercer esse poder cívico, (L 040; S 033)

Por sua vez, alternâncias na quais figuram unidades rítmicas que se podem definir estruturalmente como sintagmas nominais ou como sintagmas nominais preposicionados – assim como ocorre com as frases e com as orações, também convenientemente assinaladas por pontuação – seriam as seguintes:

> *Muitos dos votos brancos e nulos,* vem de pessoas onde o clima de descontentamento e de rebeldia quanto ao sistema uilizado, é bastante elevado. (L 044; S 006)
>
> Redijo esta carta, *senhor deputado,* pois também voto, (L 029; S 054)
>
> É impossível para nós, *alunos da graduação desta Universidade,* negligenciarmos o alarmante número de votos brancos e nulos que as estatísticas apontaram nas últimas eleições. (L 143; S 093)
>
> venho, *através desta carta,* manifestar minha indignação diante do uso indiscriminado desta palavra em relação às recentes eleições. (L 094; S 024)
>
> Ao passo que a não obrigatoriedade do voto será vista, *pela grande maioria do povo,* como mais uma conquista democrática, (L 057; S 064)

Feitas essas considerações sobre alternâncias que se podem interpretar como correspondendo ao relacionamento mais genérico entre palavras ou expressões, e que são construídas estruturalmente sob forma de contrastes entre categorias como frases, sintagmas ou orações, passaremos a tratar daqueles outros tipos de alternância, a nosso ver, mais acentuadamente envolvidos na transcodificação que a escrita faz de elementos

que, em práticas vizinhas, como a da oralidade, não são verbalizados mas estão presentes e determinam sua compreensão.
Algumas observações devem ser feitas a esse respeito. Em nosso caso, os textos não são produzidos diretamente sobre a base de uma situação discursiva oral a ser transcodificada sob forma gráfica. Os elementos que lhe dão suporte imediato são já de natureza gráfica, a saber, uma proposta temática e uma coletânea de fragmentos textuais. Nesse contexto, a oralidade vai funcionar sobretudo como memória para a construção de uma situação de interlocução, contribuindo com aspectos que lhe são próprios, como o maior envolvimento entre interlocutores, a divisão de um mesmo espaço de interlocução, o recurso a outras fontes de compreensibilidade que não a verbal, dentre outros – mas que na escrita deverão ser transformados em unidades rítmicas, de natureza essencialmente verbal.

Em outras palavras, a sintaxe, para o caso que nos ocupa, vai demonstrar aquele seu aspecto que se acentua na escrita, a saber, o trabalho de contextualização que o escrevente fará de elementos que constam da proposta temática e da coletânea (bem como de elementos que o escrevente trará da situação mais ampla de enunciação) *em função de seu interlocutor*. Como se sabe, trata-se de um interlocutor distanciado do escrevente não só por uma característica básica da interlocução via escrita mas também pelo tipo de interlocução que se deve marcar: entre um eleitor pré-universitário e um parlamentar. Desse modo, a contextualização, sob forma de unidades rítmicas, que a sintaxe deve promover nos textos vincula-se diretamente à lexicalização daquilo que, numa interlocução em que o envolvimento pessoal predominasse sobre o distanciamento físico e social, seria compreensível por meios que não-necessariamente os de natureza verbal.

Várias são as maneiras pelas quais a sintaxe cumpre seu papel contextualizador nos textos que compõem nossa amostra. Destacaremos algumas dessas maneiras, ressaltando que as contextualizações que poderão ser verificadas mostram-se sob a forma de alternâncias entre unidades que podem assumir variadas configurações estruturais (frases, períodos, orações, sintagmas) e ser definidas, tradicionalmente, pelas mais variadas funções sintáticas (predicado, adjunto adverbial, aposto etc.).

É bastante freqüente que o distanciamento característico da interlocução eleitor/candidato seja, em parte, mitigado por alternâncias entre unidades rítmicas que teriam por função construir as figuras (marcadas) dos protagonistas dessa interlocução.

O papel da sintaxe na *contextualização da figura do eleitor* (em meio à construção de outros fatos da enunciação) pode ser visto, por exemplo, nos seguintes trechos:

> Venho através desta, estando abismado com a enorme quantidade de votos brancos e nulos e com o fracasso em termos de popularidade destas eleições, pedir-lhe encarecidamente, em nome de todos os brasileiros que se preocupam com o destino do país, e de todos aqueles que trabalham e querem fazer do Brasil uma nação democrática e soberana, que na revisão do Congresso Nacional para discutir a não obrigatoriedade do voto, o senhor juntamente com seus colegas tomem partido a favor da não obrigatoriedade. (L 034; S 073)

> Como brasileiro preocupado com o ocorrido nessas últimas eleições, em que houve um grande número de votos brancos e nulos, resolvi, por intermédio da minha família, ter a liberdade de escrever-lhe.
> Sou estudante, tenho dezessete anos, portanto possuia o direito do voto facultativo, mas mesmo assim tirei meu título eleitoral, pela motivação de votar pela primeira vez. (L 040; S 033)

> Sou um jovem eleitor seu, que acreditou nas suas palavras ditas em campanha[56] e que muito se orgulha de sua escolha para a Camara dos Deputados em Brasília: (L 062; S 073)

Esse mesmo papel (também em meio à construção de outros fatos da enunciação) pode ser visto na *contextualização da figura do parlamentar*, como nos mostram os trechos abaixo:

> Como votei no senhor, acho mais que justo, que o senhor considere esta carta, já que os congressistas são eleitos pelo povo para trabalhar pelo povo, (L 157; S 089)

> encareço ao senhor deputado, representante do povo brasileiro, medidas ao rever nossa constituição no plenário sobre o artigo 14, parágrafo 1º. (L 102; S 094)

---

56. Embora convencionalmente não-assinalado por pontuação, em razão da presença da conjunção "e", pode-se verificar neste ponto um limite de unidade rítmica.

resolvi usar este singelo instrumento para dirigir a vossa pessoa opinião pessoal sobre esta questão, já que o considero representante do povo, e particularmente, meu representante diante o Congresso Nacional. (L 032; S 023)

O papel da sintaxe pode ser visto também na *contextualização das justificativas para o próprio ato enunciativo*. Com muitíssima freqüência, nesse processo o escrevente recorre à reconfiguração de elementos da proposta temática, como se pode verificar nos trechos abaixo:

> observando os resultados das últimas eleições e tendo como base o número de votos brancos e nulos, vim por intermédio desta solicitar sua intervenção no plenário para que se modifique esta situação. (L 155; S 080)

> vimos, por meio desta, à presença de V. Sa., expor, seguir, sugerir o que se segue. Senão vejamos:
> Pôde-se observar, no processo eleitoral realizado em todo território nacional, o elevadíssimo índice de votos anulados e em branco. (L 185; S 014)

Destaque-se que a reconfiguração de elementos da proposta temática é feita de tal modo que o escrevente os insere numa dimensão mais ampla da presentificação da atividade enunciativa. Com efeito, o escrevente não especifica a fonte de onde adquiriu os dados em que baseia sua justificativa, preferindo considerá-los como suficientemente conhecidos e patentes na presentificação de sua atividade escrita.

Também na *construção das bases argumentativas* pode-se observar o papel contextualizador da sintaxe. Nos textos analisados, geralmente esse seu papel é mais perceptível (além de empréstimos feitos à proposta temática) na reconfiguração de elementos que são fornecidos ao escrevente pela coletânea, embora, em menor grau, seja perceptível também na inserção rítmica de elementos da história pessoal do escrevente.

Como exemplos de contextualização por meio de reconfigurações de elementos da proposta temática e da coletânea, respectivamente, teríamos:

> Parece-me oportuno refletir sobre o resultado das últimas eleições para governadores no Brasil. Houve um alto índice de votos brancos e nulos sob título de protesto nesta eleição. (L 095; S 024)

> No jornal O Estado de São Paulo, do dia 18 de outubro, o deputado Roberto Cardoso Alves disse que: "Só irão votar os eleitores de esquerda, porque os nosso, só pagando", desta afirmação conclui que ele não acreditava em si próprio e nem nas pessoas que votaram nele. Ele pressupõe que se o voto não tivesse sido obrigatório o seu eleitor não teria ido votar. (L 140; S 084)

Como exemplos de contextualização por meio de construções rítmicas que privilegiam elementos da história pessoal do escrevente, teríamos:

> Nas ultimas eleicões, [sic] para Presidente e governador, houve uma manifestação popular com grande número de votos brancos e nulos, sei disso, pois participei diretamente das apurações de minha cidade, onde fui escrutinador de uma mesa apuradora. (L 067; S 046)

> A alta percentagem de votos nulos e brancos apurados em todo o país demonstra a insatisfação dos cidadãos quanto ao sistema eleitoral vigente. Este resultado também significa um protesto contra os próprios candidatos que, não correspondendo às nossas expectativas, foram rejeitados na votação. Perceba, Vossa Excelência, quão em sintonia deve estar um parlamentar com as aspirações nacionais.
> Eu, que trabalhei como mesário nesta eleição, tive a oportunidade de presenciar como muitas pessoas votam desinteressadas, apenas preocupando-se com as punições cabíveis à quem se abstem sem justificativas legais. (L 022; S 097)

Mencionamos de passagem, pouco acima, que elementos da situação mais ampla de enunciação (situação que, no caso, transcenderia aquela mais imediata do evento vestibular) poderiam ser evocados pela sintaxe em seu papel contextualizador. Em outras palavras, a sintaxe, na escrita, pode tornar verbalizáveis elementos não necessariamente verbalizáveis (porque facilmente compreensíveis e recuperáveis) num ato enunciativo.

Esse papel da sintaxe, nos textos analisados, pode ser verificável especialmente em alternâncias nas quais uma unidade rítmica se faz presente em grande parte em razão do papel que a sintaxe desempenha na *recuperação verbal de aspectos da situação mais ampla da enunciação*. Destacaremos, a seguir, alguns trechos de redações nos quais se pode observar principalmente a verbalização de elementos temporais e espaciais no processo de migração da situação de enunciação para o ato enunciativo construído na escrita.

No que se refere a destaques de elementos espaciais, observem-se os exemplos:

> Hoje, no Brasil, encontramos uma enorme campanha à favor do voto útil, (L 086; S 016)

> No Brasil isso não ocorre, aqui vigora a lei das selvas, (L 272; S 086)

> aqui no estado de São Paulo, eu, desde pequeno, ouço falar em Paulo Maluf, Mário Covas, Lula, Almino Afonso, etc. (L 132; S 062)[57]

Com respeito ao destaque de elementos temporais, vejam-se os exemplos:

> Ao tomar conhecimento dos n.º apresentados nas últimas eleições, com relação aos votos brancos e nulos, confesso-lhe que fiquei de certa forma chocado. (L 057; S 064)

> Baseado no resultado das últimas eleições, escrevo esta carta solicitando seu posicionamento favoravél [sic] a proposta de emenda que torna o voto facultativo. (L 059; S 054)

> notou-se, nesta última eleição, um crescimento vantajoso dos votos nulos e brancos. (L 137; S 072)

Até o presente momento, destacamos o que se poderia entender como a intuição (ou o domínio), por parte do escrevente, do papel acentuadamente contextualizador que a sintaxe desempenha na escrita sob forma de alternância entre unidades rítmicas. Mas, como os textos que compõem o nosso *corpus* se caracterizam não só por sua semelhança (quanto ao gênero e quanto ao objeto temático) mas também por sua diversidade (no sentido de que seus produtores se encontram em diferentes momentos de sua experiência com a enunciação via escrita), gostaríamos de expor alguns exemplos de como a não-percepção do papel contextualizador da sintaxe na escrita pode comprometer, em pequena ou em grande medida, a compreensão do produto textual.

57. Observe-se, neste trecho, também a contextualização da história pessoal do escrevente.

Um caso mais extremado da não-percepção do papel contextualizador da sintaxe na enunciação escrita é o texto que segue, que transcreveremos na íntegra:

> ILMO SR:
>
> Aqui venho, atravéz desta, dar total apoio ao artigo 14, parágrafo 1º da constituição da República Federativa do Brasil, promulgada à 3 de outubro de 1888.
> É indiscutível a necessidade de manter-se o artigo acima mencionado, devido a extrema importância ao conteudo referido. Sem tal artigo o país iria a beira do caos, seria um país sem futuro, sem [palavra não-compreensível], sem ao menos a conscientização do povo.
> Conto com vossa senhoria no sentido de preserval [sic] tal artigo.
> Agradeço-me
>
> AF

Como se pode observar, se considerarmos apenas o papel da sintaxe de estabelecer relações entre elementos lexicais, esse papel, embora de modo bastante elementar, pode ser detectado no texto acima. Com efeito, não se pode afirmar que não haja o estabelecimento de relações entre categorias sintáticas em seu texto. No entanto, falta ao escrevente o domínio daquele outro papel da sintaxe que cremos mais pronunciado na escrita – o da contextualização de elementos não-partilhados na enunciação –, na medida em que o escrevente manifesta dificuldade para despregar-se, por assim dizer, dos elementos que estão na base de sua atividade enunciativa e reconfigurá-los verbalmente em função de seu interlocutor[58] – a quem provavelmente ele "transporta" para a situação imediata de enunciação.

Em menor grau, problemas de compreensibilidade devido à não-utilização do papel da sintaxe na contextualização de elementos não-partilhados na situação de enunciação ocorrem também em vários textos. De modo geral, o que se observa nesses casos é que o escrevente pressupõe, por parte de seu interlocutor, o domínio (às vezes total) de elementos da situação de enun-

---

58. Não estamos querendo reduzir a dificuldade de produção escrita do escrevente à não-compreensão de um papel singular da sintaxe nessa modalidade de expressão. Apenas estamos destacando o que nos parece ser um dos aspectos dessa dificuldade.

ciação ao qual somente ele tem acesso. É o que se vê com a pressuposição do domínio de considerações, respectivamente, da proposta temática e dos fragmentos 1, 2 e 5 que ocorre nos quatro trechos seguintes:

> Senhor congressista:
> – Como legítimo representante do povo eleitor, sinto-me no direito de opinar, <u>para que tal procedimento, como o ocorrido a algum tempo atrás</u>, não volte a se fazer. (L 044; S 006)
>
> A maior parte da população não tem consciência da importância do voto, comparecendo as eleições para cumprir a lei; <u>no caso dos adolescentes maiores de dezesseis anos,</u> fazer a vontade dos pais e até mesmo utilizar seu direito de voto em troca de alguns favores. (L 015; S 000)
>
> Em primeiro lugar pode se dizer que obrigar um cidadão a votar é uma medida antidemocrática, para um governo que se diz democrático.
> <u>Concordamos que não sendo obrigatório a abstenção seria grande</u>. Porém a partir do momento que se fosse feita uma conscientização da população, para que esta cumprisse com o dever cívico, por livre e espontânea vontade, os resultados seriam satisfatórios. (L 167; S 056)
>
> Com isso estaríamos induzindo os jovens brasileiros a terem consciência política do país bem mais cedo.
> <u>Concordo plenamente com a opinião da cantora Madonna. Deveríamos fazer aqui no Brasil, algo parecido com o que foi feito nos Estados Unidos da América. Com uma falta de respeito daquelas para com o Pavilhão Nacional, talvez fizesse com que o povo brasileiro tenha consciência de qual é a importância do voto para o país. O futuro de cada nação depende do voto de cada um de nós.</u>
> Está faltando aqui no Brasil um programa que incentive e ensine o povo a votar. (L 160; S 024)

Com esses exemplos, vê-se, pois, também por sua ausência, o acentuado papel contextualizador que a sintaxe desempenha na escrita. Na falta desse papel – que é desempenhado sob forma de alternância entre unidades rítmicas –, a compreensão de muitas das unidades da escrita fica prejudicada, uma vez que os elementos rítmicos em função dos quais elas se definem como unidades não podem ser recuperados a partir do produto textual. É *também* nesse sentido que se torna "altamente instrutiva", nas palavras de Câmara Jr., a velha anedota, que nos conta a indignação de um rico fazendeiro ao receber de seu filho um telegrama com a frase singela – "mande-me dinheiro", que ele lia e relia emprestando-lhe um tom rude e imperativo. O bom homem não era tão néscio quanto a anedota dá a entender: estava no direito de exigir da formulação verbal uma qualidade que lhe fizesse sentir a atitude filial de carinho e respeito e de refugar uma frase que, sem a ajuda de gestos e entoação adequada, soa à leitura espontaneamente como ríspida e seca (1972, p. 70).

Antes de encerrarmos nossa análise do papel contextualizador da sintaxe na escrita, gostaríamos de destacar uma propriedade da sintaxe que, a partir desse seu papel, parece também ser bastante pronunciada na escrita, a ponto de não poder deixar de ser levada em consideração se se quer tratar do ritmo da escrita. Para exemplificá-la, tomemos o trecho abaixo:

> *Muitos governantes, que são eleitos pelo povo, e este mesmo povo depois o critica, isto devido a votos sem consciência, onde são colocados no poder pessoas totalmente sem nível de estar aonde chegou. Isto devido à falta de informação que o povo tem sobre os candidatos.* (L 097; S 056)

Como se pode observar, o trecho em destaque caracteriza-se por uma série de unidades suspensivas. Em termos de Barboza (1830), elas estariam excitando "mais a atenção por meio da suspensão do sentido ... de sorte que o espírito está sempre suspenso, à espera" (Barboza, 1830, pp. 422-3).

Ocorre, no entanto, que falta, na escrita, para que a unidade destacada adquira sentido, uma outra unidade rítmica em função da qual ela poderia se definir como unidade. Em outras palavras, temos a ársis mas não temos a tésis.

Esse movimento – ársis e tésis – parece ser bastante pronunciado na organização das unidades rítmicas na escrita. Ou mesmo constitutivo, a julgar pelos textos que compõem a nossa amostra, já que raríssimas unidades do tipo da que destacamos ocorrem em nosso *corpus*[59].

59. Com relação à oralidade, nem sempre se pode dizer que o movimento rítmico na base da ársis e da tésis lhe seja constitutivo, uma vez que, nessa modalidade de expressão, a alternância entre o verbal e o não-verbal é onipresente – se compa-

Com base em nosso material, podemos afirmar que, em sua alternância, as unidades rítmicas da escrita devem se mostrar como fluxos caracterizados por movimentos de ársis e de tésis, como se pode verificar, de modo exemplar, nos exemplos abaixo, em que o momento de ársis – em destaque – é convenientemente assinalado por pontuação:

> <u>O fato do voto ser obrigatório ou não</u>, é um caso que deve ser levado muito a sério. (L 198; S 093)
>
> <u>Este assunto</u>, nunca foi tratado com a atenção que merece no país, (L 207; S 077)[60]
>
> <u>Com base no resultado da última eleição</u>, foi constatado um alto índice de votos em branco e nulos. (L 208; S 062)
>
> <u>Inicio esta carta com uma pergunta</u>, pois as saudações guardarei para uma próxima vitória na Assembléia Constituinte em relação ao voto. (L 245; S 072)

Como se pode perceber, a duração dos momentos correspondentes à ársis e à tésis pode variar, e essa variação, nos casos exemplificados, parece ter a ver diretamente com a extensão de todo o fluxo rítmico. Mas a duração de cada um desses dois momentos pode variar também em função da presença (na ársis e na tésis) daquelas unidades rítmicas que interrompem ou suspendem fluxos.

Os exemplos que se seguirão mostrarão, respectivamente, o alongamento da ársis e o alongamento da tésis, produzido por

---

rada com a escrita. Dito de outro modo, com muita freqüência, encontram-se, na oralidade, alternâncias em que especialmente o momento correspondente à tésis pode corresponder a pausas cujo sentido se pode recuperar pela remissão a elementos da enunciação. Na escrita, unidades compostas de ársis mas não de tésis são verificadas normalmente naqueles casos assinalados por reticências, casos em que a parte rítmica correspondente à tésis deve ser preenchida pelo leitor por meio de uma recuperação endofórica ou exofórica.

60. A assinalação de um limite para o movimento de ársis e tésis em casos como este (e o anterior a ele) reforça nossas colocações justamente por seu desacordo com as normas gerais de pontuação. No entanto, o mais freqüente é a *não-assinalação* de limite em unidades rítmicas que se definem como frases compostas por sujeito + predicado, como se pode ver em: "O grande número de votos brancos e nulos retrata fielmente o desprezo pelas eleições." (L 091; S 006)

inserções de unidades rítmicas em seu curso, convenientemente assinaladas por pontuação:

> Mas é necessário deixar claro que, justamente por isso, sabemos que se o voto fosse facultativo, os eleitores não iriam às urnas, (L 300; S 057)
>
> Se o voto não fosse obrigatório, esses eleitores não teriam que votar, por absoluta falta de opção, em alguém que não corresponde aos seus ideais. (L 246; S 002)

Já o trecho que se seguirá mostra, ao mesmo tempo, o alongamento da ársis e da tésis, produzido pela inserção de unidades rítmicas as quais, como nos dois exemplos anteriores, são convenientemente delimitadas por pontuação. A parte correspondente à ársis vem em destaque:

> Em vista do anti-democrático Artigo 14, Parágrafo 1º da Constituição da República Federativa do Brasil, que torna obrigatório o alistamento eleitoral e o voto aos maiores de dezoito anos de idade, venho, através desta, pedir-lhe encarecidamente, que na revisão da Constituição promulgada em 1.988, esse artigo seja revisto com uma atenção especial. (L 220; S 002)

Conseqüentemente, o ritmo da escrita parece se caracterizar pelo movimento de unidades rítmicas que, de modo geral, formam fluxos compostos de um momento de ársis e de um momento de tésis[61]. No curso desses dois momentos, interpõem-se aquelas unidades rítmicas que mais se caracterizam por suspenderem ou por interromperem fluxos. Ou seja, as unidades rítmicas que se caracterizam por essa suspensão ou por essa interrupção funcionam, na realidade, como unidades participantes daquelas outras compostas de um momento de ársis e de um momento de tésis[62].

61. Daí, talvez, a idéia de "sentido completo" tão presente nos gramáticos, idéia que provavelmente tenha a ver com o fato de, ao tratarem da organização da língua, recorrerem tradicionalmente a exemplares de sua expressão escrita.
62. Evidentemente, uma unidade rítmica suspensiva de natureza mais complexa, como, por exemplo, uma unidade cuja estrutura corresponda à de uma oração subordinada adjetiva explicativa, pode se caracterizar, internamente, por um momento de ársis e um momento de tésis, mesmo que não-assinalados por pontuação. O que importa, no entanto, é o caráter *geral* com que a unidade se define como tal em função de outras num processo de alternância – que é o caráter suspensivo. O mesmo pode ser dito a propósito de unidades que interrompem fluxos.

E é sobretudo na composição dessas unidades mais complexas que, de modo exemplar, se pode observar (além de outros fatos) o papel marcadamente contextualizador da sintaxe na escrita – como ocorre no trecho exposto anteriormente. Ao se marcar na constituição e no movimento dessas unidades complexas, a sintaxe imprime, pois, o seu papel na caracterização do ritmo da escrita.

Damos, neste ponto, por encerrada nossa análise das alternâncias entre unidades rítmicas por meio das quais se pode observar a organização da sintaxe na escrita. Vimos, inicialmente, que tal organização pode ser aquela na qual as alternâncias rítmicas se marcam como relações sintáticas no sentido mais tradicional dessa expressão (relações entre estruturas definidas como frases, períodos, orações ou termos de orações), mas não nos detivemos nesses tipos de alternância, na medida em que não nos parecem mostrar aspectos que entendemos como reveladores dos papéis da sintaxe na enunciação via escrita. Buscamos outro papel da sintaxe, a nosso ver, mais pronunciado nessa forma de enunciação: o papel contextualizador de elementos não-partilhados pelos interlocutores na atividade enunciativa. A partir do gênero específico dos textos que compõem a nossa amostra, bem como a partir do objeto proposto para sua produção, apontamos várias maneiras pelas quais a sintaxe opera na construção do ritmo da escrita. Finalmente, destacamos esse seu papel na própria configuração e na própria alternância das unidades rítmicas características da escrita.

Alternâncias entre unidades rítmicas e relações de natureza textual

Se observarmos com atenção todos os processos de alternância que foram vistos até este ponto de nossa análise, constataremos que todos eles revelam diferentes maneiras de ligação entre as unidades rítmicas no texto escrito – de tal modo que grande parte de nossa análise pode ser lida como se estivéssemos, sem explicitar, buscando compreender fenômenos da organização da atividade escrita como o da coesão textual.

Nesta última etapa de nossa análise, retomaremos alguns desses processos de alternância. Essa retomada será feita com o propósito geral de enfocarmos – agora de fato – os principais procedimentos de coesão no texto escrito, baseados na alternância rítmica.

Mas como os diferentes processos de alternância, além de possibilitarem a apreensão de uma unidade rítmica, também possibilitam detectar as diferentes maneiras pelas quais as unidades rítmicas, em sua alternância, atribuem um movimento para o produto final da atividade enunciativa – o texto –, nossa retomada terá como propósito mais específico descrever alguns modos pelos quais, privilegiadamente, o movimento rítmico estabelece a coesão textual.

Independentemente da natureza dos vários processos envolvidos no movimento rítmico, este assume, a nosso ver, duas formas básicas. Reconfigurando idéias de Halliday & Hasan (1976, p. 31), poderíamos caracterizar essas formas como sendo as de um movimento endofórico e de um movimento exofórico. Vale ressaltar que se trata das formas pelas quais o movimento *se mostra*. Como, na escrita, o ritmo organiza, sob forma gráfica, todos os elementos que compõem um ato enunciativo, o estabelecimento de limites entre o que é de ordem interna e o que é de ordem externa ao texto fica, por princípio, comprometido, já que a referência a qualquer dos elementos da enunciação passa – em função da organização rítmica – a não depender da positividade de uma presença (de ordem interna ao texto), mas da possibilidade de uma alternância, inclusive com aquilo que, de modo visível e positivo, pode parecer ausente do texto ou pertencente a uma ordem externa a ele. Feitas essas ressalvas, passemos aos dois tipos de movimento.

O movimento *endofórico* seria aquele que se mostra como resultante de uma alternância apenas entre unidades rítmicas internas ao produto textual. Como essas unidades são definidas numa alternância, o movimento rítmico entre elas é recíproco, ou seja, processa-se bidirecionalmente. No entanto, alguns tipos de alternância tornam proeminente uma das direções possíveis do movimento, na medida em que acentuam o caráter projetivo ou retrospectivo de determinadas unidades rítmicas.

Exemplos de alternâncias em que o movimento projetivo de uma das unidades se torna proeminente seriam os seguintes:

> *Não seria certo começar pelos próprios candidatos?* Tornando atrativo e convincente para os eleitores se interessarem por horários políticos, vida pessoal e social de cada um. Propostas convincentes para que pudessemos com sérios argumentos defender nossos candidatos. (L 332; S 068)
>
> *além de omitir-se da realidade problemática* (inflação, recessão, desemprego) foge ao que se refere à política, (L 034; S 073)
>
> *fiquei a par do que ocorreu nas últimas eleições*, uma grande quantidade de votos nulos e brancos. (L 277; S 079)

Exemplos de alternâncias em que uma unidade tem realçado seu caráter retrospectivo seriam os seguintes:

> Vota-se pois é direito e dever do cidadão. *Por que não ser só direito?* (L 290; S 045)
>
> Sr. Congressista, temos que começar a conquistar nossa liberdade democrática. *Esse é o meu apelo.* (L 278; S 032)
>
> O voto obrigatório, ao meu ver, é perigoso, educacional e necessário. <u>Perigoso, porque tudo aquilo que é mandatorio, forçado e ditado, nunca é muito bem aceito. Existe sempre uma repulsão, rebeldia ou até mesmo um anarquismo na atitude de todos aqueles que sofrem esta obrigatoriedade.</u> *Educacional, porque, infelizmente, grande parte da população brasileira é analfabeta, e é nesta época que ela têm a oportunidade de conhecer e adquirir um pouco mais de conhecimento a respeito do nosso país e seus representatnes.* <u>Por fim, necessário, porque não sendo obrigatório perde-se-ia a real essência da democracia,</u> (L 198; S 093).

Ainda no que se refere ao movimento endofórico, algumas unidades rítmicas marcam-se pela direção simultaneamente retrospectiva e projetiva. Observe-se, nas alternâncias que se seguem, o movimento das unidades em destaque:

> Uma das principais bases do regime democrático é a liberdade. *Sendo assim*, o povo tem o direito de escolher quem vai representá-lo no governo e no Congresso. *Para isto*, ele deve se utilizar do voto, (L 205; S 061)
>
> Venho à V. Sa. solicitar-lhe, no papel de representante eleito ao Congresso, que defenda minha posição em plenário, que creio, trata-se da posição da maioria dos eleitores deste país.

> *Para tal*, exponho a seguir minha opinião contrária a respeito da manutenção da obrigatoriedade do voto aos cidadãos brasileiros. (L 346; S 026)

Já o movimento *exofórico* seria aquele resultante de uma alternância que, além de poder se mostrar como ocorrendo entre unidades rítmicas internas ao produto textual, mostra-se como ocorrendo também entre estas e elementos recuperáveis nas condições em que se desenvolve o ato enunciativo.

Nos trechos:

> *observando os resultados das últimas eleições e tendo como base o número de votos brancos e nulos*, vim por intermédio desta solicitar sua intervenção no plenário para que se modifique esta situação. (L 155; S 080)

> *No último dia 03 de outubro*, milhões de brasileiros foram às urnas para darem o seu recado: – "a obrigatoriedade do voto deve acabar". (L 022; S 097)

como se pode ver, as unidades em destaque, além da alternância com a unidade seguinte, alternam-se também (de modo algo ambíguo, vale ressaltar) com elementos da situação imediata de enunciação (a proposta temática) e/ou com elementos da situação mais ampla de enunciação (fatos do momento histórico em que se deu a produção textual).

Conseqüentemente, o movimento geral das unidades rítmicas deve ser observado como se dando entre unidades que se mostram como internas e como externas ao texto, às vezes revezadamente, às vezes simultaneamente.

Um movimento revezado (ora endofórico, ora exofórico) nas alternâncias entre unidades rítmicas ocorre em casos como o que se seguirá – no qual o movimento endofórico aparece nas unidades em itálico e o movimento exofórico aparece nas unidades sublinhadas:

> Logo deveria saber o significado, e mais ainda a prática da Democracia. Acredito que saiba. *Palavra esta que expressa governo do povo, pelo povo e para o povo. Analise-a.*[63] (L 248; S 079)

---

63. O movimento desta última unidade é, de fato, simultaneamente endo e exofórico.

Um movimento simultaneamente endo e exofórico poderia ser observado no comportamento da unidade em destaque no trecho a seguir:

> *Depois desta breve exposição do meu ponto de vista*, peço-lhe que defenda junto aos seus colegas, no Congresso, a abolição da obrigatoriedade do voto, que não passa de um ato anti-democrático. (L 325; S 060)

A unidade destacada aparece no início do último parágrafo do texto. Uma vez que transcrevê-lo na íntegra não contribuiria decisivamente para a explicação que daremos para o funcionamento da unidade, optamos por destacar apenas o trecho do qual ela consta.

Como se pode facilmente perceber, vista endoforicamente, a unidade caracteriza-se por seu movimento ao mesmo tempo retrospectivo (já que se alterna com uma unidade bastante longa, constituída por tudo que verbalmente a antecede no texto) e projetivo (já que se alterna com uma unidade constituída por tudo que verbalmente a sucede no texto).

Vista exoforicamente, a unidade se alternaria com uma série de fatores que deveriam ser buscados não na esfera propriamente verbal do texto mas na esfera de suas condições de produção. Assim sendo, destacam-se dentre outros: *a*) elementos da proposta temática, sobretudo a exigência de argumentar contra ou a favor da manutenção da obrigatoriedade do voto; *b*) elementos que compõem o que o escrevente acredita ser o eixo dominante de sua argumentação; *c*) uma interpretação ILOCUCIONAL de tudo o que foi dito antes, qual seja, a de caracterizar sua ação verbal como a de expor um ponto de vista; e *d*) condições (expressas no Manual do Candidato) às quais o escrevente, no papel de vestibulando, deve responder, especialmente a de demonstrar capacidade de "desenvolver uma linha argumentativa, de expor e discutir pontos de vista, de tirar conclusões" (Vestibular Nacional UNICAMP 92, p. 53).

Após as considerações sobre esses dois tipos básicos de orientação pelos quais o movimento rítmico se mostra no texto – a saber, como um movimento endofórico e como um movimento exofórico –, observaremos alguns procedimentos que decorrem da atuação desses dois tipos de orientação na construção da coesão entre os elementos que compõem a atividade enunciativa na escrita.

No que se refere ao primeiro procedimento, *de ordem enunciativa*, determinadas unidades rítmicas parecem ter como papel demarcar o início, a continuidade e o final da enunciação escrita, de tal modo que, ao fazerem tais demarcações, elas se definem num movimento entre elementos do produto enunciado e momentos do próprio fluxo da enunciação.

O movimento provocado pela alternância entre uma unidade rítmica e a assinalação do início da atividade enunciativa escrita pode ser visto nos trechos que se seguem:

> *Venho por meio desta*, na condição de eleitor deste país, *fazer uma solicitação ao senhor:* (L 348; S 047)

> *Venho aqui presente a estas folhas redigir uma carta ao congresso e principalmente ao Sr.*, sobre o assunto que será alvo de intensa atenção aos congressistas na esperada revisão da constituição promulgada em 1988. (L 264; S 078)

> *Nesta carta venho pedir-lhe que esteje atento em cada linha que irei escrever*, pois é de interesse exclusivo vosso e do partido a que pertence. (L 248; S 079)

O movimento resultante da alternância entre uma unidade rítmica e a assinalação da continuidade da atividade verbal escrita pode ser observado em:

> Visto que, *como dito anteriormente*, a população brasileira se encontra descontente com o quadro político atual, (L 143; S 093)

> Refletindo sobre esses motivos é que lhe escrevo esta carta a fim de que o senhor sendo o congressistas que obteve meu voto também tenha essa consciência, *por mim tão dita*, e possa fazer valer as promessas feitas pelo senhor em sua campanha eleitoral. (L 074; S 051)[64]

---

64. Além do movimento resultante da alternância entre uma unidade rítmica e a assinalação de um momento do fluxo enunciativo escrito, esse movimento, tanto neste exemplo como naquele que imediatamente o precede, se dá também entre unidades rítmicas "internas" ao texto. Além disso, merece realce o fato de que a alternância pode ser vista também como se dando entre a enunciação escrita e a oralidade que lhe é subjacente (e constitutiva): "como *dito* anteriormente"; "por mim tão *dita*".

Vejo também que, com o passar do tempo, os eleitores omissos ou insatisfeitos com suas obrigações acabarão por reconhecer a importância de eleger seus representantes, para que, *como estou fazendo agora*, entre em contato com eles para que facam (*sic*) valer as opiniões daqueles que os elegeram. (L 000; S 074)

O movimento que resulta da alternância entre uma unidade rítmica e a assinalação do final da atividade enunciativa escrita pode ser observado nos seguintes trechos:

Sem mais, despeço-me
                    J.F. (L 043; S 047)

Termino por aqui, na esperança de uma Constituição que, sem privilegiar nenhuma classe social, assegure nossos direitos de cidadãos brasileiros. (L 220; S 002)

Aqui me despeço; desejando-lhe boa sorte em sua atuação no congresso. (L 222; S 012)

Nestes dois últimos exemplos, é digno de nota que a alternância entre uma unidade rítmica e a assinalação do final da atividade enunciativa remete a uma das propriedades que definem semioticamente a enunciação escrita: a espacialização. Com efeito, esta propriedade se marca no próprio léxico das unidades rítmicas destacadas, por meio do advérbio "aqui".

Mas a remissão à espacialização do produto da atividade enunciativa escrita pode ser vista também em outro tipo de alternância entre unidades rítmicas. Observem-se os trechos a seguir:

Ref.: Manutenção de obrigatoriedade do sufrágio universal no Brasil
Com referência ao epigrafado, vimos, por meio desta, à presença de V. Sa. expor, seguir, sugerir o que se segue. (L 185; S 014)

Muito pior que votar em branco ou nulo, é vender o voto. Vamos imaginar, por exemplo, o caso de duas pessoas distintas, o cidadão A e o ciadão B: o primeiro acompanhou o desempenho dos candidatos desde o início do processo eleitoral. Estudou um por um, até escolher o que achava ser o melhor candidato e votou nele. Já o cidadão B não estava interessado no que estava acontecendo. Estava próximo ao local da votação quando uma pessoa disse que se ele votasse em tal candidato ganharia uma coisa qualquer. Não é justo que os votos destas duas pessoas tenham o mesmo valor.

Se o voto fosse facultativo, o cidadão A, *citado no exemplo acima*, com certeza continuaria votando, mas muitas pessoas como o cidadão B não iriam votar. (L 017; S 006)

Sem mais para o momento, *subscrevo-me*.

F.H.C. (L 141; S 064)

Como se pode verificar, as unidades rítmicas destacadas, em seu movimento, revelam a espacialização da escrita, já que participam de uma alternância (graficamente delimitada) na qual se podem apreender (também graficamente) determinadas direções do movimento textual (ascendente, nos dois primeiros trechos; descendente, no terceiro). Eis, pois, a espacialização da alternância entre unidades rítmicas construindo o caráter semiótico da atividade enunciativa na escrita.

Outro procedimento que evidencia um outro modo pelo qual o movimento rítmico (endo e exofórico) opera na construção da coesão entre os elementos que compõem a atividade enunciativa na escrita diz respeito especialmente à *esfera semântica* dessa atividade.

Algumas unidades rítmicas (que se caracterizam por assumir um movimento acentuadamente retrospectivo nas alternâncias em que se constituem como tais), ao se voltarem sobre outras, o fazem de um modo tal que, nesse movimento retrospectivo, a relação coesiva que se estabelece entre elas pode ser depreendida pelo tipo de atitude do escrevente em relação ao papel que as unidades retrospectivas desempenhariam na escrita. Retomando considerações que fizemos mais atrás, trata-se daqueles casos em que determinadas unidades rítmicas, dadas as alternâncias em que se integram, assumem o caráter geral de avaliar, explicar ou reformular as unidades em função das quais elas se definem. É o que se pode ver, respectivamente, nos casos abaixo:

O povo deixaria de discutir, expor suas idéias e a se atualizar politicamente, *o que é muito prejudicial a qualquer país*. (L 156; S 082)

sei que é vontade geral reverter esse quadro que aí está e uma das armas mais importantes, *que é o voto*, não é bem utilizada. (L 149; S 000)

Devido a essa obrigação, *desta falta de opção*, que existe o voto em branco, e muitos eleitores votam nulo; (L 140; S 084)

Ainda com respeito à esfera semântica, especialmente pelo fato de se tratar da produção de textos argumentativo-persuasivos, o movimento resultante das alternâncias entre unidades rítmicas pode resultar numa forma de coesão que se poderia depreender também a partir de aspectos argumentativos. Retomando, mais uma vez, considerações que fizemos neste mesmo capítulo, veremos, nos exemplos que seguirão, o movimento textual se desenvolver sob forma de relações de caráter argumentativo.

No trecho:

> *notou-se, nesta última eleição, um crescimento vantajoso dos votos nulos e brancos.*
> Esse fato demonstra a necessidade de o povo tornar-se mais informado sobre os candidatos que disputam o domínio de sua região. (L 137; S 072)

pode-se constatar, no movimento resultante da alternância entre as duas unidades, uma forma de coesão semântica na qual a primeira unidade rítmica opera como base argumentativa para a segunda.

Já o trecho:

> Com a implantação do voto não obrigatório, cada candidato fará sua campanha, estimulando os eleitores ao seu direito de votar. *E o Tribunal Superior Eleitoral fará campanhas publicitárias, estimulando e incentivando, mais ainda os eleitores.* (L 345; S 022)

nos mostra duas unidades em alternância, produzindo um movimento que, em termos semânticos, resultaria numa forma de coesão entre argumentos que se encaminham para uma mesma direção.

Por sua vez, no trecho:

> É certo que muitas pessoas vêem no voto obrigatório um instrumento capaz de assegurar o interesse popular pela política. *Porém, devido a grande porcentagem de votos brancos e nulos pôde-se constatar que não é esse o caminho.* (L 326; S 000)

o movimento resultante da alternância entre as duas unidades rítmicas define uma forma de coesão que, semanticamente, se caracterizaria pela relação entre dois argumentos que se encaminham em direção contrária.

Finalmente, a alternância entre as unidades do trecho:

> Primeiramente, é necessária a conscientização de que vivemos uma fase de transição da ditadura militar para a democracia liberal e consequentemente ainda não estamos habituados ao processo político dessa fase que termina na consagração dos direitos democráticos como voto e alistamento eleitoral facultativos, fim da censura promovida pelo governo. Estas conquistas são características de países onde a democracia consolidou-se há muito tempo atrás como os Estados Unidos, França e Inglaterra.
> *Deste modo, em função do período no qual vivemos, a obrigatoriedade do voto deve ser mantida até o momento em que tivermos a hegemonia da democracia estabelecida no seio do povo brasileiro.* (L 131; S 020)

produz um movimento que, em termos semânticos, define uma forma de coesão na qual a segunda unidade se marca como conclusão da primeira.

Um último procedimento evidencia, enfim, um outro modo pelo qual o movimento rítmico (endo e exofórico) opera na construção da coesão entre os elementos que compõem a atividade enunciativa na escrita. Trata-se de uma forma de coesão que pode ser depreendida das *relações prosódicas* que se estabelecem entre as unidades rítmicas nessa atividade. Também essa relação prosódica entre as unidades já foi abordada neste capítulo quando tratamos do papel contextualizador da sintaxe em termos do movimento entre *ársis* e *tésis*.

Nos trechos:

> Aproveitando-se disso, os políticos locais se ultilizam dos meios de comunicação para enganar o povo com falsas promessas e discursos sem verdade. (L 355; S 017)

> É justo que o eleitor, não encontrando um candidato que responda as suas aspirações, tenha a liberdade de não votar. (L 136; S 034)

as unidades rítmicas, em alternância, produzem um movimento entonacional que se marca por um contraste entre a sensação de suspensão (característica das unidades que estão em destaque) e a sensação de repouso. Desse modo, além da configuração estrutural e dos valores semânticos e enunciativos assumidos pelas unidades em alternância, a coesão que se pode observar entre elas se explica em função da relação entre a suspensão (ársis) e a busca de repouso (tésis) construída pelos contornos entonacionais com que as unidades se definem na alternância rítmica.

Nesta etapa de nosso trabalho, procuramos destacar alguns procedimentos por meio dos quais o movimento rítmico (endo e exofórico) opera na construção da coesão entre os elementos que compõem a atividade enunciativa na escrita. Embora toda uma conjunção de procedimentos esteja na base desse movimento – o que significa dizer que a coesão textual não é estabelecida em função de um único processo de alternância entre unidades rítmicas –, didaticamente procuramos mostrar que, sob diferentes configurações estruturais, as unidades rítmicas, em seu movimento, promovem a coesão textual sob forma de alternâncias apreensíveis por seu caráter enunciativo, semântico e prosódico.

4. Considerações finais

Na análise que fizemos da alternância entre unidades rítmicas na produção textual do escrevente, procuramos destacar os principais processos que definem as formas preferenciais pelas quais a descontinuidade das unidades rítmicas fica acobertada pelo jogo em que elas se dispõem no fluxo verbal do texto escrito.

Para explicarmos o movimento que resulta dos vários processos de alternância, partimos do princípio de que o movimento entre unidades rítmicas se produz na atividade enunciativa, mais especificamente na integração que ela faz das diferentes dimensões da linguagem, sob forma de alternância entre unidades rítmicas. Partimos também do pressuposto de que as marcas de pontuação evidenciam as intuições que o escrevente tem da assinalação de alternâncias entre unidades rítmicas em seu fluxo verbal.

No entanto, com propósito didático, enfocamos, em nossa análise, processos de alternância que fizeram sobressair aspectos mais específicos das unidades rítmicas, embora tenhamos insistido que nenhum tipo de alternância se dá em função de apenas um único aspecto da linguagem. Tratamos, então, de jogos entre unidades rítmicas dos textos e: elementos de seu contexto de produção, ou seja, elementos recuperados pelo recurso à situação de enunciação em que foram produzidos; elementos mais característicos da enunciação escrita; aspectos de sua organização semântica; aspectos de sua organização sintática; aspectos de sua coesão.

No que se refere às alternâncias entre unidades rítmicas dos textos e elementos de seu contexto de produção, vimos que esses elementos devem ser buscados não apenas na situação imediata da enunciação mas também no contexto mais amplo em que se insere esse ato. Tratamos, então, de alternâncias nas quais determinadas unidades rítmicas explicam-se em função de sua remissão: ao próprio fato de se estar enunciando; à ocasião e ao espaço em que se dá a presentificação da enunciação; a aspectos bastante específicos da situação de enunciação, tais como o de produzir um texto para o vestibular; ao círculo da interlocução; às formações imaginárias e antecipações que envolvem este círculo; e às variadas formas de organização do heterogêneo na linguagem.

No que se refere às alternâncias entre unidades rítmicas dos textos e elementos mais específicos da enunciação escrita, vimos que muitas dessas unidades definem-se em função de sua remissão: à maneira pela qual o escrevente categoriza sua atividade enunciativa, destacando-lhe o MEIO; ao imaginário que o escrevente faz da atividade de ESCREVER PARA O VESTIBULAR; à natureza espacial da atividade gráfica; e a aspectos da construção textual convencionalmente mais relacionados com a atividade verbal escrita.

No que se refere às alternâncias entre unidades rítmicas e

aspectos ligados à organização semântica dos textos, vimos que muitas das alternâncias podem ser explicadas, em sua esfera significativa, pelo estabelecimento de: relações lógico-semânticas; relações entre ações verbais; e relações entre fatos que compõem a esfera argumentativa dos textos.

No que se refere às alternâncias entre unidades rítmicas e aspectos ligados à organização sintática dos textos, verificamos que muitas dessas alternâncias, em seu caráter formal, podem ser explicadas como relações mais genéricas entre estruturas tais como aquelas tradicionalmente definidas pela gramática. Procuramos, contudo, destacar dessas relações aquilo que mais propriamente se pode atribuir à escrita: o papel contextualizador. Vimos, então, alternâncias entre unidades rítmicas que revelam a contextualização que estruturas sintáticas fazem de elementos da situação mais imediata e da situação mais ampla de enunciação.

Por fim, no que se refere às alternâncias entre unidades rítmicas e aspectos de natureza coesiva dos textos, observamos, inicialmente, que o movimento resultante das alternâncias, ao estabelecer a coesão textual, mostra-se genericamente como sendo de natureza endofórica e exofórica. Observamos, a seguir, que, com este pano de fundo e sob diferentes configurações estruturais, os membros rítmicos de uma coesão textual mostram-se ligados por procedimentos que podem ser destacados pelo que as alternâncias rítmicas têm de enunciativo, semântico e prosódico.

Observações finais

Em nossa análise, procuramos demonstrar que a enunciação promove não apenas a fragmentação da linguagem em unidades rítmicas como também a inter-relação entre essas unidades num fluxo discursivo. Centramo-nos, para tanto, na atividade enunciativa escrita dos vestibulandos, buscando trazer à luz a materialização do ritmo sob forma de alternância entre unidades rítmicas (de natureza multidimensional) da linguagem escrita.

As conclusões a que chegamos apontam para uma característica singular da enunciação escrita: a organização muldimensional da linguagem que, em nosso material, se verifica tanto na constituição quanto no movimento das unidades rítmicas é feita de tal modo que se podem apreender, na escrita, os efeitos de um ritmo peculiar a essa atividade. Pelo menos três fatos justificam essa nossa afirmação.

O primeiro deles diz respeito ao papel que, nos textos, se pode consagrar à esfera fônica da linguagem. O som, enquanto tal, em sua materialidade física, encontra-se ausente na escrita; no entanto, ao tratarmos tanto da constituição quanto da movimentação das unidades rítmicas, fizemos inúmeras referências a propriedades que o definem na escrita. Seria, pois, possível o som, ao mesmo tempo, estar e não estar na escrita?

Quando atribuímos uma dimensão prosódica às unidades rítmicas da escrita, de modo indireto, destacamos uma das características pelas quais a escrita se define como código semiótico: a recuperação do oral que se pode fazer a partir do gráfico. Na medida em que o gráfico possibilita (e torna constitutiva da escrita) a reconfiguração do oral nas unidades rítmicas, o ritmo da escrita é construído também por um jogo entre os componentes prosódicos (devidamente reconfigurados) das unidades que se alternam.

Além da particularidade de ser um jogo transcodificado (na medida em que não é o som enquanto tal que se encontra na escrita), outra particularidade que o caracteriza como mais próprio à escrita é a de que, *grosso modo*, ele pode ser definido pela inter-relação que, no fluxo da escrita, quase invariavelmente se constrói entre momentos de ársis e momentos de tésis. É nesses momentos que as unidades rítmicas da escrita reprocessam a oralidade, tornando-se fonte para a organização e para a compreensão do que é veiculado sob forma gráfica. Desse modo, nos momentos de ársis e tésis, as unidades mostram-se, pois, como grupos rítmico-entonacionais que, dentre outras funções, desempenham a de lexicalizar elementos da situação de enunciação (muitos deles de natureza não-verbal), expressando-os verbalmente.

A transcodificação do oral é característica da natureza simbólica da escrita ainda noutro aspecto: o da interlocução por meio da escrita. Conforme discutimos no capítulo 3, essa interlocução é construída, de modo complexo, como um circuito entre um *eu* e um *tu* ao mesmo tempo atravessados pelo oral e pelo gráfico, resultando numa dupla dialogia. Desse modo, é já constitutivo da enunciação escrita (e, portanto, da construção do ritmo que a define) que os interlocutores, na dupla dialogia que estabelecem no momento da produção textual e no momento da leitura, operem transcodificações entre o oral e o visual.

O segundo fato que justifica nossa afirmação de que se podem verificar, na organização muldimensional da linguagem escrita, os efeitos de um ritmo peculiar diz respeito a sua espacialização – outra característica pela qual a escrita se define como código semiótico.

Já de saída, o ritmo, na escrita, assume essa outra faceta de sua peculiaridade (ser espacializado) pelo fato de que se materializa – ganha corpo – sob forma de alternâncias entre unidades cuja disposição e cuja apreensão mais imediata se dá no (e a partir do) espaço. Na atividade gráfica, portanto, o ritmo é espacial tanto na constituição quanto na alternância das unidades rítmicas – e é espacial, ainda, no sentido de que sua assinalação também se faz por meio de um recurso gráfico: a pontuação.

Mesmo a temporalidade inscrita nas unidades (como duração) e em sua alternância (como movimento) é reconfigurada na escrita, de modo a ser apreendida espacialmente. A propósito, ao tratar da leitura de textos narrativos, Maingueneau (1993) observa que "o leitor (...) circula no texto para comparar episódios" (*op. cit.*, p. 95). Esse movimento de "circular no texto", tal como o percebe este autor, nada mais é, segundo o que pensamos, do que a busca de alternância, de movimento, entre unidades rítmicas construídas como seqüências verbais no espaço. Trata-se, pois, acima de tudo, de um deslocamento espacial – como muito bem nos demonstram aquelas unidades rítmicas que, nos textos que analisamos, remetem a orientações retrospectivas ou projetivas e a direções ascendentes ou descendentes em função das quais se explica a espacialização do movimento rítmico.

Mas o ritmo da escrita é espacial também noutro sentido. A atividade verbal escrita define-se, em grande parte, pela presença de alternâncias rítmicas cujo papel principal parece ser o de transcodificar, sob forma de estruturas sintáticas, elementos da situação de enunciação. Essa transcodificação se explica pelo fato de que esse tipo de atividade verbal se caracteriza, semioticamente, pela distância entre os interlocutores. A peculiaridade rítmica que advém dessa característica da enunciação escrita se explica, portanto, pela presença, no produto textual, de estruturas verbais que não necessariamente existiriam se os interlocutores repartissem a mesma situação de enunciação. Em outras palavras, o ritmo da escrita é espacial também no sentido de que se espacializam, sob a forma de estruturas verbais de natureza gráfico-visual, elementos da situação de enunciação.

O papel contextualizador que a sintaxe desempenha de modo mais pronunciado na escrita leva-nos ao terceiro fato que justifica nossa afirmação de que, na organização muldimensional da linguagem escrita, é possível apreender o ritmo que lhe é peculiar. Conforme discussões feitas em vários momentos de nosso trabalho, uma das características que, de acordo com Abaurre (1989 e 1991*b*), definem semioticamente a escrita é sua *não-espontaneidade*, quando oposta à *naturalidade* com que a fala parece se desenvolver. Nesse sentido, o ritmo da escrita seria menos *espontâneo* do que aquele que se pode detectar na oralidade.

De fato, o papel contextualizador da sintaxe está na base também dessa peculiaridade do ritmo da escrita. A *não-espontaneidade* do ritmo da escrita se deve, assim, à presença, nos textos, de estruturas contextualizadoras de elementos da enunciação. Para comprovação, basta lembrarmos os exemplos tratados quando da abordagem das relações entre o ritmo e esse papel da sintaxe, nos quais o papel contextualizador das estruturas sintáticas é adequadamente desempenhado.

O caráter de *não-espontaneidade* do ritmo da escrita também pode ser verificado quando o que se marca é a sua ausência. Basta lembrarmos aqueles exemplos em que o papel contextualizador da sintaxe não é adequadamente cumprido. Nesses casos, conforme pudemos constatar, ocorre a remissão direta a elementos da situação de enunciação (e não-dominados pelo interlocutor), tais como a remissão a elementos da proposta temática e da coletânea que a acompanha. O estranhamento que se observa nesses momentos deve-se à não-compreensão, por parte do escrevente, do papel contextualizador das estruturas sintáticas – o que resulta em momentos textuais nos quais se detecta, na atividade gráfica, a *naturalidade* do ritmo da oralidade (ligada à presença participativa do interlocutor) quando se espera a *não-espontaneidade* do ritmo da escrita (ligada à participação representada do interlocutor).

Em síntese, a espacialização da escrita, sob forma de contextualização de elementos da situação de enunciação, é aprendida em contextos diferentes – e mais institucionalizados – daqueles em que ocorre o aprendizado da oralidade. Trata-se, pois, de um aprendizado menos espontâneo da atividade verbal, não só porque se dá preferencialmente em instituições pedagógicas mas também porque requer que o escrevente domine a conversão entre diferentes códigos de expressão da linguagem. Conseqüentemente, a peculiaridade do ritmo da escrita que atribuímos à não-espontaneidade do aprendizado desse código se faz notar com mais clareza naqueles textos escritos cujos produtores percebem que a atividade enunciativa (e, portanto, a organização rítmica da linguagem) assume certas especificidades conforme se desenvolva sob forma oral ou escrita.

* * *

A título de reflexão, gostaríamos de apontar, nesta etapa final de nosso trabalho, algumas questões para as quais nos levam as conclusões a que chegamos sobre o papel do ritmo na escrita.

A primeira questão diz respeito ao desdobramento pedagógico de uma percepção rítmica da atividade de pontuar. Ainda em nossos dias, é bastante comum, no ensino da escrita, a pontuação ser tratada sob enfoque normativo. Perde-se, com isso, a nosso ver, a compreensão do papel indiciador da pontuação, ou seja, perde-se a compreensão do papel que os sinais de pontuação têm de demarcar a organização rítmica da linguagem na escrita.

Nesse sentido, como sugestão de trabalho pedagógico, melhor seria tratar a pontuação como um caminho possível para pôr aprendizes da escrita em contato com a complexidade da linguagem. Como as estruturas assinaladas por pontuação não se definem, de modo atomizado, nem só por seu caráter gramatical (aquele que justificaria uma pontuação "lógica") nem só por seu caráter prosódico (aquele que justificaria uma pontuação "de ouvido"), uma sugestão seria partir da noção de alternâncias rítmicas (assinaladas pela pontuação) nas quais, num primeiro momento, se faria enfatizar uma só dimensão lingüística, para, num segundo momento, se chamar a atenção dos aprendizes para o fato de haver, nas estruturas assinaladas por pontuação, conjunções entre duas ou mais dimensões da linguagem.

A percepção de que os sinais de pontuação assinalam na escrita a multidimensionalidade da linguagem pode propiciar a professores e alunos uma nova maneira de observar o domínio de aplicação da pontuação e de compreender as considerações que, com caráter normativo, os gramáticos fazem sobre a pontuação. Como demonstramos, a multidimensionalidade da linguagem vem indiciada pela pontuação e se organiza na própria atividade enunciativa escrita. Daí a determinação de um novo domínio para o estudo e aplicação da pontuação: o texto (e não a frase, como ainda hoje se costuma apregoar). Na medida em que se atribui ao texto o estatuto de domínio preferencial dos fatos da pontuação, as regras prescritas pelas gramáticas podem também ser vistas com novo alcance, ocasião de se recuperar a fértil mistura de critérios que é feita pelos gramáticos no tratamento da pontuação como um índice de sua intuição sobre a complexidade da linguagem. Em outras palavras, ensinar pontuação pode ser muito mais elucidativo em relação ao funcionamento da linguagem do que se tem pensado. Nossa sugestão é associar ao seu ensino o papel do ritmo da escrita e, com ele, a organização multidimensional da linguagem presente no texto.

A segunda questão diz respeito ao estatuto que costumeiramente se atribui aos fenômenos rítmicos na linguagem falada. De modo geral, na oralidade, as unidades rítmicas têm sido percebidas essencialmente pelo que revelam de fônico. Mas – conforme insistimos no decorrer de todo nosso trabalho, assumindo idéias de Meschonnic, e conforme acreditamos ter demonstrado em nossa análise da produção escrita dos vestibulandos – a organização rítmica da linguagem ostenta caráter multidimensional, tanto no que se refere à constituição das unidades rítmicas quanto no que se refere a sua alternância. Embora nossa análise tenha ficado restrita aos aspectos rítmicos *da escrita*, acreditamos que seus resultados, além da comprovação de idéias de Meschonnic, podem contribuir também para uma análise rítmica da oralidade, especialmente quando pensada em termos conversacionais.

Comumente, as unidades rítmicas da oralidade são definidas *a priori*, com base em padrões da língua e com o privilégio a seu caráter durativo, pontual – o que significa que a dinâmica da oralidade não está sendo levada em conta na definição de suas unidades rítmicas. Além disso, o caráter prosódico é o que mais se destaca na constituição dessas unidades – o que significa que outros aspectos lingüísticos da oralidade (gramaticais, semânticos, pragmáticos) não estão sendo levados em conta quando se reflete sobre o ritmo lingüístico na oralidade.

Análises rítmicas da oralidade que se sustentam sobre tais exclusões podem, conseqüentemente, perder de vista fatos importantes não só sobre a constituição mas especialmente sobre a alternância entre unidades rítmicas. Pense-se na constituição e nos diversos tipos de alternância que apontamos em nossa análise. Conforme procuramos destacar, a organização rítmica da escrita tem como ponto de partida uma organização multidimensional da linguagem promovida pela enunciação. E foi em função desse modo de percepção do papel do ritmo na escrita que pudemos explicar tanto a constituição como o próprio movimento rítmico da escrita. Se tivéssemos, por exemplo, excluído os fatos de enunciação, não poderíamos explicar o movimento de determinadas unidades rítmicas que é estabelecido não apenas em função de outras unidades rítmicas localizáveis nos textos mas também em função de fatos recuperáveis sobretudo pela remissão ao contexto de enunciação. Se tais fatos ocorrem na organização rítmica da escrita – código eminentemente verbal – não ocorreriam, com mais forte razão, na oralidade – prática verbal necessariamente mais "sincrética" do que a escrita?

Em síntese, uma análise rítmica da prática da oralidade teria muito a ganhar com o reconhecimento da enunciação como o lugar em que os fatos de linguagem se organizam e mostram sua organização.

Por fim, a terceira questão diz respeito à percepção do fenômeno rítmico ao mesmo tempo como esquema e como fluxo, sistematicamente manifestada em trabalhos de Abaurre. Nesses trabalhos, ao fazer a distinção entre uma particularidade mais *fonética* e uma particularidade mais *fonológica* do ritmo, a autora esclarece as diferenças entre uma percepção mais motora do ritmo, ligada aos mecanismos envolvidos na produção da fala, e uma percepção mais abstrata do ritmo, ligada a princípios virtuais da língua que regulam os diversos graus de proeminência sonora verificados na oralidade.

O que nos parece mais singular nessa percepção de Abaurre é o modo como, por meio dela, poderiam ser (re)vistas determinadas percepções de Saussure sobre os fatos envolvidos no fenômeno lingüístico. Como se sabe, Saussure os categoriza em fatos de língua e em fatos de fala. Aos fatos de língua, é atribuído o caráter de cristalização, de sistema; aos fatos de fala, o caráter de prática, de ato. Entre suas muitas intuições, não teria também intuído o autor, com essa categorização, o que hoje podemos postular como o papel do ritmo na organização da linguagem?

Com efeito, a sistematização de fatos da linguagem em língua, a nosso ver, compõe o que poderíamos assumir como um sistema de *durações*, na medida em uma percepção do fenômeno lingüístico como sistema permite-nos destacar aquele aspecto rítmico da linguagem que não é processual mas que está inscrito (e, de certo modo, cristalizado) no produto lingüístico. Por sua vez, a percepção do fenômeno lingüístico como ato permite-nos salientar aquele outro aspecto rítmico da linguagem, o do *fluxo*, na medida em que se destaca, na prática da fala, seu desenvolvimento linear. Eis, pois, na base da categorização do fenômeno lingüístico em língua e em fala, a intuição saussuriana, ao mesmo tempo, da descontinuidade e da continuidade desse fenômeno.

Acreditamos que os resultados a que chegamos (embora restritos aos vários recortes que fizemos para a realização de nosso estudo) nos autorizam a pensar o ritmo como um novo *locus* de observação e de reflexão sobre a linguagem. Um verdadeiro deslocamento epistemológico? Talvez sim, se a questão se coloca a propósito do que Moraes constata sobre o progressivo deslocamento do ritmo da superfície lingüística para lugares mais ao centro da linguagem, a propósito do que Meschonnic desenvolve sobre a poesia e a propósito do que acreditamos ter destacado em nossa análise da produção escrita de vestibulandos. Talvez não, se lermos com outros olhos o que já disse Saussure.

Bibliografia

ABAURRE, M. B. M. (1989). *Oral and Written Texts: beyond the descriptive illusion of similarities and differences*. [s.l.: s.n.].
_____. (1991a). *Análise fonológica do comportamento de elementos átonos nas unidades rítmicas (pés) do português brasileiro falado: ênclises e próclises fonológicas*. [s.l.: s.n.] (Projeto de pesquisa).
_____. (1991b). Ritmi dell'oralità e ritmi della scrittura. In: ORSOLINI, M. & PONTECORVO, C. *La costruzione del testo scritto nei bambini*. Roma: La nuova Italia.
_____. (1996). *Ritmo e linguagem*. [s.l.: s.n.], (Texto da aula inaugural do Instituto de Estudos da Linguagem da UNICAMP, ministrada em 21/03/96).
ABERCROMBIE, D. (1967). *Elements of General Phonetics*. Edimburgh, Edimburgh University Press.
ALI, M. S. (1964). Pontuação. In: _____. *Gramática secundária e gramática histórica da língua portuguêsa*. 3ª ed. Brasília: Ed. Universidade de Brasília. pp. 228-34.
AUSTIN, J. L. (1990). *Quando dizer é fazer*. Porto Alegre: Artes Médicas.
AUTHIER-REVUZ, J. (1990). Heterogeneidade(s) enunciativa(s). *Caderno de Estudos Lingüísticos*. Campinas, v. 19, pp. 25-42.
BARBOZA, J. S. (1830). *Grammatica philosophica da lingua portugueza, ou Principios da grammatica geral applicados à nossa linguagem*. 2ª ed. Lisboa: Typ. Academia Real das Sciencias.
BARROS, E. M. (1982). Pontuação. In: _____. *Português para o ciclo universitário básico: redação, gramática*. São Paulo: Atlas, pp. 80-3.

BECHARA, E. (1977). *Moderna gramática portuguesa: cursos de 1.º e 2.º graus*. 22ª ed. São Paulo: Ed. Nacional.
_____. (1983). Sintaxe: noções gerais. In: _____. *Lições de português pela análise sintática*. 2ª ed. Rio de Janeiro: Padrão, pp. 13-9.
BENVENISTE, E. (1976a). A natureza dos pronomes. In: _____. *Problemas de lingüística geral*. São Paulo: Nacional/EDUSP, pp. 277-83.
_____. (1976b). A noção de "ritmo" na sua expressão lingüística. In: _____. *Problemas de lingüística geral*. São Paulo: Nacional/EDUSP, pp. 361-70.
_____. (1989). O aparelho formal da enunciação. In: *Problemas de lingüística geral II*. Campinas: Pontes, pp. 81-90.
BONHOMME, M. (1987). Un énoncé rompu. In: _____. *Linguistique de la métonymie*. Paris: Lang, pp. 84-6.
BORGES, M. Z. (1986). *Pontuação: análise de gramáticas, de textos e da permanência no discurso de autores de áreas diversas do conhecimento*. São Paulo. Dissertação (Mestrado em Letras) – Faculdade de Filosofia, Letras e Ciências Humanas, Universidade de São Paulo.
BRANDÃO, H. H. N. (1991). *Introdução à análise do discurso*. Campinas: EDUNICAMP.
BUENO, F. da S. (1944). Sinais auxiliares da escrita na frase. In: _____. *Gramática normativa da língua portuguesa: curso superior*. São Paulo: Saraiva, pp. 69-71.
_____. (1946). Nexos-ligações-pontuação. In: _____. *Estudos de filologia portuguesa I*. São Paulo: Saraiva, pp. 160-2.
_____. (1958). *Manual de califasia, califonia, calirritmia e arte de dizer*. São Paulo: Saraiva.
_____. (1964a). A pontuação. In: *Estilística brasileira: o estilo e a sua técnica*. São Paulo: Saraiva, pp. 131-4.
_____. (1964b). O trabalho literário: prosa e poesia. In: _____. *Estilística brasileira: o estilo e a sua técnica*. São Paulo: Saraiva, pp. 1-27.
CAGLIARI, L. C. (1981). *Elementos de fonética do português brasileiro*. Campinas. Tese (Livre Docência em Lingüística). – Instituto de Estudos da Linguagem, Universidade Estadual de Campinas.
CÂMARA JR., J. M. (1972). A exposição escrita. In: _____. *Manual de expressão oral e escrita*. 3ª ed. Rio de Janeiro/São Paulo: J. Ozon, pp. 69-76.
CAMARGO, J. G. (1980). *La radio por dentro y por fuera*. Quito: CIESPAL.
CATACH, N. (1980a). Présentation. *Langue Française*, v. 45, pp. 3-7.
_____. (1980b). La ponctuation. *Langue Française*, v. 45, pp. 16-27.
CÉSAR, C. (1990). *Como falar no rádio: prática de locução AM/FM*. São Paulo: IBRASA.

CHAFE, W. L. (1982). Integration and involvement in speaking, writing and oral literature. In: TANNEN, D. (org.). *Spoken and Written Language: exploring orality and literacy*. Norwood (NJ): Ablex, pp. 35-53.
_____. (1985). Linguistic differences produced by differences between speaking and writing. In: OLSON, D. R. *et al.* (orgs.) *Literacy, Language and Learning: the nature and consequences of reading and writing*. Cambridge: Cambridge Univ. Press, pp. 105-23.
CORRÊA, M. L. G. (1994*a*). Pontuação: sobre seu ensino e concepção. *Leitura: teoria e prática*, v. 24, pp. 52-65.
_____. (1994*b*). Leitura e produção de textos: processos interferentes. In: Seminário do Grupo de Estudos Lingüísticos do Estado de São Paulo, 41. *Estudos lingüísticos XXIII/Anais de Seminários do GEL*, v. 1. São Paulo, pp. 104-110.
CUNHA, C. F. (1978). Pontuação. In: *Gramática de base*. Rio de Janeiro: FENAME, pp. 331-41.
_____. (1986). Pontuação. In: *Gramática da língua portuguesa*. 11ª ed. Rio de Janeiro: FAE, pp. 590-619.
DONEGAN, P. J. & STAMPE, D. (1983). Rhythm and the holistic organization of language structure. In: RICHARDSON *et al. The interplay of Phonology, Morphology and Syntax*. [s.l.]: CLS, pp. 337-53.
DUCROT, O. (1977). Implícito e pressuposição. In: _____ *Princípios de semântica lingüística (dizer e não dizer)*. São Paulo: Cultrix, pp. 9-33.
_____. (1981). As escalas argumentativas. In: _____. *Provar e dizer: linguagem e lógica*. São Paulo: Global Ed., pp. 178-228.
_____. (1987). Esboço de uma teoria polifônica da enunciação. In: _____. *O dizer e o dito*. Campinas: Pontes, pp. 161-218.
FÉRRARETTO, L. A. & KOPPLIN, E. (1992). *Técnica de redação radiofônica*. Porto Alegre: Sagra-D. C. Luzzatto.
FERREIRO, E. & TEBEROSKY, A. (1987). Distinção entre letras e sinais de pontuação. In: _____. *Psicogênese da língua escrita*. Porto Alegre: Artes Médicas, pp. 55-62.
GOES, C. & PALHANO, H. (1965). Pontuação. In: _____. *Gramática da língua portuguesa: para o ensino médio*. 6ª ed. Rio de Janeiro/São Paulo/Belo Horizonte: Francisco Alves, pp. 239-48.
GARCIA, O. M. (1988). *Comunicação em prosa moderna*. 14ª ed. Rio de Janeiro: Fundação Getúlio Vargas.
GONÇALVES, M. A. (1959). A pontuação. In: _____. *Questões de linguagem*. 10ª ed. ref. e aum. Rio de Janeiro: Fundo de Cultura, pp. 100-8.
GREIMAS, A. G. & COURTÉS, J. [s.d.]. *Dicionário de semiótica*. São Paulo: Cultrix.

GRUAZ, C. (1980a). Recherches historiques et actuelles sur la ponctuation (compte rendu de la table ronde internationale CNRS-HESO-GTM de mai 1978). *Langue Française*, v. 45, pp. 8-15.

GRUAZ, C. (1980b). La ponctuation, c'est l'homme... Emploi des signes de ponctuation dans cinq romans contemporains. *Langue Française*, v. 45, pp. 113-24.

HJELMSLEV, L. (1975). *Prolegômenos a uma teoria da linguagem*. São Paulo: Perspectiva.

HOLDEN, M. H. & MACGINITIE, W. H. (1972). Children's conceptions of word boundaries in speech and print. *Journal of Educational Psychology*, v. 3, pp. 551-7.

IKEDA, S. N. (1987). Uma hipótese sobre o emprego da vírgula antes da conjunção "e". *Letras & Letras*, Uberlândia, v. 3, n. 2, pp. 183-206.

JABOBSON, R. (1975). Lingüística e poética. In: _____. *Lingüística e comunicação*. 8ª ed. São Paulo: Cultrix, pp. 118-62.

KURY, A. da G. (1973). *Gramática fundamental da língua portuguesa*. São Paulo: LISA.

_____. (1982). Pontuação. In: _____. *Ortografia, pontuação, crase*. Rio de Janeiro: FENAME, pp. 65-98.

LAGE, N. (1990). *Linguagem jornalística*. 3ª ed. São Paulo: Ática.

LAUFER, R. (1980). Du ponctuel au scriptural (signes d'énoncé et marques d'énonciation). *Langue Française*, v. 45, pp. 77-87.

LIMA, C. H. da R. (1978). Pontuação. In: _____. *Gramática normativa da língua portuguesa*. 19ª ed. Rio de Janeiro: José Olympio, pp. 422-37.

LORENCEAU, A. (1980a). La ponctuation au XIXe siècle – George Sand et les imprimeurs. *Langue Française*, v. 45, pp. 50-9.

_____. (1980b). La ponctuation chez les écrivains d'aujourd'hui – Résultats d'une enquête. *Langue Française*, v. 45, pp. 88-97.

LUFT, C. P. (1974). *Novo guia ortográfico*. Porto Alegre: Globo.

_____. (1986). Ortografia oficial. In: _____. *Gramática, ortografia oficial, redação, literatura, textos e testes*. 7ª ed. São Paulo: Globo, pp. 300-21.

LURIA, A. R. (1988). O desenvolvimento da escrita na criança. In: VIGOTSKI, L. S. et al. *Linguagem, desenvolvimento e aprendizagem*. São Paulo: Ícone/EDUSP, pp. 143-89.

MAINGUENEAU, D. (1993). Oral, écrit, imprimé. In: _____. *Le contexte de l'oeuvre littéraire: énonciation, écrivain, société*. Paris: Dunod, pp. 83-100.

MANDRYK, D. & FARACO, C. A. (1987). Pontuação. In: _____. *Língua portuguesa: prática de redação para estudantes universitários*. Petrópolis: Vozes, pp. 323-45.

MARCUSCHI, L. A (1986). *Análise da conversação*. São Paulo: Ática.
MATTOS E SILVA, R. V. (1993). O que nos diz sobre a sintaxe a pontuação de manuscritos medievais portugueses. In: Reunião Anual da SBPC, 44, 1992. *Boletim 14 da Associação Brasileira de Lingüística*. São Paulo: ABRALIN, pp. 75-85.
MAYRINK-SABINSON, M. L. T. (1993). A produção escrita da criança e sua avaliação. *Cadernos de Estudos Lingüísticos*, Campinas, v. 24, pp. 19-33.
MESCHONNIC, H. (1982). *Critique du rythme: anthropologie historique du langage*. Paris: Verdier.
MOISÉS, M. (1967). Sinais de pontuação. In: _____. *Guia prático de redação*. 2ª ed. rev. e aum. São Paulo: Cultrix, pp. 73-96.
MOLLICA, M. C. de M. (1993). Sintaxe e pontuação no português contemporâneo. In: Reunião Anual da SBPC, 44, 1992. *Boletim 14 da Associação Brasileira de Lingüística*. São Paulo: ABRALIN, pp. 97-104.
MORAES, M. R. de (1991). *Por uma teoria do ritmo: o caso da metáfora musical em lingüística*. Campinas. Dissertação (Mestrado em Lingüística) – Instituto de Estudos da Linguagem, Universidade Estadual de Campinas.
NASCIMENTO, E. D. [s.d.]. *Os cem erros mais correntes da língua portuguêsa falada no Brasil e sua correção sob forma prática*. 3ª ed. rev. e aum. São Paulo: Edições e Publicações Brasil.
NESPOR, M. & VOGEL, I. (1986). *Prosodic Phonology*. Dordrecht – Holland/Riverton – USA: Foris Pub.
NOGUEIRA, R. de S. (1947). Pontuação. In: _____. *Questões de linguagem*: 1ª parte. 2ª ed. Lisboa: [s.n.], pp. 21-29.
OLIVEIRA, C. de [s.d.]. Pontuação. In: _____. *Revisão gramatical*. 11ª ed. ref. São Paulo: Gráf. Biblos, pp. 419-421.
OLÍVIA, M. (1982). *Uso da vírgula: prática de português/6*. 4ª ed. Petrópolis: Vozes.
OLSON, D. R. (1977). From utterance to text: the bias of language in speech and writing. *Harvard Educational Review*, v. 47, n. 3, pp. 257-81.
PASQUES, L. (1980). Du manuscrit à l'imprimé et à la lecture de l'auteur: à propos de la ponctuation de "Ma Cordonnière", de M. Jouhandeau. *Langue Française*, v. 45, pp. 98-112.
PÊCHEUX, M. (1990). Análise automática do discurso. In: GADET, F. & HAK, T. (orgs.). *Por uma análise automática do discurso: uma introdução à obra de Michel Pêcheux*. Campinas: EDUNICAMP, pp. 61-161.
PEREIRA, E. C. (1909). *Grammatica expositiva: curso superior*. 2ª ed. São Paulo: Duprat.

PERROT, J. (1980). Ponctuation et fonctions linguistiques. *Langue Française*, v. 45, pp. 67-76.
POÇAS, I. M. & ATHANASIO, N. C. de A. (1973). *A pontuação ao alcance de todos*. São Paulo: LISA.
POSSENTI, S. (1993). *Discurso, estilo e subjetividade*. 2ª ed. São Paulo: Martins Fontes.
QUIRK, R., GREENBAUN, S., LEECH, G., SVARTVIK, J. (1985). Prosody and punctuation. In: _____. *A Comprehensive Grammar of the English Language*. Londres/Nova York: Longman, pp. 1442-46.
RIBEIRO, E. C. (1955). Da pontuação. In: _____. *Serões grammaticaes ou nova grammatica portugueza*. 6ª ed. Salvador: Liv. Progresso, pp. 704-19.
RIBEIRO, J. (1919). Pontuação. In: *Grammatica portugueza*. 13ª ed. Rio/São Paulo/Bello Horizonte: Francisco Alves, pp. 316-22.
ROSA, M. C. (1993). Renascimento: a pontuação de impressos. In: Reunião Anual da SBPC, 44, 1992. *Boletim 14 da Associação Brasileira de Lingüística*. São Paulo: ABRALIN, pp. 65-73.
SAUSSURE, F. de (1974). *Curso de lingüística geral*. 6ª ed. São Paulo: Cultrix.
SACCONI, L. A. (1987). A vírgula e o ponto e vírgula. In: _____. *Gramática essencial da língua portuguesa: teoria e prática*. São Paulo: Atual, pp. 337-43.
_____. [s.d.]. Pontuação. In: _____. *Nossa gramática: teoria e prática*. 8ª ed. São Paulo: Atual, pp. 339-51.
SANTOS, V. & CARVALHO, A. E. [s.d.]. Pontuação. In: _____. *Língua nacional: teoria, textos, testes*. Porto Alegre: Sagra, pp. 183-7.
SÃO PAULO (Estado). Secretaria de Estado da Educação. (1977). A disciplinação na linguagem verbal. In: *Língua portuguesa 5ª a 8ª séries – 1º grau*. São Paulo, pp. 49-71.
SAVIOLI, F. P. (1984). Sinais de pontuação. In: _____. *Gramática em 44 lições*. São Paulo: Ática, pp. 112-9.
SILVA, A. da (1991). *Alfabetização: a escrita espontânea*. São Paulo: Contexto.
SILVA, M. B. da (1981). Os sinais de pontuação. In: _____ *Leitura, ortografia e fonologia*. São Paulo: Ática, pp. 100-1.
SILVEIRA, J. F. da (1993). A crise dos gêneros e a ficção lírica de Maria Gabriela Llansol. *Estudos portugueses e africanos*, Campinas, v. 21, pp. 49-54, jan./jun.
SMITH, M. M. (1993). A pontuação como ponto comum entre leitor e escritor. *Letras de Hoje*, Porto Alegre, v. 28, n. 4, pp. 53-84.
TANNEN, D. (1982). The mith of orality and literacy. In: FRAWLEY, W. (org.) *Linguistics and literacy*. Nova York: Plenum Press, pp. 37-47.

TELLES, V. (1984). Pontuação. In: _____. *Curso prático de redação e gramática aplicada*. Curitiba: BNL, pp. 314-25.
TORRES, A. de A. (1966). Da pontuação. In: _____ *Moderna gramática expositiva da língua portuguêsa*. 16ª ed. São Paulo: Fundo de Cultura, pp. 240-245.
TOURNIER, C. (1980). Histoire des idées sur la ponctuation, des débuts de l'imprimerie à nos jours. *Langue Française*, v. 45, pp. 28-40.
VALLE, C. N. do (1986). *Popunkare – ou "nós mesmos" – uma investigação sobre o ritmo numa sociedade de tradição oral*. Campinas. Dissertação (Mestrado em Lingüística). – Instituto de Estudos da Linguagem, Universidade Estadual de Campinas.
VÁRIOS AUTORES (1912). Pontuação. In: _____. *Novo manual de lingua portugueza: grammatica, lexicologia, analyse, composição*. Rio de Janeiro/São Paulo: Francisco Alves, pp. 499-519.
VARLOOT, J. (1980). Diderot du dialogue à la dramaturgie: l'invention de la ponctuation au XVIIIe siècle. *Langue Française*, v. 45, pp. 41-9.
VÉDÉNINA, L.G. (1980). La triple fonction de la ponctuation dans la phrase: syntaxique, communicative et sémantique. *Langue Française*, v. 45, pp. 60-6.
Vestibular Nacional UNICAMP (1991). *Prova do Vestibular UNICAMP 1991*. Campinas: UNICAMP/CONVEST.
Vestibular Nacional UNICAMP (1992). *Manual do candidato*. Campinas: UNICAMP/CONVEST.

IMPRESSÃO E ACABAMENTO

YANGRAF
GRÁFICA E EDITORA LTDA.
TEL/FAX.: (011) 218-1788
RUA: COM. GIL PINHEIRO 137